我有这样一个母亲

李南央等　著

溪流出版社
Fellows Press of America, Inc.

I Had Such A Mother by Li Nanyang
我有这样一个母亲　李南央等　著

Published in 2020 by Fellows Press of America, Inc.
P. O. Box 93, Keller, Texas 76244

ISBN: 1-933447-63-X; 978-1-933447-63-6
Published Date: June, 2020

Cover Design by Li Nanyang

Web: http://www.fellowspress.com
E-mail: fellowspress@yahoo.com
Tel: (817) 545-9866

附 录

再版序言

李南央

2020 年 2 月 8 日，我开始在周末用电子邮件形式群发《我有这样一个继母》的朗诵和文字文件。2 月 15 日就这本书，我同美国明镜电视陈小平博士做了一个访谈节目，谈到这本书是《我有这样一个母亲》的续篇。节目播出后，就收到很多听友的来信，询问在哪里可以买到《我有这样一个母亲》。

《我有这样一个母亲》这本书先是由上海文艺出版社在 2002 年 4 月出版的，印了一万册。刚发行两个星期就被中宣部勒令下架，出版社尚未发出的两千册也被要求回炉化浆，责任编辑还挨了处分。我后来在"孔夫子旧书网"上看到这本标价 18 元人民币的小书，被卖到了 180 元。当然，现在是没有了。

我对这样的结果自然不甘心，联系了香港的开放出版社，2003 年 5 月出了港版，2004 年 11 月又印了二版。这在香港已经是很了不起的发行量了。后来《开放》杂志停刊了，出版社也就没了。我手头存的几本上海版和港版书，陆陆续续被朋友们要走。

便想到：何不请同一家出版社出版《我有这样一个继母》时再版《我有这样一个母亲》呢？会是很有意思的。我的生母范元甄，是从大城市武汉投身共产党的"一二·九"知识青年，我的继母张玉珍，是为逃避童养媳的命运从米脂投奔延安抗大的大字不识的穷苦农。将这两位同父亲李锐分别生活了二十年、四十年的女党员形象存世，可让后人窥到共产党组成之一斑——知晓何以共产党执政七十多年后将中国带到黑暗的深渊，如今又祸害到全世界。

感谢溪流出版社接受了我的建议。这本再版书比上海和香港版增加了不多几篇我后来写的文章，为的是没有看过我另一本书《我的父亲李锐》的读者，有个较完整的画面。另外，旧版的一些文章因后来有所修改，就用了更新过的文本。

2020 年 4 月 24 日

旧版序言

李南央

　　1978 年，在大别山中的磨子潭水电站见到了十多年未能谋面的父亲。父亲问我那些年的境遇，我向他讲述了在家和社会上的遭遇。父亲默默地听完，很难过。临走时，父亲说："你那些经历应该写下来，是一些有历史价值的东西。"并说会帮助我提高写作水平，要我以后再写信，附上自选题材的作文。我照着做了。父亲真地逐字逐句地修改，说我的文字还可以，只要坚持，会有写好的一天。

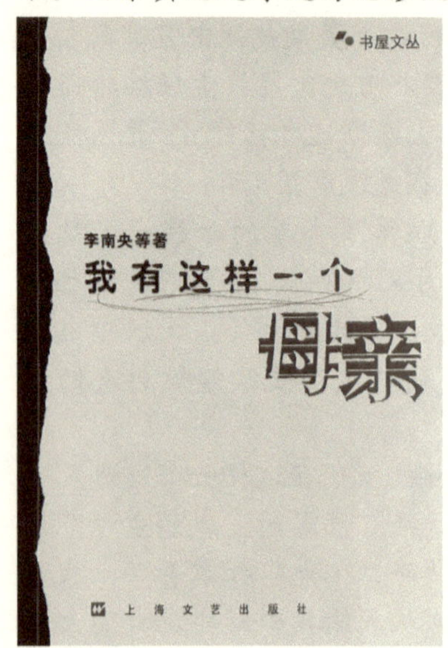

　　"四人帮"倒台后，人们的思想活跃起来。好多知道我们家的事儿的朋友也开始劝我把那些事情写出来，说都是极好的文学题材，读者会很多。可我对自己并没有信心，觉得不管怎么努力，写出的东西总是像中学生作文，实在不会有人爱看。后来父亲平反复出，没有工夫再看我的文章，我也就乐得不再费劲儿了。再后来我出了国，交了一些外国好朋友，他们也说我应该把自己的经历写成书，他们要当第一读者。我这才相信自己的故事可能确实是值得写的，才认真地对自己说："要写"。可是认识到应该写和到真正开始写，这之间是天壤相隔的。疏懒和怕写不好，使我一拖又是几年。

　　那些年间每次回国，父亲总要旧话重提，说你光干那个机械工程师有多大意思，人是应该给这个世界留下些东西的。你有这个条件，你的那些经历写出来，是可以流传下去的。我总是"嗯、嗯"地答应，感到父亲对我只说不"练"的失望，颇感愧疚。感谢王朔的作品，开创了讲老百姓大白话的文风，使我觉得自己确实可以试试了：不要想写成什么文学作品，就平平常常地说，朴朴实实地叙述，要是写的时候先把自己打动了，就一定是好文章。有了这点儿底气，我终于在再不写出点什么，实在对老父无法交代的压力下，试着写了第一篇文章，是关于父亲的，很短，请人推荐给香港的《开放》杂志。他们竟然采用了，登在1993年9月号上。这就是收入此书的《长长短短谈父亲》的原型。文章被当时中国大陆杂志《读书》的总编看到了，他拿去给我父亲，说："你的女儿写了一篇极好的文章，我想在《读书》上转载。"父亲看了文章，一口否定了。认为我有的话太"出格儿"，会给他惹麻烦。但是他还是把编辑的话转给了我，意在鼓励我，总算有了个不太差的开头。我的第二篇文章被《开放》选作了那期的首篇。就是本书中的《平等争论》。这使我大受鼓舞，觉得可以开始写那个最重要的题目了。

《我有这样一个母亲》是1997年写成的，还是寄给了《开放》。承蒙湖南《书屋》杂志当时的总编周实先生的厚爱，把文章引入大陆，使得国内很多杂志、报刊竞相转载，有人形容说"铺天盖地"。我在美国却一无所知。直到有朋友告我去看一个网址，才知道人们是在多么热火朝天地争论，才知道有人还在激动地"骂娘"。一时有话要说，就有了本书中的《答读者问》。不过总有意犹未尽的感觉，要说的太多，可说不清楚。直到于光远先生送给我一本1999年5月的《南腔北调》，一下豁然：要讲道理，做理论分析，得有曹河先生那样的文学修养和历史底蕴。非如此，不能写出《李锐的女儿说母亲》。曹先生力透纸背的立论，使我感到自己学识的捉襟见肘，不能再试图做自己力所不能及的文章了。想到如果把自己写的东西和别人对产生我的母亲这般人物的那段历史、那种土壤、那类文化的挖掘和评判的好文章合在一起出本书，该是一件非常值得做的事。

这以后，只要在父亲那里碰到大文章家称赞我的那篇文章，我就不客气地要求："请您写篇评论怎么样？"感谢王若水先生、朱正先生、苏绍智先生、单少杰先生、李普伯伯对我想法的支持和欣然允诺，写出了那么好的文章。感谢周实先生邀到了父亲湖南的老同事李冰封和钟叔河先生，感谢两位先生从特殊角度的"加盟"。我特别要感谢母亲青年时代的朋友吴淞伯伯给我写的信，他是母亲的旧友，因而他的文章有着不同的意义。

对于德国纳粹的大屠杀，西方人是用一个个具体人的、具体家庭的故事去揭露其惨绝人寰，去达到警示后人的目的。"大屠杀"几乎和爱情故事一样，成了好来坞永恒的主题。国内山东画报出版社的《老照片》开辟了一块老百姓讲述历史的天地（收入本书的《我家的老阿姨》就是在《老照片》编辑张杰先生启发和邀请下写的）。中国这片土地的每一个人、每一个家庭，无能幸免于那一次次的，一次比一次更惨烈的"运动"。每一个个人、每一个家庭的故事都是特殊的。这些故事被讲述得越多，那段历史显现的就越完整，越真实，越永远不会被忘记。只有记住自己土地上曾经有过的罪行的民族，只有认识了罪行根源的民族，才会成长。这个民族的后人才会改变他们前辈所曾有过的丑陋，变得优秀和美好。我讲了我知道的故事，我说了我想说的话。有人看了，就会有人记住。看的人多了，其中自然就会有人思考。有了思考，就会有了进步。那我除了机械工程以外，还给这个世界多留下了一点东西，可以面对父亲了。

2002 年月 1 日 11 日

补记：

这篇序方才住笔，接悌忠打来电话，告之刚从网上看到王若水先生去世了。泪水一下涌入眼帘。去年 10 月 3 日从大陆回美国的头一天，和父亲一起去协和医院探望病中的若水先生。他问我："你那本书什么时候能出来啊？要抓紧，不要失去时机。"我痛恨自己的懒惰，未能在他生前将此书出版。他的文章《左倾心理病》是留给我和读者的永远的纪念。

又补：

4 月 9 日因公从美国出差回北京，与南荣编辑联系，知道《我有这样一个母亲》一切就绪，日内可开印，十分高兴。4 月 22 日突然接到父亲转来崔卫平女士为我母亲辩护的文章。看过之后，觉得不将此文收入书中，实在是太大的遗憾。其实早就有人对我表达过与卫平女士相似的看法，引起过我的思索，也曾隐隐感到书中收入的评论文章都出自男人之手，确实少了从女性角度切入，对范元甄暴躁个性形成客观分析的一面。但因为自己身在故事之中，难以彻底摆脱怨恨之情，无法像卫平女士一样想得如此深刻，分析得如此透彻。一夜难眠。清晨五点冒昧打通卫平女士电话表达感谢之意，并征得同意，将其文章并入此书。不到六点把南荣从睡梦中叫醒，恳请做些技术处理，无论如何要将此文补上。感谢南荣编辑为使此书更公允、更深刻，更完整所做的努力。

匆就于北京 2002 年 4 月 23 日

代序：回到中国文人传统（港版编者后记）

金钟（开放杂志总编辑）

　　去年九月听说李南央的书在上海出版，反应甚好，但中途被禁，她正计划在海外出版。因为她那篇话说母亲的文章最早是发表在开放杂志上的，我们当然很乐意这本书在香港出版一个完整的繁体字版本（大陆不可免会有某些删节）。取得南央同意后，她寄来书稿。但紧接着中共十六大权力换班和伊拉克战争接踵而至，加之余杰的一本文集也正在赶制中，本书的编辑进度便比预计迟了一些。

　　回想我们和南央的交往已有十年。1993 年，她寄来回忆父亲的文章，即本书的《长长短短谈父亲》，在大量类似文章中是感情最真挚、描写最动人的一篇。1994 年 2 月，她寄来第二篇文章，即《和父亲的一场公开争论》，当时发表的题目是《中共与纳粹可否并论？》列为该期"首篇"。我们确实被文章所描写的事实震动了。看过很多海外的研讨会，学者们总是坐以论道揭不开学术包装的外衣，道破本质，南央却能以她的率真和勇气指出"皇帝没有穿衣服"，中共的统治比纳粹有过之无不及，其"痛快淋漓"，可以让人联想到当年她父亲在"御前辩论"中，不媚上，舌战群雄，力陈三峡上马之不当，得到毛的激赏，当场任命他做自己的秘书的情景，而南央在美国那个研讨会上得到的是"最热烈的掌声"。

　　到了 1997 年冬，南央寄来第三篇文章，即本书的主题《我有这样一个母亲》。我们一看，不得了，一篇比一篇精彩。如果说第一篇是女儿透过父亲悲苦遭遇拾回父女情的内心哭泣，第二篇显示女儿在理性上的成熟，这种成熟已摆脱儿女情长的羁绊，甚至在会上演出父女驳嘴的一幕，那么，第三篇就是落霞与孤鹜齐飞，情理并茂，双管齐下，描述了一对男女，一个家庭，在毛泽东专治不断野蛮化过程中的命运。一名才华横溢的书生被贬辱，被践踏了四十二岁到六十二岁的生命精华；妻子则早已在延安的恐怖整风中，被洗了脑，脱胎换骨，甘愿为党出卖一个又一个亲戚；女儿南央失去了父亲，成为母亲家庭斗争的对象，在绝情的家庭与社会里挣扎成长。毛时代结束，父女新生，母亲却冥顽不化……而故事的纵线又贯穿了毛统治下三个最具指标性的事件：延安整风、庐山会议与文革浩劫。更罕见的是故事涉及的人物，既有家族的群像，也有党国要员，包括一位大名鼎鼎的在延安搞过"共产共妻"，至今不甘寂寞的左王。

于是，我们决定不惜篇幅二万余字一次刊出（《开放》一般文稿限制在二千余字之内）。刊物面世，在朋友圈中，听到不少赞誉。我把反应告诉作者南央，但在刊物上组织讨论的想法，却未能做到，因为我们要应付的新闻事件太多，版面、精力都不够。不料，对文章的讨论却在大陆悄悄展开。湖南《书屋》杂志转载南央的文章后，其他杂志、小报、网站也跟进报导，故事的传奇性，引起读者很大兴趣，《书屋》等媒体发表了不少评论文章，据说文章的主角范元甄及邓力群等人都已看到了我们发表的原文。

一篇文章从香港到内地，引起对一个逝去的时代及其余音的沉重反思，这就是这个少见的文化现象的来龙去脉，也是作者编成这本文集的初衷。作者又选编了若干反映她和她的父母身世背景材料，便使得她描写母女关系的故事，更显深度与丰富。因考虑海外市场的需要，我们只对个别文章作了删缩，除文章编排，插图及部分标题的技术性处理外，内容均与上海版一致。

大陆有读者把李南央的这本书比照苏联的《日瓦戈医生》、《古拉格群岛》加以阅读。我们守望在香港二十余年，年复一年期待着中国作家对 1949 年以来那段饱受灾难的历史作出见证，期待着无愧于世界文明之林的杰作问世，但看到的只是屈指可数的几本畅销书。那么多高级干部纷纷谢世，没有留下一本《赫鲁晓夫回忆录》，那么多知识分子九死一生活下来，没有见到《日瓦戈医生》，也没有见到《古拉格群岛》，中国作家们征途上的障碍实在太多，包括外在的与内在的。

　　或许我们的文化传统缺少一点征服天下的野心。胡适先生提倡传记文学，希望每个人到四十岁写出自己的传记故事，他以身作则写了如叙家常的《四十年自述》。就此而言，李南央是传记文学的优胜者，就像她在中学屡屡名列前茅一样，以一位高能加速器工程师写出如此不弱于当代任何一位中国作家的好文章，为二十世纪中国历史留下沾满血泪的一页，显示她是父亲的好女儿，是读者的好朋友，也是一位崇尚真实、忠于自我、不回避生活中任何尖锐挑战的好作家。

　　正如学者单少杰所说，李锐父女的著作是国史也是家史。他指出，中华民族是一个记忆力很强的民族，"以史为国本"，但如今患上"老年性健忘症"。一个民族失去记性，就失去血性，长此以往，这个民族尤其是它的权势人物就会变得越发寡廉鲜耻。

　　今日中国正是如此。因此，我们必须回到中国的文人传统，而不是为了什么诺贝尔奖的虚荣。中国的文人传统就是从司马迁到文天祥到胡适的传统，"在齐太史公，在晋董狐笔"，"留取丹心照汗青"，也是通常说的"不信青史尽成灰"的抢救历史精神，只求传真和永存。李锐在毛皇帝手下，以亲信秘书而因言贾祸，但九死而不悔，直到八十六岁高龄的今天，仍以其忠贞之士的形象，直言批毛批邓，力倡废除独裁制的"一把手说了算"。已经跳出思想牢笼并在西方就职的女儿，继承乃父之风，说出许多人仍受体制约束，想说而说不出来的话。她不必有父辈们的"宁鸣而死，不默而生"的壮烈情怀，她只要如实道来，皆成文章。她的文章虽富有戏剧性（相信是未来影视舞台的好题材），但任何在那个时代、那个体制中活过的人，都会有似曾相识的认同感，从而激起人性深处的共鸣。

　　我们以发表李南央的文章，出版她这本书为荣，诚盼李南央的故事能够打开那些层层保密的官方档案，释放沉睡的心灵，利用当代传媒的力量，把我们民族深重的灾难变成"深厚的人文资源"，以慰逝者，以启后人，中华民族的真正复兴才不是一句空话。

我有这样一个母亲

李南央

人生是有许多巧合的。1993 年，父亲来美国参加科罗拉多大学的中国问题研讨会之前，威廉女士正在拍摄《中国革命》(China in Revolution) 的第二集，听说父亲即将访美，约了采访他。父亲到美后，为了了解威廉女士制片的宗旨和制作水准，我们特意从哈佛大学费正清中心的图书馆找来《中国革命》的第一集看。当放到中国抗日战争一段时，我突然发现一个讲演的女学生颇像我妈妈，但是没敢吱声，因为不知父亲会有什么样的反应。没想到老头子先叫停了："再放一下，刚才那个镜头好像是范元甄。"我这才说："我也觉得有点像。"我们把这段又看了一遍。"没错，就是她！"父亲说，"这是范元甄在武汉欢迎世界学联代表团的集会上讲演。听说她那次即席发言大出风头，王明一下就看上了，说'这种人应该是共产党员'。事后找人了解，才知道范元甄早就是党员了。"

《中国革命》影片截图

母亲和父亲同时出现在一部历史记录片中，母亲的镜头几乎是一晃而过，记录下的恰恰是她一生中仅有的瞬间的灿烂（陈伯达在延安说过："小范是开花不结果的人物。"）；父亲的镜头反反复复地在影片中出现，还被选做了片头，映现了他越到晚年越如晚霞般绚丽，学术名气和社会地位愈见升高。父母两人合了分，分了合，而最终归于殊途的人生之路所折射出的半个多世纪的沧桑变迁，令人唏嘘不已。

妈妈年轻时很是得意过的。先是抗战初期，担任郭沫若领导的政治部第三厅所属演剧九队负责人，后任重庆《新华日报》记者，周恩来夫妇视她为女儿。她到延安后，周恩来曾亲自写信给她，情意切切，还附了一张照片。这信和照片母亲一直珍藏着。北平刚刚解放时，她在协和医院作手术，周恩来去看张西曼，听说小范（过去的老人，至今都叫我妈小范）也在这里，特意去病房看了她，轰动了医院。母亲在延安时，是有名的四大美女之一，还有四大美男子。三个美男都找了丑女，只有李锐和范元甄，大家公认，才华相貌不相上下，是天作地合的一对儿。我爸多次对我说："你妈比我有才华。"好多认识我妈的老干部都对我提起过当年延安关于宪政的演讲比赛，我妈代表马列学院扮演国民党代表，结果把抗大的共产党代表给辩论倒了。事后，大家笑传了很久[1]。妈妈跟我讲起过在延安两次见到毛主席。一次在清凉山的小路上，她上山，毛主席带着警卫员下山，主席闪到一边说："小范同志你先走。"妈妈很是惊讶主席会知道她的名字。

前排中：冼星海，前排左三：范元甄

还有一次，她在窑洞前纺线，突然看到纺车前站住一双大脚，一抬头，是主席微笑着看着她纺线。可见，妈妈当年在延安确实是很引人注意的。

"一二·九"运动时，父亲代表武汉大学和代表一所教会中学的母亲在武汉秘密学联相识，1939 年，母亲十八岁与父亲在重庆八路军办事处结婚。那天，父亲说叶剑英莫名的兴奋，跑上跑

---

[1] 曾志的回忆录《一个革命的幸存者》中记述了这次演讲比赛，但是与事实有所不符，我母亲曾多次打电话给陶斯亮更正她母亲的回忆，陶斯亮代她母亲致了歉意。

下地给他们照相。妈妈后来告诉我，史良曾
为她惋惜"结婚太早了！"在我懂事后，母
亲曾反复多次地向我提到此话，永远地后悔
自己年轻时的选择，好像毁了她的一生。婚
后不久，两人同去了延安。当时周恩来不在
重庆，回来后还责问为什么把小范调走。知
道我妈妈到延安进了马列学院，也就没再说
什么。妈妈对我说过："抗大"、"女
大"，那是给刚参加革命的人办的，而马列
学院是只有真正的成熟的革命者才能进去

母亲十六岁

的。究竟是否如此，我不得而知。但是马列学院的资历确实让她
认为具有与众不同的身份，是她一辈子自觉高人一头的资本。
1941 年延安精简机关学校时，成立了中央政治研究室，任弼时任
主任，实际工作由陈伯达负责，妈妈在该研究室的国际组工作。

　　抗战胜利后，母亲随父亲北上热河，很感到失去了自我。延
安第一次怀孕的孩子出生后就死了，第二个孩子（我哥哥）在从
承德撤退的路上落生在老乡家。到热河后，她始终不愉快，跟爸
爸不断地吵闹，直至派至北平，参加了党创办北平《解放报》的
工作，心情才好一些。以后南下，任接收长沙自来水公司的军代
表，后调京任石景山发电厂的副厂长，再以后就一直在航空工业
部工作。解放初期没有现在那么多部委，航空工业部当时只是二
机部的第四局，机关大院在宋庆龄的宅第旁，临着积水潭，院内
有一个小湖，我就在那儿跟妈妈学会了游泳。文革时被改成卫生
部，现在不知归了谁。第二个五年计划中，国家开始兴建大型国
营企业，共产党要培养自己的知识分子管理这些企业。不记得是
五六年还是五七年，妈妈被送进北京航空学院的调干班学习，毕
业后，进了航空工业部自己办的第一个大型仪表厂，对外称青云
仪器厂，对内代号 232 厂，当了总工程师。记得我曾为妈妈能在
有代号的保密厂任职，感到特神秘，特兴奋。七九年我调到北京
高能物理研究所工作时，所工厂里有从 232 厂调来的工人和工程
师，他们都记得我妈，说她极有风度，特别能干。母亲的一生在
那时达到了顶点，以后再也没有超过这个职位。退休后虽享受副

部级待遇，只是个名义，没有什么实质意义。妈妈在这个新的，令她兴奋和满足的位置上并没来得及真正做些什么，1959 年庐山会议，爸爸被打倒，她立即一落到底，被发配到热处理车间当炉前工，接受改造，身体随即变得很糟。刚解放时她得了甲状腺机能亢进，北京协和医院在她身上第一次由中国人自己做了甲状腺切除手术，没有经验，切了十分之九，这时一下从亢进变成机能低下，一点办法也没有了，只好靠吃人造胛状腺素维持身体的新陈代谢。她的精神似乎也自此彻底垮掉，再也没有恢复。1962 年七千人大会之后，她短暂地恢复过一段工作，在航空部技术局总技术处任处长。但是很快文革就开始了，群众专政，干校劳动，回京没等到什么正式的工作就被离休处理了。我的记忆中，妈妈没有高兴的时候，也不允许家里有欢乐的气氛。记得有一年从陕西的工厂探亲回家，因为自己自由生活惯了，忘了家里的规矩，一边干活，一边哼起了歌儿。妈妈立即厉声叫了起来："你有什么可高兴的？我们这个家是没有欢乐的！"

我是 1950 年在长沙出生的，1952 年随父母到了北京。从记事起，我就不喜欢家里的气氛，因为爸爸妈妈老吵架。我两岁进整托幼儿园，七岁住校，两个礼拜回家一次，什么时候回家，只要赶上两个人都在家，就什么时候吵架，吵得昏天黑地。说是吵架，其实从来都是妈妈一个人吵，没听爸爸吱过一声。他总是坐在沙发上，背靠在那儿，双手交叉在胸前，双目紧闭。妈妈的骂词是永远的一句话："说呀！你说呀！"最厉害的一次，只听屋子里哗哗啦啦，像是砸碎了玻璃的声音，我终于忍不住，在走道里"哇！"地一声哭了起来。妈妈出来抱着我和阿姨哭成一团。可我不是因为同情她才哭的，而是太害怕了。第二天，爸爸脸上贴着橡皮膏去上班，我羞愧得恨不得找个地缝钻进去。楼上楼下的邻居早就知道我爸爸、妈妈老吵架，这回爸爸单位的人也都该知道了。妈妈摔坏的那面很好看的椭圆形的镜子，像爸爸的脸一样也用橡皮膏粘好，又用了很多年。五十年代那种造型尺寸的镜子是很少见的。我常常小人儿一个，对着破镜子发呆，叹惜这么好看的一面镜子贴了橡皮膏有多丑。爸爸、妈妈没有能够像这面镜子破镜重圆。我那时总闹不明白妈妈到底让爸爸说什么，而爸爸为什么就是永远地不开口。等我长大后才知道，很多时候是为了我奶奶吵架。

爸爸妈妈在奶奶问题上的矛盾由来以久。父亲是独子，十七岁离家进武汉大学读书。父亲自己坦承当年并未好好学习，闹了革命。奶奶听人传话，知道儿子在闹革命，很是危险，从长沙赶到珞珈山监护独子。没想到父亲为了找党，1937 年 5 月竟不辞而别，悄悄北上北平，自此再未返校，奶奶当时急得几乎发疯。以后抗战，内战，音信全无，生死不知，奶奶只好将女儿（我的二姑）的儿子改名姓李，以继承李家香火。

1949 年长沙解放当夜，父亲突然出现在奶奶家。这位清末女子师范毕业生，三十二岁守寡，不愿屈从婆母管制，一人含辛茹苦，靠借债、变卖旧衣物维持生计，供养子女读书的倔强老人，没有像一般母亲见到生死不明的游子突然归家，与儿子抱头痛哭，而是一个耳光掴了过去。我爸当着警卫员的面跪在了奶奶面前，请求奶奶原谅这个不孝的儿子。我妈妈两个月后到长沙，听说此事勃然大怒，回去就吵。认为我爸身为共产党的干部，却给地主母亲下跪，是严重地丧失了阶级立场。其实我奶奶根本就不是什么地主。我爷爷 1905 年到日本留学，在那里成了孙中山的第一批同盟会会员，后又是民国初年的国会议员，1922 年就去世了。奶奶回到平江老家，从婆母手中分到一些田地，但由于闹红军，田租收得很有限，根本不足以为生。1977 年我去长沙看姑姑，并与姑姑商议给爸爸平反的事，第一次见到奶奶。过去在我的印象中，都是妈妈灌输的故事，奶奶是个恶霸地主婆，又刁又狠，乃至见面，才知道是一个极瘦极弱的老人，且很糊涂了。拉着我的手，总是问，你认识李厚生（我爸原来的名字）吗？总说这么多年不见他，也不看娘。我姑姑就在她耳边吼："明伢子（我爸爸小名）被关起来了，不是不看你，是来不了。"

1959 年奶奶从沈阳我的二姑姑家经北京转返长沙大姑姑处，想到儿子家住几天，以便回到长沙跟亲友们谈起来，有个面子，终于在儿子家里也住过了。爸爸恰好在外地出差，知道我妈绝不会让奶奶进门的，偷偷让秘书将奶奶安排在招待所。奶奶大骂儿子不孝，不许老娘进家门，爸爸真是里外不是人。后来刘澜波

（刘澜波为当时的水电部部长，我爸是副部长）把奶奶接到他家住了些日子，好歹将老人劝回长沙。我妈由此恨透了刘澜波，文革中没少揭发他。奶奶一辈子就想跟儿子住一阵，老人封建，有儿子而要住在女儿家，是天底下最没脸面的事。1979 年爸爸平反，奶奶又要跟儿子，两个姑姑商议着把奶奶送到北京住一阵。还未成行，老人就去世了。那天爸爸正在陪美国陆军工程兵访华团去南方参观的路上，得到消息，在火车站遥望长沙方向，深深鞠了三躬。可叹奶奶一生住一住儿子家的愿望终未能实现。

我爸的用人路线，也是吵架的另一原因。五十年代在水电建设中，爸爸重用了国民党政权留下的老技术人员，对他们很尊重，充分发挥他们的才能，反右时，水电系统被打成右派的人数很少。我自己就亲眼见过爸爸对有些党的干部很是随便，但是对技术人员总是未见有半点怠慢。爸爸当年在水电系统有一句著名的"反党"言论："老干部要认真学习知识、文化，否则就不要老狗挡道。"妈妈却是"左"的，极为反感这些老知识分子。跟我爸共过事的老技术人员都记得我妈的那张冷脸。妈妈文革中常说，你爸一贯右倾，建国初期，就专用国民党人员，他的秘书，司机，都是那种最没觉悟和最糊涂的旧社会留用人员。也幸亏爸爸用了这样的人，他们在爸爸倒台后没有揭发过一个字。否则老婆，秘书，司机三管齐下，他大概早就没命了。他的秘书还曾试图救助他，不识时务地替他辩解，说李锐在知识分子中还是非常有威信的，有些工作上的意见分歧，不应该算是反党。幸亏这位秘书是那时机关中少有的三代工人血统出身，才免遭同时被整肃的命运。

尽管妈妈爸爸老吵架，可我小的时候妈妈从来没有碰过我一下，也不记得跟我红过脸。最厉害的一次是因为我胡闹得太大发了，妈妈操起一个小凳子向我砸来，不过没有打着。我小时，哮喘很厉害，犯了病，嗓子眼儿就像拉风箱，呼呼地叫。一次，外边下着大雨，我又犯病了。妈妈骑着自行车，打着伞去六铺炕商场给我买药。去商场的路是煤渣铺的，坑洼不平，妈妈一手打伞，一手扶把，再加天黑、雨大，没看见前面的一个凹坑，一下从车上摔了下来。看着一身泥水，满脸是血的妈妈拿着药进了家

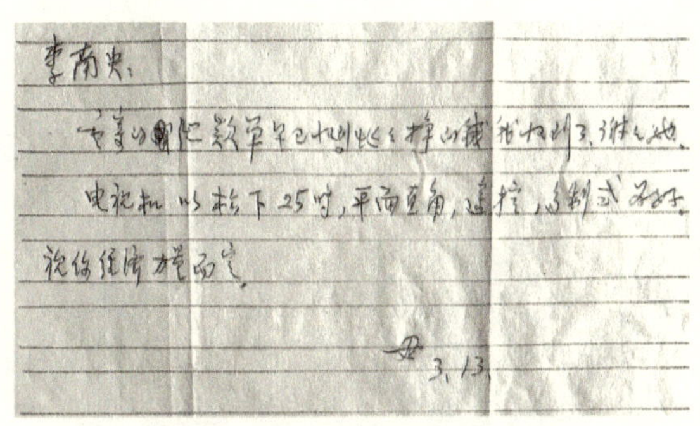

门，我和阿姨都吓坏了。阿姨狠狠地对我说："你要是长大了不孝顺你妈，就叫狗吃了！"这话我是记住了，一直记到现在。1991 年到了美国，妈妈来过一封"信"，典型的"范元甄句式"：

李南央：

　　……

电视机以松下 25 吋，平面直角，遥控，多制式为好。视你经济力量而定。　　母

我二话不说，就要寄钱。先生和女儿都反对，说她不能算妈。可我记着妈妈那一脸的血，她这辈子没有什么高兴的事儿，如果买个彩电能让她高兴，就给她买。

在我九岁的时候，家里没有了爸爸，他去了北大荒劳改农场。妈妈失去了发泄的对象，我就成了爸爸的替身，挨骂自此成了我的家常便饭。那真不是人过的日子！常常整晚上地挨骂，不许睡觉。每次开骂总是车轱辘话："你从小心眼就狠毒，三岁就说打死妈妈。你和李锐一个样。"可我真是不记得自己三岁时在什么场合，因为什么说要"打死她"。心里说，"当妈的记三岁小孩儿的仇，真是没意思。"阿姨说，我见了我妈就像耗子见了猫。放了学，只要听到妈妈在家，就轻手轻脚溜进和阿姨合住的房间，再不出来。我妈说我从不叫她妈，我心里其实是对她没有爱。妈妈对我永恒的咒骂就是："你这个小李锐！你跟你爸一模一样！"每次有客人来家，我都提心吊胆地防着那句话："这丫头越长越像李锐。"可总有些不识相的大人爱这么说。他们根本不知道，李锐是这个家庭一切罪孽的源泉，是提不得的。

我妈很注重对我们孩子的思想教育，特爱讲大道理。每年放暑假总要买书，大多是所谓有教育意义的。可我却偏偏不可救药，总想着那些妈妈不让看的书。在小学，我就偷偷翻遍了家中

书柜里的所有文学作品。《安娜卡列尼娜》、《静静的顿河》、《天才》、《傲慢与偏见》、《子夜》、《海底两万里》，还偷偷地用每月的零花钱买小说。《林海雪原》、《苦菜花》、《迎春花》、《朝阳花》、《这一代人》、《乘风破浪》……都看烂了。书都是钻在被窝里，打着手电看的，或者午睡时看。中午我妈自己要睡觉，是绝不会来查的，阿姨也不打小报告。最使我妈生气的是，我竟然到我爸爸那儿要钱买书。那次是大发雷霆，一晚上没让睡觉。我坐在床上，困得东倒西歪，听着她在里屋打呼噜，心里那份儿恨哪。

妈妈的大道理对她自己是不用的。最可怕的事儿是她睡午觉，要是在那时弄出了声响，吵了她的瞌睡，你就等着挨几个小时的骂吧。我学会了完全不出声地走路，开门不弄出一丝声响。可是楼上邻居的动静是免不了的，妈妈老让我上楼去告诉人家中午不要走动。"妈妈是最革命的"，我心里想，"革命者不是连生命都可以牺牲吗，怎么连楼上走路的声音都不许有呢？再说人家也不是故意的，怎么能好意思让人家不要走呢？"可嘴上却是从不敢违抗母命的。红着脸敲开邻居的门，听人家的冷言冷语，看人家的脸色，那种滋味儿，那种难堪，真是无地自容。我就写日记，把对妈妈的疑问，不满都叙述在日记里。我那时发了疯地想当兵，报纸上，电影上把解放军说得太好了。我在日记里说："我没有母爱，也不需要有母爱。我将来当了兵，在连队里有指导员、连长关心，爱护我。"为了不让妈妈发现我的日记，我到处藏。有一次，妈妈发脾气，讥讽我："你小小年纪，还母爱、母爱的，满脑子令人作呕的资产阶级思想。"我才知道，小孩子是永远藏不过大人的，就再也不敢在日记里写对妈妈的看法了。可是这点自由吐苦水的小天地都被剥夺了以后，我对妈妈是真真儿地没有了尊敬："偷看人家的东西，太不要脸！"

我小时喜欢军事体育。初一的暑假，趁妈妈在南方疗养，参加了西城区少年之家测向队，还和另一个师大女附中的同学合作，拿了当年的北京市少年女子组团体第一名。可是妈妈一回来，发现我着了魔似地跑测向队，说我满脑子资产阶级锦标主义，个人英雄主义发了疯，跟李锐一样，非让我停止活动不可。

后来北京队想要我当专业运动员，教练到家里来做工作，让我妈大骂一顿。教练从我家出来，脸上连血色都没了，气得浑身哆嗦："没见过这样不讲理的老干部！"测向队是呆不成了，我又偷偷参加了少年宫的射击队，很快从三队升到一队，夏天要到昆明参加全国比赛，选拔国家队。每次活动，都要想出各种办法编造回家晚的理由，星期天活动的谎话是最难编

在北京市少年测向比赛上（记者摄）

的，只好常常缺勤。我自认是从小爱说谎，但从不认为我是妈妈说的那种从小爱编瞎话，品质恶劣的坏孩子。我至今认为凡是小孩子说瞎话，那必是大人的错，一定是大人没给孩子说真话的空间。我现在最不能听的就是大人说自己的孩子："这个孩子总爱撒谎。"旦凡听到这样的话，我一定要立即为孩子辩护："最好先自己检查一下做家长的错，自己是否给了孩子说真话的条件。扪心自问，为什么自己养的孩子不跟自己讲真话。"

后来，文化大革命了。我在学校挨斗，回家一言不发，精神极沉闷。妈妈大概看出有什么不对，问我怎么了，态度极和蔼。我有些受宠若惊，在那种冷酷的环境里，感到了一丝母爱的温暖，不觉地流了眼泪。告诉妈妈，自己因为爸爸的问题，也有她的因素，在学校里挨了同学的批斗。还没等我说完，妈妈的嘴角向下一撇，露出了极为幸灾乐祸，可有机会报复的冷笑："啊哈！你不是一向标榜自己不要母爱，自己最坚强吗？哭什么！跟我说什么？你在学校挨不挨斗，跟我没有关系，不要往我身上扯，那是你自己在学校一定有问题。以后，你不要再跟我讲这些事情。你自以为了不起，自以为坚强，就不要以为还有妈妈。我在机关挨斗，又向谁去哭？"我那时还不到十六岁，看着妈妈那狠毒的近乎狰狞的面孔，只觉得自己向一个大冰窟窿里沉下去，从里到外地冻僵了。从此以后，我的心门是永远地死死地向母亲

锁住了。不管遇到什么困难、麻烦、痛苦，从不再向她诉说一句，自己默默地顶住接连不断的厄运。

后来我家被赶到一个大杂楼，我们住在一楼把角的两间屋。周围的男孩子知道只有一个女孩子守在这里，而且是狗崽子，把窗户的玻璃都打碎了。我用纸条一条条地贴好，那些孩子就爬到窗台上再捅破。邻居强迫我一个人交全楼道的电费，只因我家有电视和收音机。我当冲压工，在工厂出事故受伤，这些我从没告诉过妈妈，也不向任何人诉说。直到有一天，小姨从武汉来北京看病，来看我，看到了我居住环境的险恶，给我妈妈写了一封信，告诉她无论如何要想办法跟机关说，要搬家。这样我妈从干校跟军管会交涉，我们从大杂楼搬到一个与另一家合住的单元里的一间七平米的小屋。五六个一同进厂的女学员帮我把东西搬到三楼，我自己像耗子一样，一件件地把东西拖进屋摆好。但是这就成了我后来十几年挨骂生活的第一罪状。我在这里住了很短的一段，就去了陕西的三线工厂。妈妈从干校回来，挤在这么一间小屋，又根本不会和邻居相处，心情的恶劣可想而知。后来我每次从陕西回京探亲，妈妈大概只有一天的好脸给我，接着就是没完没了地为那房子骂我：就因为你自私，只顾自己，丢了原来的两间屋，一家人挤在这么个七平米的地方。然后就是你从小就坏，跟李锐一样。妈妈从来没问过我那些年是怎么过的。妈妈下放湖北干校，我一个人在北京要给她寄那没完没了的包裹，她的每件东西要在哪家商店买，什么颜色，什么牌子，在来信中都是严格规定的，我永远做不到一次就买对。邮局的规定也多，这么包不行，那么包也不行，常常一整个工休日都用在跑邮局上了。那时还要给在东北插队的哥哥寄东西，还要惦记着住在留守处，只有八岁的妹妹。工休日接她回家，给她做点好吃的，带她出去玩儿，尽量让她感觉到世界上还有一个亲人在关心她。所有这些，妈妈从来没有问过，她也从不问我在工厂做大型冲压工，只有十七岁的女孩子是怎么对付那一分钟要抡 17 次的好几公斤重的大钢板的。吃得怎样，安全怎样。

不过，我并不是这个家里唯一遭到妈妈虐待的，妈妈对她的弟弟、妹妹们也是一样的薄情寡义。

　　我的大舅（我妈妈的大弟），用我爸的话，是个很有才华、非常能干的人——能得我爸如此评语的人是不多的。他一直在武汉长江航运局做会计师，一生贫困，郁郁不得志，五十岁的壮年就得肺气肿去世了。他是四个弟妹中受我妈害最大的。快解放时，大舅和一个一起唱戏的戏友姑娘结婚了。姑娘的父亲在武汉临解放前带着小老婆跑到台湾，留下大老婆跟着女儿女婿。我妈比爸爸晚两个月南下，一进武汉，就领着我的两个年轻、崇拜共产党，一心向往革命的姨斗争大舅，要他交代是如何帮助老丈人逃往台湾的，家里替他藏了那些财产。这真是子虚乌有的事，大舅当然不承认。为了表示革命干部不能包庇亲人，我妈一状告到舅舅的单位，单位来人抄了家，还给舅舅连降两级，文革期间更是被全家下放农村。我文革中到大舅全家所在的湖北烟墩农村去看他们。那里的水，一块雪白的新毛巾放下去，立时就变得黑黑的了，据说是因为池塘里的水含油太多的原因。瘦弱的小表弟们要到很远的地方挑来稍干净的水饮用，既是这种水，也要先用明矾漂过才能用。那几天我尝到了真正的亲情。舅舅、舅妈和几个小表弟，舅妈的妈妈（那个国民党军官的大老婆）都是那么好的人。舅舅跟我讲了好多他所知道的我爸爸的事儿，说我爸爸如何有才气。对妈妈，他没有任何的埋怨，只是说她太左了些。多么善良的人！临去世前，大姨到医院去看他，告诉他我爸爸放出来了，我也回到了北京。他高兴极了，又问："悌忠呢?"意思是怕我情况好了，会像很多高干子弟一样丢了工人出身的患难丈夫。

　　我的小姨在跑日本（按：抗战逃难）时，小小年纪受了惊吓，得了心脏病，也是不到五十岁就去世了。最后一次犯病，她写信告诉我妈，想借些钱再看看病，争取新的希望。妈妈当即寄了二百元钱。可是没过几天，又一封长信追过去，把小姨大骂一通，说她没有良心，范家的人都没有良心，从来没有谁关心过她，只跟她要钱，殊不知她的身体也极糟，就因为给她寄钱，这个月没钱买补药、买海参。小姨读了信，当下差点没气死，立即让儿子把钱寄回了北京，几天后就咽气了。妈妈的信在那本来就已很脆弱的生命上，踹了最后的一脚。小姨临死前对大姨说："你们要有良心，我死后，绝对不许通知大姐。"

　　我的小舅五十年代在北京大学读政治经济学专业，学校领导本准备送他去苏联留学。因为我妈既是小舅的监护人，又是老革命，就征求她的意见。结果我妈一句好话也没说，反说我舅舅思想比较落后，小资产阶级意识较浓，不适于出国学习，断送了舅舅出国深造的机会。

　　我大姨（我妈的大妹妹）是我妈南下时介绍参加工作的。八十年代为了安抚大批退下来的干部，中央定了一个杠杠，凡是1949年10月1日前参加革命工作的，都按离休干部对待，享受100%的退休金和其他一些补贴。我妈却对我大姨说，她记得她是十一月后参加的工作。幸好当年我姨参加工作填的表还保留在商业部的人事部门，管事儿的干部说，"这回她可害不了你了。"看来我妈害人的名声是够可以了。

　　在我们家遭罪最大的还要数家里的老阿姨。阿姨原来跟着我姥姥做事（女佣），解放后被我妈要到北京。爸爸去北大荒劳改后，妈妈有时发了疯地打几十页的电报去吵架离婚。她知道邮局是不会发这么长的电报的，自己不去，逼着家里的老阿姨一趟趟地跑。阿姨顶着盛夏正午的毒太阳，迈着一双小脚，往返一趟就要四十多分钟。而且先要挨邮局人的训斥，后要遭我妈的谩骂，常常坐在屋里掉泪。我心里替阿姨愤愤地不平，可也不敢跟我妈讲理。我妈从干校回京后，阿姨已五十多岁，每晚只能在厨房用三张小方凳搭上块板子当床，挤在灶台间睡觉。后来家里在前边楼里的五层又分到别人家单元里的一间屋子，妈妈就让阿姨顿顿做好饭，端到那里给她吃。饭菜稍凉了些，就要骂人。我很庆幸后来能够帮助阿姨。1970年我去陕西后，一年回家探亲，阿姨嘱我把她在我妈这里的情况如实告诉在河南的侄女婿，让他们编个瞎话说家里要处理家产，无论如何要让阿姨回趟老家，阿姨这才得以脱身。

　　我和妈妈彻底闹翻是在周总理去世的那一天。我记得很清楚，我和先生，那时是我刚交的男朋友悌忠一起从陕西回京探亲，约好那天去动物园玩儿。没想到一早就听到了总理去世的消息。我们去商店买了黑布，裁成黑箍带在手臂上后就直接去了天安门广场。广场已降了半旗，可还没有什么人带黑纱，人们用诧异的眼神注意我们胳膊上的黑布，第二天带黑纱的人才渐渐多了起来。当晚回到家已经十点多了。妈妈和妹妹住在前边的五层楼的那间屋，我和老阿姨住在原来的七平米小屋，我直接回到自己的住处。老阿姨一直没有睡，在等着我。我一进门，就急急地对我说："你妈发了大脾气，你快点过去看看吧！"我提心吊胆地上了楼，一进门妈妈就问我野到哪儿去了？还没容我开口，骂声就劈头盖脑地砸过来，说我在总理逝世的时候和男朋友去玩儿，太不要脸。然后说悌忠的爷爷是伪保长，悌忠本人老奸巨滑，不是好东西，让我一定断掉这个关系，否则就和我断绝母女关系。说我在外面乱搞，和人家弄出孩子来，她也不管。这时我实在是忍无可忍了，觉得她怎么可以这么污辱自己女儿的人格，就回了一句："你胡说八道！"这就更不得了了，她一下子歇斯底里大发，连声让我滚。妹妹躲在被子里"呜呜"地哭出声。我一路哭，一路走回自己的住处，伤心地问阿姨："阿姨你告诉我，我到底是不是我妈生的？"这么些年，我真是越来越不信我妈是我的亲生母亲，觉得后妈也不会这么坏。当晚思前想后，下决心走自己的路，该是从妈妈的阴影下走出来的时候了，否则一辈子都不会有自我。第二天一早，收拾了自己简单的行李，离开了家。自此，大概就回去了可数的几次，但是再也没有在家里住过了。

我最后一次见到母亲是 1994 年圣诞节，那是我离开大陆四年后第一次回国探亲，跟妈妈则不止有四年没见了。出国前，我没有去看她，那时正值"风波"后，我的处境微妙，又不了解她的态度，怕她再来个"向党汇报"之类的，没去道别。那应是五年后第一次见面。事先哥哥帮我打了电话，证明愿意见我们，于是约好了时间。为防不测，嫂子和小侄女要跟我们一起去，被我妈一口回绝："你们来干什么？"我们已感到不大妙，可能会挨骂。哥哥说："骂，你就听着，别还嘴。"我带着女儿去了。一进家门，那久违了的黑沉，抑郁，死寂的感觉就一股股地压了过来。难怪大姨总说，去一次，回来要压抑好几天，多少日子心里的阴沉都去不掉。妈妈开了门，我心提到嗓子眼儿，不知这几年来的第一面会是什么样儿。"来了？进来吧。""忙忙（我女儿的小名）长这么大了，变得像个女孩子了，小时候完全是个男孩儿样。"我心里揣摩着，"行，开头还不错。"

这三室一厅的单元我只来过可数的两三次。家具依然是早就认识的，到处积满了灰尘，没有什么像样的东西。屋里唯一值钱的，大概就是那个当桌子腿儿的大金鱼缸架子了，是五十年代爸爸从琉璃厂买的。大金鱼让我淘气鼓捣死了，大鱼缸不记得命运如何，这个古色古香，年深越久便越发亮的架子是文革中被扫地出门后，妈妈唯一没舍得卖的东西。自己的一套沙发四块钱卖了，其他家具都是公家的，如数还了，我们整个儿成了"无产阶级"，那时这个金鱼缸架子上边搭了块板子是我们的饭桌。现在，它还是老样子，我就坐在它的旁边。

妈妈说："自己倒水吧，杯子脏，我也没精力洗，你自己洗洗。"杯子上确是盖着浮尘，我没洗，倒了一杯凉开水。妈妈坐在了那张老藤椅内。我很熟悉它，冬天总是被盖上各种棉垫。屋里没有沙发，剩下的是几张方木凳儿。与其说是保持了艰苦朴素的革命传统，不如说这屋到处可见的凌乱，满屋没有一件使人感到有生气的物件，透着屋子的主人对生活那么地兴趣索然，只是凑合着活着。一种凄凉的感觉在我胸里涨着，眼睛只觉涩涩的。我从提兜里拿出带来的东西：一包西洋参，一套不粘锅炊具。我说："知道国内也能买到西洋参，但听大姨说，常有假货，给你从美国买了点儿。现在的理论是老人少吃油，给你买了套不粘锅，炒菜可少放些油。"不料妈妈接过我的话头，"范元坤，她怎么会买到假西洋参呢！？陈忠介（我姨父）在商业部医药局工作，他们才是享受最好的东西呢！"那种尖酸，刻薄的老调直刺我的心口。我暗暗骂自己，"好好的，干嘛要把大姨扯上受过。"我太知道，天底下再也没有姨父那么老实的人了，他从来没给自己走后门买过药，从来是我妈要他买药，他没办法拒绝，才硬着头皮办的。我太熟悉我妈这种德行了，用人走后门给自己办事，反过来又把别人批一通。我知道，我给了我妈一个很好的开骂的由头。

果不其然，从大姨开始，三下五除二，就径直地朝我爸去了："那个右倾机会主义分子，反党分子！文革完了，以为自己平反了，又当了部长了，当了中央委员，了不得了，在我眼里，他一钱不值！他还不是从组织部下来了？"从开骂，我一直直视着这张脸。过去多少年，我总是低头听骂，心里翻江倒海地难过，这次，我极冷静地端详着这张脸，听着，感叹着"人怎么会活得只有恨，而且这么刻骨地恨？"然后又骂到我的朋友。这个朋友的妈妈当年在延安也是有名的女强人，是妈妈的熟人，我去年托这个朋友春节时看过我妈。朋友回来后写信告诉我，我妈很激动，痛哭流涕地向她诉说跟李锐的事，只可惜她什么也没有记住，只记住大意是"李锐一贯反党，与党不是一条心。"临走这位朋友留下了在大街上匆匆忙忙买的一个大果篮。哪知道她赶上了奸商，表面的好水果下铺的是一层烂橘子。老太太蹬蹬地跑到另一个房间拎来了篮子，把篮子举到我面前，"就是这个篮子。送烂橘子，你知道在旧社会这是什么意思吗？这是骂人呀！说是叫朋友来看我，实际叫她来骂我！"这可是典型的范元甄的不讲理。要骂应该骂奸商太坏，怎么怪到买东西的人？退一万步，我的本意如果是送朋友来骂她，怎么会想到这种旧社会的伎俩？要知道我是"生在红旗下、长在红旗下"的，怎么会知道这种旧社会拐着弯儿骂人的破玩艺儿。接着又挖苦我的大忙人朋友："还给我一张名片，经理头衔一大串儿！坐在这儿，腰里的 BB 机'哔！哔！哔！'地一会儿一叫，一会儿一叫，什么样子！那个俗气！"

我真是又好气，又好笑，心里数落这个朋友，"也不看看你看的是什么人，这么大大咧咧的，害死人。去年春节到现在小一年了，老太太把这篮子溜溜存了一年，这气可是存大发儿了，今天这关怕是不大好过"。老太太接着从我三岁就要打死她开始，一一历数我的罪状，说我给她带来了无穷无尽的痛苦。到了美国，以为了不起了，每年春节寄一百多美元来打发叫化子。不记得什么时候，话锋一转，拿出了一块怀表。我听说过这种毛泽东诞辰一百周年时出的头像怀表，紫铜色，古色古香，很雅致。老太太把表递到我女儿面前：

"忙忙，你认识这是谁吗？"

孩子自进门来，老太太一开骂，眼泪就像断线的珠子，没有停过。这个孩子是在爱的温暖里长大的，她常说的一句话："因为我有一个坏外婆，所以得了个好妈妈。"这话不错。我太知道妈妈是怎么伤了我的，我为什么不喜欢我妈妈，刻意地避免重复她的错误，把我小时候希望得到而永远得不到的那份我理想中的爱都给了孩子。今天，妈妈、姥姥、姥爷（孩子对我的姨和姨父的称呼），外公、丹丹阿姨（送橘子的朋友），这些她至亲至爱的人，在外婆嘴里都成了天底下最丑陋，最不要脸的东西，孩子的心整个儿翻了船，简直地就是找不到岸了。几次侧过脸动着嘴，不出声地大声说："妈妈，咱们走吧！"都让我压下了。我心里觉着，这大概是最后一次来了，无论如何要尽量多呆些时候。另外也是希望这个在蜜罐里泡大的孩子看看世界苦的一面。孩子说不出话来，只是点了点头。

"他是谁？"

"毛泽东。"牙缝里挤出了三个字。

"毛泽东是谁？"

半天的沉寂，我的心简直不敢跳了。这孩子如果把我们平日里在家的"胡说八道"变成她的想法如实说出，那可就别活了。

"不知道。"

半天，女儿抽噎着又蹦出了这三个字。事后女儿告诉我，"我知道毛泽东是谁，就不想让她知道我知道。"我妈一下接了过去：

"毛主席是中国人民的大救星，领导中国人民推翻了三座大山，没有毛主席，就没有中国革命的胜利，就没有我们的幸福生活。"

这句话一出口，老太太的眼泪就落了下来，像是先把自己感动了，"这年头还有什么人真能这么记着他老人家的恩情啊！小孩子都不知道谁是毛主席了。"老太太哽咽得说不下去。我不由地想起文革后期，中央的老人已经没有什么人不是敌人了，总理的地位也摇摇欲坠，说不清是革命还是反革命。有一次，我妈百感交集地对我说："现在像江青同志和我这样真心革命的人是几乎没有了。"我妈把自己比作江青应该是确切的，不为过的，也符合周围的人对她的看法。无论是我妈的好朋友还是坏朋友，亲戚还是同事，都有一个共识："范元甄/小范亏了没在江青的位置上，要不她比江青还江青。"

"我们永远不能忘记他老人家，要世世代代记着他的恩情。"

老太太哽噎地说不下去了。她说话时，我始终直视着她的脸，那里没有半点的虚伪和作戏，我相信她说的都是心里话：这个人是完完全全地与现实世界隔绝了，依然生活在很久以前那个领袖制造的精神牢笼中！她文革后就再也没有工作，又没有朋友，亲戚们是断不敢沾她，她就像埋在地窖里的陈年老酒，年代越久，"革命"的味道越"醇厚"。其实她当年是很有过自己的思想的，她最开始倒霉就倒在给我爸爸的一封信上。"大跃进"时，我爸在外地出差，妈妈给他写信，询问外地的真实情况，对报纸上放卫星的报导提出了质疑。我爸被隔离审查后，秘书清理他办公室的东西，在抽屉深处发现了这封信，把它交给了当时三机部的党组。这位秘书对我爸一个字也没揭发过，之所以对我妈这么干，实在是对她气不过。我爸一出事，我妈就开始揭发他，秘书原以为我妈跟我爸观点完全不一样，没想到我妈也有"反党"思想。既然观点一致，怎么可以这么揭发呢？

我是在文革中才知道我妈的遭遇不仅仅像她一向跟我说的，完全受害于我爸。我们家在六八年三月被抄了，妈妈随即被抓走，关在机关由群众专政。我当时已进工厂，在青岛实习，他们机关的专案组给我写信，让我揭发我妈，他们告诉了我这封信的存在。我至今记得当时的震惊，不是震惊于我妈的"反党思想"，而是不能相信她既然实际上同意我爸的观点，怎么可以一直以她是坚决反对我爸的反党言行，坚定的革命者自居？我写了信，但是开头第一句话是："我不相信我妈妈是反革命，我相信她是跟着毛主席，要革命的。在这个前提下，我可以写我所知道的妈妈的问题。"我写了 1961 年底爸爸妈妈离婚后有一小段时间，爸爸仍住在我们家的南屋，妈妈天天逼着爸爸搬家，后来把他的枕头，被子从三楼的窗口扔下去，爸爸才因此从水电部要到了一间屋子。不过人也许是矛盾的，爸爸从家里搬出去后，妈妈倒是允许我们去看他，到他那里吃饭。1960 年我爸在北大荒劳改时，正值"三年困难"时期，几乎饿死。在北京刚刚开始有高价饼干卖时，妈妈带我去百货大楼，给爸爸买了整整一箱苏打饼干。我们坐三轮儿回的家，拉三轮儿的师傅还问我妈箱里装的是不是收音机，妈妈吱唔过去了。那时一个工人的月工资只够买几斤高价点心的，要是让人知道这里装的都是饼干，不定要遭什么样的白眼儿呢。除此外，没什么可揭发了。后来，我妈自己也告诉我，反右时，她正在航空学院学习，曾经很同情被斗争的右派学生马云凤，认为他无非是小资产阶级的狂热，说不上是反党，反人民。后来组织上撤了她的职，审查她的问题，自己才猛然醒悟，吓坏了，"自己怎么能够怀疑到毛主席的头上！才认识到自己问题的严重性。要好好认识，承认错误，重新做人。"这是我这辈子听到的妈妈跟我说的最贴心的话了。我觉得这么多年一直受了她的骗，她和我爸离婚，揭发我爸，根本不是因为他们思想不一致，而是她胆小，为保自己出卖了丈夫。她的倒霉也不是如她一向所说，完全受过于我爸。从那以后，罩在她身上的老干部的神圣光环在我眼里消逝了。我的小舅、大姨，还有妈妈的好朋友都反对过我的看法，他们说：你妈妈那时没有办法，为了孩子，只有那么做。我至今不能同意。也许离婚是可以理解和原谅的，但是把我爸爸置之死地的揭发，却是用保护孩子无法说通的。她是吓破胆了。那个当年认为"毛泽东不就是个师范生？"（爸爸告诉我，我妈当年刚进城时，跟我爸一起议论毛的话）的范元甄再也不存在了，只剩下一个绝不敢有任何独立意识的躯壳。文革时，我回家探亲，我妈领着我们三个孩子天天对着毛主席像早请示、晚汇报。我搜肠刮肚地找词对付妈妈，既要狠斗私心，又不能让她认为我思想反动。妈妈给我的信永远充满了革命词汇。我那时天不怕地不怕，就怕给我妈写信。给组织写思想汇报，还可写可不写，给妈妈的信却是万万逃不掉的。妈妈会时不时地寄剪报来，让我学习"天津火车站工人批林批孔的先进经验"，让我学习王洪文，说同是工人阶级，人家那样先进，你却是如此落后。我那时成为"伟大的工人阶级队伍"的一分子已小有年头了，早就知道生活中的工人阶级和报纸上无限拔高的形象是两码子事儿，也早就没有了对党报的那份儿崇敬感，知道报上天天地编瞎话骗人，我自觉报纸是没有采访我所在的工厂，采访了写出来一样好。我告诉我妈王洪文那是机遇，我要是赶上了，也能当副主席。我妈是觉得我真正成了小李锐。记得华国锋当政时，我们这代人都颇看不上他，很反感他的"凡是"论。一天在家看电视，新闻正有华国锋的镜头，我脱口说了一句：老华如何……我妈当即变了脸，声色俱厉地说："你怎么能管我们的英明领袖华主席叫老华？！你简直反动得不成样子了！"当时我出了一身冷汗，告诫自己是太忘形了，妈妈阶级斗争的弦绷得紧着呢！若让妈妈再告到我的单位，我可就得吃不了兜着走了，可不能轻易忘记过去的教训：我曾在探亲时流露出消极、悲观的情绪，认为"四人帮"当道，天昏地暗，个人、国家前途何在？妈妈教训我，我听不进，她竟一封信写到我的车间的党支部书记那儿，告发我的反动思想，让组织上教育我。幸好，车间党支部书记是个好人，叫我去谈了一次话，只轻描淡写地说，"你妈也是为你好，怕你到处乱说乱道出事，你正面理解老人的做法。"如果说我妈当年与我爸虽然观点相同，但是为了孩子和自保向党揭发，到了此时，可以说产生了质的飞跃：她已经不是迫不得已，不能不揭发，而是像魔鬼附身，谁对毛泽东的做法有疑意，就坚决打倒谁。她已经不是自然意义上的人了，她完全抛却了人间的亲情，"亲不亲阶级分"已溶于她的血液，她变成了一个不打折扣的"凡是派"。可叹的是，不管她如何变化、如何表现，她的党却从来没有再认可过她。文革一开始，她就挨斗，她过去的下属还有人跳到台上抽了她的耳光。我六八年初参加工作，到青岛实习之前，妈妈大概感到文革这关她可能过不去了，告诉我家里有多少存款，存款单藏在什么地方，告诉我她认为自己是革命的，万一出了事，让我要设法使周总理知道，总理是了解她的，会想办法救她。她被机关造反派抓走后，我给总理写了信，为怕信寄不到总理的手里，我是用的表忠心的笔法。告诉总理我是谁的女儿，爸爸无音信，妈妈被群众专政，我自己会跟着党走，不会走父母的反党道路。但是信发出后如石沉大海，从来没有过回音。后来我妈自己给王力、陈伯达写信，以延安马列学院的老关系，请求给她工作，也是只字的回音也没有。她在干校受了很多苦，她本来就有风湿性关节炎，那时犯得很重，再加从来养尊处优，与同宿舍人根本无法相处，没人同情她。她在做了胆囊切除手术后被立即要求返回干校下水田劳动，干不动时，只能双膝跪在田里往前爬。那个时侯，是妈妈对我最好的时候，她常常往陕西的三线厂给我寄卫生纸、枕巾、新打小麦磨的面粉，似乎干校小卖部能买到的东西都会买了寄来，我还居然得到过一次和她平等相对的机会：那封我写给她机关专案组的信的底稿一直留在家里的抽屉中，我妈从群众专政组放出来后看见了，把它从中撕开，又放回抽屉。我发现后十分生气，问她为什么翻我的东西，撕我的东西？这是妈妈一生中唯一的一次无言对我，以后也再没有提过这封信。后来大姨告诉我，我妈跟她说了这封信："困难时还是自己家的人可靠，不乱讲坏话。"我不知道妈妈是否知道，专案组曾去秦城监狱找我爸外调她的材料，我爸一句她的坏话都没有说，尽写了关于她的好话。可是爸爸就没有她的福分，那些最致命的"攻击"毛主席的话都是我妈妈揭发的。1962 年七千人大会后，爸妈离了婚，本来我爸爸是准备恢复党籍，降为局级任用，我妈一份长篇揭发材料报了上去，据刘澜波说，传到他手里时已满是烟迹，不知过了多少人的手。最后传到邓小平那儿，邓说："太恶劣了，烧掉！"我始终不甚明了邓到底指的是我爸的言论太恶劣，还是我妈的揭发行为太恶劣了，反正我妈按她的意愿解释为后者。我妈是文革中知道邓的话的，颇以为荣，认为自己一直未能恢复原职务就是邓小平一手压制的结果。文革后，邓小平上台，也许因为妈妈的那封信，也许因为她文革中揭发人太多，又是个凡是派，那么多下台的老干部重新上了台，她却再也没有被起用过。她给邓力群写信，那是后话。妈妈最终还是从干校回了北京，她对我的态度很快就又回到了老样子。

后来改革开放，人人向钱看，她提起邓小平、赵紫阳那是绝对的大不敬，不把这些当权的人看成党的化身。对江青，我不知她是否还有着敬意，对毛泽东，我是从心底里相信她的绝对忠诚。她对主席的忠诚是她现在唯一可骄傲的资本，可以"一览众山小"，可以像以前一样眼睛永远长在后脑勺上（我姥爷对我妈的评语），那是她精神上的唯一支柱。

话扯远了，再接着说1994 年的见面。

我妈对外孙女说：

"姥姥也许以后再没机会见到你了，送你这个礼物作个纪念，你要不要？"

女儿这时可能被外婆的真诚感动了，点了点头。我妈放缓了语气问：

"你哭什么呀？"

女儿一句话也说不出来。老太太提高了声调：

"你哭什么呀？为什么哭？！"

我一看老太太要急，情势不好，也知女儿根本没有能力判断眼前这个外婆到底是怎么回事，应该怎么回答，就赶紧接过话题：

"这个孩子在美国生活了几年，在那里不管长辈还是孩子，大家是平等的，有问题要平等讨论。"

这下彻底坏了事，我妈一下子窜了起来："我怎么不平等了？我怎么不平等了！"我直视着她的眼睛，尽量平静和缓地说："你看，你现在就不是平等的口气嘛。"我妈几十年集聚在心中对李锐无从发泄的怒火就在这一刹那迸发了。她一个箭步冲过来，提起我的衣领："我今天就是对你不平等了，你给我滚！"我知道是到"滚"的时候了，不能再呆下去了。赶紧叫孩子："忙忙，快去拿书包，大衣，我们走！"可是已经来不急了，老太太歇斯底里发作了。她扯着我往门厅拽，门厅那边是厨房，我的直觉是她要拿菜刀砍人（老阿姨说，她对我爸拿过菜刀）。我拼尽全力挣脱着，催促孩子："忙忙打开门，快跑！"我来以前，总听哥哥说妈妈身体如何不好，有心脏病，所以以为她是个衰老的病人，对于眼前这突发的千钧之力，完全没有准备。老太太疯狂地吼着："我打死你！我打死你！"两只拳头向我的头上冰雹般地砸下来，我根本无法抓住她的手。十几年前发生的事又重现了。

那是文革中，我被妈妈骑在身上，揪住头发往坚硬的水泥地板上死撞，我当时感觉自己是要被撞死了。妈妈用了对我爸的那句话："说呀！你说呀！"哥哥在一边急得叫："你看你把妈妈气成什么样子了，你就说一句话呀！"我这时才体会到爸爸当年吵架时为什么永远不开口。因为她是那么地岂有此理，你实实在在不知道她在骂什么，不知道自己哪儿错了，为什么要挨骂，应该说什么。我咬紧牙，一声不吭，满心的屈辱和愤恨，恨不得被打死算了，我也实在是受够了！

我叫着："忙忙快帮帮我！"这时妈妈已将我撕扯到另一间屋子，把我压在床上堆放的大衣堆上，我完全立不起身来。她的两只眼睛使我感到很恐怖，那里射出一种饿狼扑到猎物身上时要把对方即刻撕成碎片的疯狂，手则像狼爪，向我的脸遮挡不住的部位扑抓过来。女儿放声大哭，情急之中抓起了一件大衣向外婆的背上抽打过去，边打，边哭，边叫："畜生！畜生！你是畜生！"老太太怒火中烧，回过头来用拳头向女儿头上敲去。我这下可真急了，把孩子一把搂在怀里："你怎么可以打孩子呀？！""妈妈，你怎么一辈子就不能平等地对待我们呀？"我哭了，因为两个手护着孩子，没法保护自己，任凭妈妈在我的脸上乱抓，在头上乱打，心里涌起一种深深的悲哀，不是为自己，是为妈妈，为她生活成这个样子，为她的恨，对女儿的恨，对外孙女的恨，对周围一切人的恨而悲哀；一种彻底的，绝望的悲伤：人活成这样，太惨了！

人毕竟老了，突发的狂暴伴之的力量逐渐衰退，我终于抓住了她的两只手："忙忙快拿好东西，快跑。"我在妈妈的拖扯下，艰难地向大门移去，看清女儿已跑出大门，我突然地松开了双手，向门外跳去。我拉着女儿从楼梯向下跑，妈妈追出来，破口大骂："李南央，你这条美国狗，你的女儿骂我是畜生啊！你的女儿骂我是畜生啊！"让隔辈人骂成畜生，看来是真把她刺坏了。只听楼道里乒乒乓乓地门响，左邻右舍探出头来张望，惊讶发生了什么事情。我和女儿那叫狼狈，两个人都哭成了泪人。到了一楼，听见老太太上了凉台，从那儿传来了狂叫："李南央！美国狗！你的女儿骂我畜生！"女儿在门洞里一把拉住我："妈妈，咱们靠边出去，她会扔东西下来把我们砸死的。"我真没想到不满十四岁的女儿在这种情急之下，还保持着这么一份清醒的头脑，没想到女儿能把外婆想成会杀人的坏蛋。我们离开了那个宿舍大院，很远了，还能听到妈妈歇斯底里的叫声。远了，远了，听不见了……

来到大街口，女儿看着我的脸，哭着说："妈妈，你的脸上都是血，我给你擦擦吧。"我这才觉得疼。脸疼，嘴疼得张不开，头上肿得不能碰。女儿搂着我："外公怎么娶了这么个老婆啊？妈妈，你真了不起，那些年你都是怎么过来的呀？妈妈？"我心里的苦味儿散了：好女儿懂事了！我不后悔来了这一趟。第二天早上洗脸，毛巾不敢碰脸，去办公事，打开图纸，图纸上作的记号是什么意思，自己要说什么，一丁点儿也想不起来。我一下子傻了，才知道自己的脑子是被打坏了。我后来问哥哥，妈妈打了我一顿后第二天有没有后悔的意思？我哥说，第二天只听我妈抱怨手疼，说做了好几天的蜡疗刚好一些，这下又搞糟了。听了这话，我心死了。在这之前，我真的是想给妈妈的晚年带来些快乐的！我妈有严重的关节炎，那年写信说要一种可以撑住胳臂的手杖，我赶紧照办。美国医药用品商店的态度是绝对的好，告诉我，那种手杖对老人不好，建议我买一种轻铝合金带四个小爪的手杖。航空邮寄手杖的同时，我还特意买了一种广告上介绍的保暖人造棉。我哥说不粘锅也在用。这就是典型的我妈，"美国狗"要骂，"美国狗"的东西还是得要。我心里明白，这辈子是不会再去看妈妈了，这母女情算是再也无法维系了。

其实说我妈没爱过人，是冤枉她的。在妈妈那次骂我跟男朋友乱搞时，我就隐隐地有个想法，莫非妈妈自己有过什么事？否则怎么能对自己的女儿想出那种事来？不过我从来没有真地认为妈妈会有什么作风问题。因为离婚后，妈妈从来再没有想过结婚，家里也没有来过什么独身的男人。

事情真是巧得像小说，妈妈和邓力群的旧事我第一次听说竟然出自一个大街上买菜的老太太之口。我在陕西时有一个好朋友，一年回京探亲，在大街上排队买菜，那时但凡有什么好菜，就要排长队，排队等的无聊，人们就认识不认识地在一起扯闲天儿。我这个朋友很健谈，跟人也是自来熟。她看到前边的老太太很像老干部，就问："您是老干部吧？"听到人家说是，我这朋友就跟老太太搭上了茬，问："那您认识不认识一个叫范元甄的？她也是延安老干部，是我朋友的妈妈。"没想到那人说：

"范元甄？太知道了！延安四大美女之一嘛！她和邓力群的风流事，在延安人人皆知。"看来不管受了革命队伍多少年的教育，爱在背后议论人，是中国人的通病，革命老干部也未见得清高多少。这老太太津津有味地与我这朋友道来，直到两人排到了菜摊儿那儿为止。回到沟儿里，我这朋友大呼二叫地对我说："嘿！你妈当年可够风流的！你知道她和邓力群有一腿子吗？"我觉得很羞愧，也很不齿于这么个革命老太太怎么在大街上与一个根本不相识的年轻人扯这种事，一定是神经不正常，太不可信！没有细问。我的朋友大概也觉出我的尴尬，就没再多说。这件事是多年后回到北京，我那位拿着"一篮烂橘子"去看我妈的朋友的母亲——郭靖阿姨向我证实的。

1943 年春延安搞抢救运动时，我爸作为特务嫌疑被关在保安处，我妈妈也在被抢救之中，邓力群是政治研究室组织上派去抢救她的，结果没想到帮助、帮助就睡到一起了。再后来，妈妈最好的朋友，上海的一位阿姨也谈到我妈妈自己向她讲过这事。那天，我妈在邓的办公窑洞里，两人正睡在一起，邓的老婆来找邓，撞见了，我妈起身穿好衣服，说了声："对不起"就走了。还有一次，胡乔木白天去找邓办事，邓从窑洞里出来，对胡说："小范在这里。"胡心领神会，什么也没说就走了。1944 年 6 月，爸爸从保安处放出来后，组织上怕他刚刚受了政治上的委屈，再碰上家庭的变故，经受不了，一再嘱咐我妈此事不能告诉我爸爸。但是我爸从保安处放出的当晚我妈就对他说了，告诉我爸，她和邓是真诚的爱情，她从心里敬佩邓，崇拜他的学识和能力。我爸起身就出了窑洞，两人很快离了婚。胡乔木还劝过我爸，"算了吧，你就叫他们俩好吧。"我爸此后大病一场，差点叫伤寒要了命。事情闹开了，影响越来越坏，组织上只好出面干涉，把我妈下放到桥儿沟乡去当乡文书。邓力群居然追到那里，冒充丈夫，又与我妈同居了一个星期。我知道我妈和我爸离过婚，是我妈妈在文革中自己对我讲的，当然没有告诉我真正的原因，而变成了因为组织上怀疑我爸爸是特务，她也觉得他思想太右，两人极合不来，才分手的，后经她的朋友反复做工作，方才复婚，这是自己一辈子最后悔的大错。我妈的这个弥天大谎，可不是我那些孩童的小把戏可以比的。

平心而论，我觉得我妈和邓力群般配。我妈妈一生从来没有服过什么人，但是对邓确实是信服的。文革后，她给邓力群写信，想工作。邓找到黎澍，要把她安排在《历史研究》杂志。黎澍伯伯是爸爸的挚友，文革中也深受我妈揭发之害，当然不要，邓似乎也没有办法。1983 年，我妈妈去上海，见到她早年武汉演出队的好友，非常动感情地谈起与邓的那一段情。她仰在藤椅上，旁边放了一盆凉水，边谈边不断地用凉毛巾搭在额头上，激动得难以自已。1989 年马列学院五十周年纪念集会，二人见面坐在一起谈笑风生，在场的何载伯伯很看不下去，事后对我爸说了。我真是觉得共产党多管闲事，剥夺了两人的婚姻自由，造成了我妈一生的悔恨，我爸也因这倒霉的复婚而吃尽了苦头。我和我出生于干部家庭的好友谈起此事，大家都观点一致："甭管好人坏人，只要两个人在一起自己觉得合适、幸福，别人管得着吗？！"我曾直言不讳地把此观点告诉了我爸，我爸爸说，"那怎么可以？这样乱搞不是生活问题，而是政治问题，党当然要干涉。你也别说风凉话，要不是和你妈复婚，也不会有你。"我哈哈大笑："也就是从这个意义上，我同意你和我妈的复婚。而不遗憾我妈和邓没成。"我爸倒也不恼。这份民主，在妈妈那儿做梦都不敢想。

当年，为了他们的问题，一个月内组织上开了五次批判会。田家英在会上说："你们算什么爱情，是打游击嘛！"我妈曾说主席的秘书中只有乔木是正人君子，这恐怕和当年陈（伯达），田（家英），胡（乔木）三人对她的态度和评价有直接的关系。她对田家英最恨。庐山我爸出事后，田家英给他打电话，我妈妈立即告诉了组织，家里的电话因此被撤去。我妈受批判后，名声很坏，没有人理她，是她主动表示愿意和我爸复婚的。复婚时，曾亲手用极工整的蝇头小楷抄写了杨尚昆代表组织对批判大会的总结。这份结论认为双方都有责任，主要责任在邓。我妈妈那时因我爸的问题受牵连，加上她自己也有"自由言论"，受到组织审查。邓是代表党组织审查我妈妈，帮助我妈的，而且自己已有妻子、儿女，却将被审查人招至自己的窑洞，谈话至深夜，及至同居，实在是太虚伪，太恶劣了。

　　杨尚昆的结论里对邓有这样的评语："第一，思想上最尖锐的是狂妄的个人主义。个人主义发展到狂妄的程度。结果已是公然与党对抗。这个狂妄的个人主义有它的几个组成的因素：一个是自恃有八年的党龄。其实八年中在党内没有得到什么锻炼，小资产阶级劣根性保持至今没有动。没有经过群众的锻炼，在延安的工作与生活是脱离群众的。再加中了相当深的教条主义的毒，

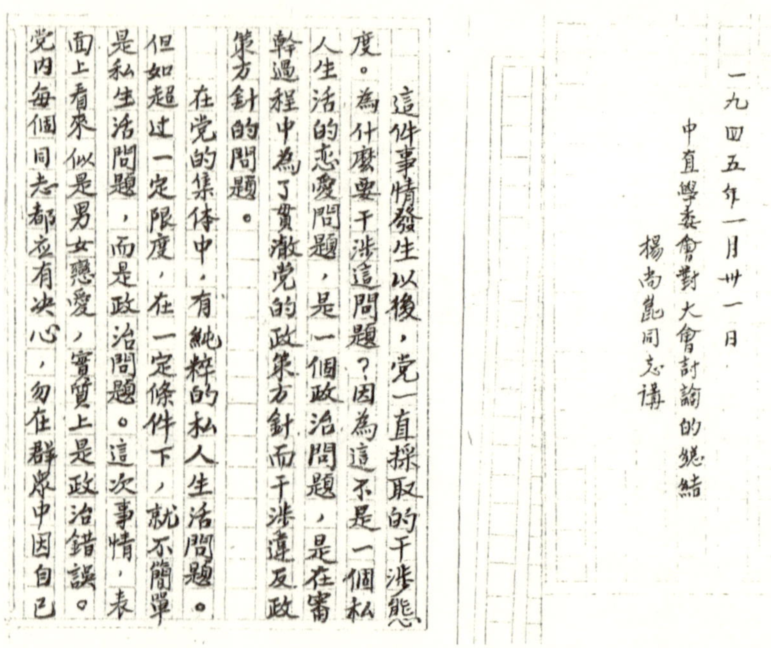

度。為什麼要干涉這問題？因為這不是一個私人生活的恋愛問題，是一個政治問題，是在審幹過程中為了貫澈党的政策方針而干涉違反政策方針的問題。

在党的集体中，有純粹的私人生活問題。但如超过一定限度，在一定條件下，就不簡單是私生活問題，而是政治問題。這次事情，表面上看來似是男女戀愛，實質上是政治錯誤。党内每個同志都应有决心，勿在群眾中因自己

一九四五年一月廿一日
中直學委會對大會討論的總結
楊尚昆同志講

这就是给那个狂妄的个人主义以一身漂亮的外衣。掩盖住了劣根性。并且增加了狂妄性。能够说出一套，听起来很好听，但是言行不符。再加上在党内受器重，有了地位，领导别人，就发展了'不平凡'特殊化的思想。整风过程中领导人家整风，自己的反省很不够。反而以为能够帮助人家整风，更增加了自己的包袱，以为自己不错。因为思想里有这一套，就自己特殊化起来，可以不管一切舆论，背着错误走。像这样下去，一定会向党闹独立性。讲一讲能力的问题。他究竟有没有能力？什么性质的能力？能力是有，是搬弄教条，概念的能力，是与群众运动脱离的。表现于整理材料，在概念中兜圈子。解决实际问题的能力还没见

过。不踏实，脱离群众，浮在上面，谈空话的时候多，经常有些教条在内。"

这些话时隔半个世纪，仍然说的就是现在的邓力群。不过这个人发展得已经不止是教条的问题。他其实就没有信过什么共产党的教条，他当初对我妈的做法早就证明了这一点。这人是一贯以革命的名义，行一己的私利。就连我妈最好的朋友都说，你妈要是跟邓力群结了婚，两个人在一起给党造成的损害可就更大了。

我爸七九年解放后，我妈其实是高兴的，她曾悄悄地对我小舅说："听说李锐要放出来了。"小舅说他感到我妈的兴奋和萌生出的复婚的希望。我爸本人也确曾认真地考虑过跟妈妈复婚的事，问我的意见，我说："你要是想多活几年，想有个幸福的晚年，就坚决不能复婚，妈妈是永不会改变的，那种恶梦似的生活不能再过了。"这话后来证明确确实实是不错的。看到我爸不但没有复婚，连看都没去看她，她自己文革后实际一直被挂起来，没有正式工作，可老头子已到退休年龄，又在陈云的提名下进了中组部，并升格至中央委员，这是一些人始料不及的。我妈更是切齿痛恨，这口气如何咽得下。她到处扬言不把李锐弄下来誓不罢休，她选了大闹生活费做突破口。当年离婚判决时，爸爸为了安心，每月给我们孩子每人 20 元的生活费（当时的社会标准，每人每月的基本生活费是 15 元。我妈的工资是 197 元，我爸只发 120 元的生活费，给孩子的钱占了一半）。文革开始，我妈受到机关很大的压力，就让我们孩子给水电部写信，说不再要爸爸的生活费了。这笔钱，水电部并没有发给我爸，而是扣下了。我爸平反放出后，一贫如洗，因为是文革前的冤假错案，按政策不补工资。水电部为了帮助我爸爸重新安家，就按当时停发给孩子的生活费的数额补给我爸一笔 7000 元左右的安家费。我妈就到处告我爸侵吞孩子的生活费。后来水电部又按同样数额补给她一笔钱，她就是不要，以示她不是要钱，而是要让人知道李锐其人的"品性恶劣"。她继续写信给邓颖超、宋任穷、于若木（陈云的夫人），邓力群恰恰也正给陈云写信告我爸的状（这次我妈和邓不知是不谋而合还是事前达有默契，反正是又一次心心相映），据说陈云在我妈的信上批了："既然这么多人反对，看来李锐不适于再呆在组织部。"我妈终于达到了目的。不过他们大概没有想到，我爸这人并不是一个看重官位的人，他要的是能够做事，不能按自己的想法做事，也就根本无兴趣留在官位上，这时下台对他其实是一种求之不得的解脱，心境反感舒畅。老头子下来后，勤奋著书，成为在国内和世界上极具权威的研究毛泽东的专家学者，对三峡的论著也成为权威性的参考资料。他的《庐山会议实录》等著作，成为历久不衰的畅销书，社会影响极广，在年轻一代人中更是受到尊重。

我爸自六七年文革中那次来京后，和我妈就再未谋面，只是八十年代有一次，养蜂夹道[2]办服装展销，我爸和我的继母一同去了，我妈妈也去了，爸爸遥遥地看到了我妈，认出了她，回来感叹她是足够的老了。我问："我妈看见你了吗？""她肯定是认出我了。"我不能想象经过半个世纪的恩恩怨怨，四目相对之时，两位老人会是一种什么感觉。可以肯定的是，我妈的感想一定比我爸的要复杂多了。历尽文革十年浩劫，几乎所有受过迫害的人只要活下来，都又有了新的生活，只有我妈比过去活得更坏。怨谁呢？有一点是肯定的，她绝不会怨自己自作孽。

九四年回国我挨的那顿揍，我爸说是替他受过。如果那一顿打能化解一些我妈心里的痛苦，能时时回味觉得利用了那次机会，把恨的信息传递给了李锐，而有一种"成就"感，我觉得那顿打我受得过。她毕竟是我的母亲，我希望她离开这个世界之前能有些快乐，即或这个快乐是建立在我的痛苦上，也无甚妨碍。

都说我妈很有才干。我读过我妈公开发表的唯一一篇作品，是收集在五八年全国优秀文学作品选集中的散文：《一个搪瓷茶缸》。我九零年去苏联，见到五十年代水电部的老苏联专家，他的夫人不断说，"你妈妈真漂亮，非

---

[2]　设在府右街北头养蜂夹道的文津俱乐部，是专为共产党高级干部建造的健身、娱乐活动场所。

常漂亮。"芦沟桥办过一个抗战胜利五十周年展览，有人看到有我妈妈的照片，告诉了她，我妈妈特意要了车，去了一次。看着自己年轻时出尽风头的英姿，不知她心头会掠过如何的感触。她曾经年轻过、漂亮过、出过大风头，有过名，可惜昙花一现般短暂。她的大半生都不得志，遂将一切积怨于父亲，化作永远刻骨铭心的恨。我想我妈现在活着的唯一念想儿就是"一定要看着李锐先死。"这正是她人生最大的不幸。如果她能认识到其实是自己害了别人也害了自己，她或许能够从黑暗中走出来。不幸的是，她早年富裕的家庭的娇惯，养成了她任性的大小姐脾气。当年我姥爷家有车夫，有厨子，有不止一个老妈子，她又是第六胎、第一个活下来的孩子，小名叫"罩"，意在罩住，不要跑了。南下时，我妈曾当着我爸的面，在她母亲面前打滚。听阿姨说，我姥姥当年听到大小姐回来了，会吓得浑身发抖。在革命最风头的时候，一半是因了年轻的热血，一半是逃避已开始没落的家庭的窘迫和尴尬而投身了革命。受到王明的赏识，周恩来的喜爱，没有打过仗，没有下过乡，没有参加过土改，没有受过艰苦生活的锻炼。"老革命"的资本反而更助长了她的骄横。五十年代从航空学院毕业后，三十几岁的青年当上新生共和国可数的大型保密厂的总工程师，个人事业如日中天。但是随着丈夫的倒台，和自己的不慎言行，倒了霉。从此一蹶不振，一辈子再也没有爬起来。

范元甄毕竟是范元甄，不是李锐，在逆境中写不出《龙胆紫集》（我爸秦城八年用棉签蘸紫药水在马克思著作的空边处写下了几百首言情、寄志的诗词，后以《龙胆紫集》成书，一版再版）。她貌似蛮横，实际懦弱，她没有勇气和命运抗争。在我自己积淀了足够的人生磨难后，懂得了人是可以不屈服于环境的压力的，人是可以掌握自己的命运的。我很想跟她谈，告诉她振作起来，什么时候都不晚。她可以写回忆录，写自己一生的遭遇。那次见她才开口，她就把我顶了回去："我不跟你谈，我有话跟党谈、跟组织上谈。"那已是八九年，老天爷，哪还有党、有组织会理你一个没人待见的老太婆！脑子被洗成这个样子！

作为女儿，我恨我妈伤害了很多人，甚至毁了她自己亲人的一生，但有时也深切地同情她。她的悲剧，公允地说也是吃了共产党所犯错误的不少亏。党干涉了她的婚姻自由，党干涉了她的思想自由，是她一生悲剧不容否定的外在因素。她的冷血的个性，不是她独有的，我在很多干部子弟朋友的母亲身上都可感到。

多少个十年过去了。儿时渴望而不可得的母爱，已是无法再圆的梦。但是没有母亲，我不会来到这个世界。我少儿时期，妈妈曾付昂贵的学费让我学习钢琴；在我进厂的第一天她告诉我："即使做一个工人，也要有大学的知识才能当个好工人。"那正是"知识无用论"最盛行的年代。这话我一直记着，终于学了出来。尽管我们没有拿走那块怀表，但是我记得妈妈曾要送外孙女一块毛主席头像的怀表作纪念，这些记忆是不能磨灭的。妈妈在这个世界上的日子不多了，埋于心底，永远无法忘怀的对母亲的那份感激，是催我动笔写这篇文章的重要原因。希望我的母亲能看到它。我想让她知道，那个当年被她压在地上，受她毒打的小妹（我的小名）不再惧怕，也不再恨她了。我在她活着的时候写这篇文章，不是为了伤害她，是为了让人们相信我写的一切都是真的；是为了让那些没有经过那个年代的年青人知道，过去的年代多么让人伤心；更是为了对她说出那些压在我心头数十年，当面她不能容我讲，也因此而永远没有机会听到的话。女儿是多么希望她能够回首平生，公允地认识自己给他人带来的伤害，认识到从根本上是她自己害了自己。我希望她不后悔自己曾在这个世界生活过，不论好坏。

作者后记

不记得是什么人说的，每一个成功者的背后，都有一位伟大的母亲。是否有人统计过其确切性的百分比不得而知，但是有一点是肯定的，所有写母亲的文学作品，如高尔基的《母亲》；所有写母亲的纪实文章，如朱德的《母亲》，无不是歌颂性的。我取稍有贬义的《我有这样一个母亲》作为此文的题目，是因为我的母亲无从歌颂起。但是她是一个奇特的母亲，奇特的一定要写出来。我的朋友和熟人中，鼓励我写她的远比鼓励我写父亲的多，尽管父亲的一生充满了跌宕起伏，更具戏剧性。

距这篇文章第一次发表，十年过去了，需要向读者交待的是，我确切地知道我的母亲看到了我的文章，也确切地知道母亲在延安时认识的几位老人，解放后几乎从未走动过，因为我这篇文章忆起了她，同情她，去看望过她，向她表达了对我这样一个不肖女儿的愤怒。母亲说，她视我如敝屣，早就把我扔了，永远不愿再见到我。但是她毕竟看了我的文章，而且后来还向人索要了上海文艺出版社出版的《我有这样一个母亲》一书，我知足了……

初稿 1997 年 11 月

改于 1999 年 4 月

再修改于 2007 年 11 月

答读者问

——对《我有这样一个母亲》读者的回应

李南央

写母亲是积压在我心头许多年的一种冲动，但是这种冲动从未强烈到一定要提笔的地步。突然有一天莫名地感到父母老矣，是时候了，再不写要晚了，自己会因此而遗憾终生。就这么着动笔了，一气呵成。写的过程中，笔赶不上思路，划拉得龙飞凤舞，常常因为追忆那不堪回首的往事，眼泪噼噼啪啪落在纸上。最后誊写时，居然还能认出自己的字迹。看来要写的一切在心头沉淀得已经背得出了。写成后，先让女儿和先生看，他们说好，而且说"真是好"。我才怀着惶惶的心情寄给了香港的《开放》杂志，很怕编辑看不上，不予采用。没想到《开放》杂志破例一次刊出，不过把我文章的题目《我有这样一个母亲》改为香港味儿的《六十年恩怨情仇》。我又没想到会有以后那么大的反响，有"好事之徒"把它放到了网上，加拿大和美国的中文报纸也转载了，自己却一直蒙在鼓里，毫不知情。直到有一天收到从南韩发来的一封"伊妹"，让我查看某一网址，方知人家已在那儿讨论得热火朝天了。更实实在在没想到的是，赵无眠兄竟然通过互联网找到我，告之内地《书屋》杂志的周实先生欲将稿件拿到大陆发表。《书屋》发稿后，居然又被国内多家杂志、报纸不予通知地竞相转载。过千禧年回国患了感冒去医务室看病，大夫看到我病历本上的名字，即说："我看过你写的那篇文章。"着实吓了我一大跳。人口普查，三个姑娘查到我父亲家，看到我，问："是你写的那篇文章吗？"方知自己真的是"出了名"了。后来问起国内的熟人，才进一步知道，不但看的人多，争论还不小。有意思的是，父亲的老、少辈儿的朋友们和父亲朋友的孩子们，甚至老朋友的孙子辈儿都对文章叫好，而我自己过去工作单位的同事和中学的同学们却多不认同。甚至他们的父母也加入争论，一致谴责，以致质疑我的动机："投机乎"？"不则手段出名乎"？有些人甚至愤愤然而开骂。有的好朋友很怕我吃不消，让我不要听那些过激的话。奕豹兄将他主持的网站收到的骂我的话对我实施"封锁"，说不看也罢，免受刺激。我说哪能呢！你想一个与"作家"、"文人"都沾不上边的"半吊子试笔生"能有这么多的读者，只会受宠若惊，高兴还来不及呢。至于别人怎么说都不重要，重要的是他们读了，还读得很动感情、很有想法，这就够了。你不可能让人人都同意你，你也无法评说谁对谁不对。因为每个人的想法都是和他自己的经历、阅历和所在社会文化层次分不开的。每个人的想法都有一定道理，所谓"众口难调"嘛。就跟春节晚会年年办，年年挨骂一个道理。再说不好，哪家哪户离得了这台晚会？我们这些在国外的人给家里打电话，说完问候节日的话，不都得赶紧加一句"别忘了给我们录春节晚会啊！"有人看，作品就有生命。

前不久，国内我原来所在单位的一对老工程师夫妇来美探儿子，路过我家。吃饭间，谈起我那篇文章，提了很多他们不能理解的问题，我都一一恭敬作答。我先生说："今天你谈的这些，有些我都没听你说过，很有新意和启发，你为什么不写出来呢？"那对夫妇也说应该写。后来又有别的朋友听了我对一些提问的答复后，也说我应该写出来。其实一年多前，我已应"枫华园"网站的邀请，参加过他们以"母爱"为题的讨论。后来就一直再没有过想说说的"激动"。不写，脑子其实是一直在转的，转到今天好像思路一下又到了口边，不吐不快了。我在这里把读者提得最多的问题归纳起来，一一做答，权叫"答读者问"吧。

读者：你为什么要写这篇文章，动机是什么？

答：我真地想不起当初有什么非常明确的目的，只是心里有很多话，不想再憋在心里，想写出来，希望我的母亲能看到，就写了。如果一定要说有什么目的的话，我是想让人们知道我的故事，让那些没有经历过我这样家庭的人，特别是我女儿这一代孩子，知道一个出生在在中国政治旋涡中打转的家庭的女孩儿的不幸。让人们知道过去中国的政治和共产党的很多作法是多么地违背人情，它把人性扭曲到多么不堪的地步。家庭是社会的最基本组成单位，一个社会的幸福、安定，来自于每一个家庭的稳定和美满。中国过去的政治是根本无视家庭的价值的。夫妻为政治离异、子女与父母为政治反目，维系家庭的亲情可如粪土般随便抛弃，阶级关系是人与人之间唯一"健康"的纽带。"为革命，六亲不认"，是让人肃然起敬的。那种日子实在是太可怕了，我们不要再过了，那样的日子不能再有了，孩子们应该有权利要求得到正常的母爱。当年布什在竞选美国总统时，竞选口号之一就是"家庭价值"。这一口号为他赢得了多少女性选民的支持！如果有一天我们的政治领导人打出"家庭第一"的口号争取选民，中国社会就真是步入文明了。

读者：范元甄已经风烛残年，不管是什么生理、心理或病理的原因，她婚姻不幸，事业不幸，除了年轻时的风貌才华，她已是一无所有。你这么写文章是不是太过份了？对这样一位来日无多的母亲，一位或多或少尽过一丝母爱的母亲，你有必要在她的有生之年再来这样一篇文章吗？我要是你，会在母亲百年之后再抒发心头的想法和人生的遗憾。

答：这里提出了两个问题，一个是该不该写；一个是如果该写，什么时候写。先来回答第一个问题。那篇文章该不该写呢。其实在回答上边写文章的动机问题时，已部分回答了这个问题。再说得深入些呢，我在这个问题上是尊重那些我父母的朋友的意见的，因为他们最贴近我父母的经历和坎坷，他们的看法会更公允，因而在我心中最有分量，特别是我母亲硕果仅存的朋友的看法我是不能不顾及的。我所有认识的这些老一辈革命者，几乎无一例外地对我的文章持肯定态度。他们对我说，"写得太好了，你妈妈是我们党内的一个走到极端的典型，太应该写出来让世人知道了。"有位少年起就认识我妈妈的伯伯对我说："看了你的文章，解除了我心中的很多疑问。我很长时间不能理解小范怎么会变成这个样子。怎么会走到这样一个众叛亲离、无法与任何人共处的地步。你的文章理清了她的发展脉络。这远远不是她个人的悲剧，但是她个人的因素是致命的。"而跟我同代，与我有类似经历的朋友则对我说，佩服我的勇气。她们对自己母亲的看法是至死也不敢讲的。可是作为子女的我们确确实实应该"Speak out"（讲出心里话）。或者应该说，这些老革命和他们的后代，更多地是从"道义"而不是"道德"的角度评判我的文章。我很感谢那些对我的文章有尖锐不同意见的人，也读出了我的母亲确实给过我她的爱。我想既然能够读出这种爱，就不应该否认我的文章确实自始至终都感谢她所给予我的一切爱，而这些爱我是永远不会忘记的。

撇开我们这代人割舍不掉的使命情结，从我妈妈那一方面讲，我想我最后提笔的冲动，还是缘于忘不了她对我的爱，忘不了她毕竟是我的母亲。总觉得她这辈子活得太惨、太冤，真心实意希望她在生命最后的时刻能有再一次的闪光。就像毛泽东的医生，不管怎样评说他的那本书，他做人一生的价值是由于那本书被彻底改变了，无人能否定这一点。我妈妈的才华、青少年起就参加革命的经历，都不应该就这么作为一个只被人们或憎恶或叹息、不结果的、那么早就凋谢了的花而离开这个世界。我知道使她醒悟的希望是太微乎其微了，但是我必须试一试。

这就自然转到第二个问题，为什么要在我妈妈活着时写。我可以确切地说，她已经看到这篇文章了。能让她在有生之年，听到我这个她已是恨之入骨的女儿的心里话，对她这样一位极为倔强，在临终前绝不会要求任何人原谅的女性，是我这个女儿所能尽的最后的孝道了。这个"理儿"似乎"歪"了些，"常人"难理解。但是知道妈妈听到了我的话，这就足够了。万一她哪怕仅仅为分辩而拿起笔呢？我的目的就达到了。（听说有些当年延安的老人看了我的文章，让儿女陪着去看她，使她很感安慰。又听说，她写了一些东西，拿到她所在单位的老干部活动站，散发给那些看过我的文章的人。我真的很知足了。）

为什么一定要在母亲健在时写，还有另一个非常重要的原因，就是我尊重老人们的人格。我要么不写，要写真的只能在母亲和邓力群先生都还活在世间时写。若等老人们故去再写，会是对他们的极大不公，那样做等于剥夺了他们为自己辩护的权利。我知道邓力群先生也看到我的文章了。现在我可以坦然地面对他们，他们和我有着均等的机会。邓先生在宣传界至今仍有呼风唤雨的实力，机会应该比我更大，当然只要他想说话的话。也许他们会以与我这个无论地位、名气和资历都无法与他们并论的"小孩子"对仗抬举了我为由而保持沉默，但是他们不能耻笑我懦弱，只敢在他们身后吐口水。还有，文章的许多情节太超乎常人可以想象的范围，我若在他们百年之后再写，不知情的读者大概根本不会有人相信它们的真实性。人们会说，这些都是李南央编造出来的，否则她干嘛不敢在她母亲在世时写呢？好也罢、坏也罢，同意也罢、不同意也罢，至少现在还没有读者对文章的真实性提出质疑，文章的品质因此也就大不一样了。

附带说一句，有些读者还担心我父亲会怎么看，认为我写这样一篇文章既是对我母亲的污辱，也是对父亲的不敬。父亲是我在国内的第一个读者，他说写得好，真实即好。他的境界是极为超凡脱俗的。

读者：你在很大程度上把你母亲的作为归罪于共产党和社会制度，这是不对的。在许许多多共产党的干部甚至高级干部家中也是充满了母爱亲情的。而共产党宣传的牺牲亲情，像孔繁森这样先人后己，放弃暂时的家庭温馨儿女亲情，冒着危险到艰苦的岗位上去工作的事迹，是很崇高的，西方舆论也是给予正面肯定的。一个明证就是根据史实改编的电影《救获大兵雷恩》，美国参谋总长马歇尔，为了不使已失去四个儿子的母亲失去最后一个儿子，下令不惜代价把已空降到敌后的雷恩找到并活着带回美国。难道在这次行动中牺牲的八个美国军人没有母亲？难道他们之中没有独子？难道我们说好莱坞扭曲人爱本性，祸害无穷？总之你的母亲只是一种孤立的个性表现，与共产党无关。

答：母爱确实有她不受任何时代、社会影响的共性，只取决于人的本性和母亲本人的个性。但是也有确实无法回避的因人文环境不同而不同的一面。这也就是为什么美国妈妈会让孩子选择他们自己喜欢的活动，而中国妈妈则更多地强迫孩子学习妈妈认为他们该学的东西。劳作人家的母亲常常会随孩子的自然成长而安，而知识型的母亲则往往要孩子们有远大的理想。

我们这一代人的母亲是在一个极为特殊的中国社会大动荡、大变革的时代为人之母的，她们的母爱打着特殊的时代烙印。而我的家庭又不幸卷入了残酷政治斗争的旋涡，又那么地接近旋涡的中心。我母亲的悲剧不放到时代的大背景中去写，是不真实的，也是不公平的。至于有高干子女说她们的妈妈很母爱，这我相信。可我接触到的更多的革命的母亲是没有柔情的，因为那会被认为是资产阶级的、令人作呕的病态情调。我的母亲是极致的一例。不过江青，叶群似乎更是有过之而无不及。在"革命队伍"中，我的母亲绝不是个案。很多老一代的革命母亲们都有过把自己的亲生儿女送给不认识的人家，甚至遗弃在行军路上的不忍回首的经历。她们真诚地相信舍弃对自己儿女的爱，是为了爱更多的人，是为了普天下受苦人的孩子都过上好日子。那是一种只有共产党人才具有的崇高母爱。问题的症结是，在这些不惜牺牲了自己的亲人的共产党人执掌了政权以后，老百姓的孩子们是否真地沐浴到了来自党的如阳光般温暖的母爱呢？

回顾建国后一个接一个，一个比一个更惨酷的，几乎无一国民能够幸免的运动，答案应该是不言自明的。崇尚为革命放弃对自己骨肉之亲的爱，崇尚不惜以自己和亲人的鲜血去换取事业成功的共产党人，在暴力的革命，铁血的革命中已铸成了一副铁石心肠。共产党的哲学就是斗争的哲学，甚至把人世间本无缘故，与生俱有的母爱都打上必有缘故的阶级的爱，这种理念已溶入革命的母亲的血液。其实连自己的孩子都无法爱的人，对普天下孩子的爱只能是一种虚伪的教义。毛泽东是一个最好的例子。我们从小就知道为了革命的胜利，为了中国人民的幸福，毛牺牲了自己几乎所有的亲人，包括爱妻和爱子，他具有最为伟大的爱人民的胸怀。事实如何？美国著名记者索尔兹伯里在他的书中叙述了这样一件事：一个未成年的孩子在中南海礼堂为首长们演出杂技，由于太紧张，在坐在第一排的毛的眼皮底下从高处落下摔昏在地，毛竟毫无所动，依然与左右谈笑风生。在场的一名知识分子震惊得几乎无法相信自己的眼睛（这个知识分子就是我的父亲）。

最近越来越多的资料表明，共产党对自己人的杀戮从第一次国内战争就开始了。抓 AB 团，有的地区的共产党员几乎被自己人杀光。你不能想象那些舍不得丢掉自己孩子的母亲会参与这种杀戮，她们只能是"革命队伍可耻的逃兵"。资产阶级革命的初期血流成河，使资产阶级革命者彻悟，暴力革命是绝对不可取的。而共产党却接过了为资产阶级抛弃的东西，并发展到登峰造极。革命成功后，他们对自己后代的教育仍然是：资产阶级的平等、博爱是虚伪的，要做革命的接班人，随时准备着用自己的热血甚至生命保卫老一辈人用鲜血换来的铁打的江山。这种教育不仅仅限于对自己的子弟，所有"红旗下"成长起的一代，谁没有跟着大队辅导员的领号："准备着为共产主义而奋斗"而振臂高呼"时刻准备着！"的热血沸腾的激动？我们听到太多的关于老革命家如何严律子女的故事，写这些故事的人总是带着崇敬的口吻告诉我们那些高干父母对自己子女的管教是多么的严格，他们甚至不允许孩子们跟他们同桌吃饭，而一定要让他们拿着饭盒去公共大食堂吃饭，因为他们的炊事员是公家因他们对革命有功而配备的，子女不应沾光。我常想这是一种多么虚伪的作法。为什么夫人们不能亲自下厨做饭，或者自己出钱请保姆做饭，让孩子们享受到普通人家的亲情呢？这些大官家的孩子有多可怜！他们可以出入中南海，他们可以天天看到亿万人想见而见不到的伟大领袖们，因为那就是他们的父母。可是他们却没有真正意义上的妈妈、爸爸。没有妈妈给他们做可口的饭菜，没有爸爸教他们学骑自行车，也没有妈妈、爸爸带他们上公园。这些孩子们成长的环境是太可怕了。这种革命的"爱"浇灌出的"革命花朵"是流淌着毒汁的。文革中那么多的干部子弟能对辛勤培育自己的园丁大打出手，甚至把同学，"五类分子"的街坊邻居、同学家长打死，还不足以证明这种以扭曲的方式教育出的扭曲的灵魂是多么可怕！甚至到了 1989 年，我认识的一些很廉洁自持的干部子弟还是坚定地认为一定要开枪，别无选择，否则江山不保。这恰恰是宣传孔繁森和美国电影《救获大兵雷恩》的根本不同之处，是两种完全对立的对人的价值的认识。马歇尔的作法是建立在个人的价值是绝对的，国家的价值是相对的，国家的存在是为每个个人服务的，个体生命和个人幸福是至尊至上的，这样的国家才值得人民去捍卫，这才是英雄主义的源泉。在中国，国家和民族的价值是绝对的，个人的价值是相对的。所谓"博大"之爱，就是"江山"之爱。为了那些绝对价值，个人应不惜牺牲一切，前仆后继。"生灵"是可以被涂炭的，只要能保江山。但可叹的是，江山不是百姓的，是属于打江山的人和他们的后代的。至于说到那些因为救获雷恩而牺牲的人中，我敢肯定是不会有独子的，否则救获雷恩的行动就仅只是政客的虚伪了。

美国人的憨实、质朴是很可爱的。肯尼迪的小儿子从白宫椭圆办公室的大书桌下伸出小脑袋的照片成为传世之作。克林顿与妻子一同送女儿上大学，和普通家长一样为女儿整理宿舍，他们不愿意因为自己的总统地位而牺牲了孩子的童年快乐和让女儿不能像其他青年一样在大学门口对父母说一声："I love you, Bye, bye!"自豪地向父母显示我从此长大了，真正独立了，不要再把我当成小孩儿！尽管椭圆办公室是总统的工作间而不是总统儿子写作业的地方；尽管克林顿夫妇的送女之行浩浩荡荡，耗费了纳税人的大量金钱，但是没有人说他们让孩子沾了不该沾的光，美国人反而因此更爱他们。因为他们看到他们的总统是那样珍爱自己的孩子，他们相信这样的总统一定会善待自己的子民。如果美国选民知道某位"高干"不让孩子同桌吃饭，更不要说像我母亲那样对待孩子了，那位"高干"大概只能面临下台的命运了。如果当初我母亲对待我的态度会危及到她的地位，我想她是不会那样随意宣泄的。

读者：我觉得你母亲根本就是一种病态。作为女儿，你要做的不是写这样一篇文章来骂她，而是应该送她去医院看病。

答：在所有读者提出的问题中，这是最令我伤感的一个问题。并不是对问题本身，而是对所有提出这个问题的人，没有一人再问一句："当年党怎么能听信这样一个神精有病的人的告发，而让她的丈夫受了二十年的牢狱之灾，直至八十年代又一次利用她的告发信让她的前夫受过？"是啊，如果说我的母亲有病，病得更厉害的难道不是那个时代，难道不是芸芸习惯于"疯子"整人的众生？到了今天，人们似乎更容易同情"病人"，而忘了被"病人"害过的那些，甚至死于狱中的更多、更大的受害者。这到底是怎么了！病态的社会，有病是正常的，没病反而是"有毛病"，不是吗！

至于说到我母亲是不是病。我不是学医的，不知病态和变态，生理和心理有病的区别。既是医生，我想有些症状也是很难判断、区分，下结论的。要让我说，我认为我的母亲是极度的人格变态，有医生也作过这样的诊断。北平刚解放时，我妈在协和医院做胛状腺切除手术，那时共产党刚刚掌握政权，党的干部是很注意群众影响的，特别是又住在原来由美国人管理的医院，按道理就更应该注意自己的行为，使那些旧社会过来的医护人员对共产党产生认同感。更何况周恩来总理还到病房看过她，医院把她看成共产党的大官。我妈妈则全然不顾及这些，想怎样就怎样，对医生、护士极为蛮横，有时会把护士送来的饭菜一下子掀掉。我二姑姑在医院陪床，经常不好意思，常在背后请求护士们原谅。说她是有病，请不要与她计较。主治大夫却决断地对我姑姑说："我们是医生，我们知道什么是病状，什么不是病症。她根本就是大小姐脾气，这样的人我们见过，你不要替她打掩护，真没想到共产党里也会有这样的人。"

退一万步讲，她是有病。"送医院看病"，说起来容易，可怎么送？看医生，首先要承认自己有病。对一个不承认有精神病，性格又极为暴戾的人，让她走出家门上车就做不到。即使上了车，我往哪里送她？在国内我到哪里去找看她这种病的医生？要在美国一切就很好办。当她动手打人时，我可以打"911"报警。警察会先强行制服她，把她关起来。如果她是正常人，被害人或检方又都不提出起诉，法官会先关她几天，然后罚作若干小时的社会公益服务，再规定出狱后的遵守规则。再犯，加重处罚。如果她自己，或者她的律师说她有病，打人是病态而不是本意，法庭就会给她指定医生做检查。她的律师或她自己也可再找医生，两方面对证。这样有病强行治病，没病该怎么判刑就怎么判。说到底还是制度有毛病。有病不能有效医治，无病可像疯子一样害人。我既无从送我的妈妈去治疗她的心理、人格疾病，就只能选择力所能及的方式："写出来"。不光为我的妈妈，也为我舍弃不掉的"使命情结"。发生在我家的事是有悖人性的，是永远不该再在中国发生了。

读者：打是疼，骂是爱。你妈妈那样对待你，是为你好。在那个特定的环境，她只能用极端的方式约束你，教育你。即使再不对，她是你的妈妈，希望你有一天能原谅她。

答：二十年前有人这样说，我还能听。今天这样说，太陈旧了、太沉痛了。前些时旧金山的当地报纸有条新闻，有对中国夫妇因孩子丢失了耳环，打了孩子的耳光，并带着孩子回到可能的现场寻找。不料被巡逻路过的警察看到孩子的泪眼和红肿的脸颊，问明原由，即将父母双双以虐子罪监押，还差点递解回大陆。美国的法律可不以中国父母"打是疼，骂是爱"为尺度来判断父母的行为有无触犯法律。简单得很，孩子是弱小无助的，打就不是爱，就是虐待。真够中国父母好好检讨自己的爱子方式了。很多中国人认为天经地义的事，在美国是"不可思议"。用狠、恨的方式表达的究竟是不是爱？如果是爱，为什么非要不用孩子们最易理解和接受的抚爱和呵护的方式表达呢？

至于原谅不原谅的问题。这里有两个方面，一是对方需要不需要你的原谅，如果对方根本不认为需要得到你的什么原谅，你的原谅对对方只是一种虚伪的矫情。我敢说我妈妈是会在这一点上 100%同意我的。二是对方能否让人原谅，有一部美国电影"Dead Poets Society"，说的是一个并不富裕的家庭的父亲把儿子送到一个男子寄宿中学读书，一心想让儿子光宗耀祖，可没想到儿子却迷上了戏剧。父亲盛怒之下，勒令儿子退学，转入军校而后入哈佛学医。面对意志铁一般坚强的父亲，儿子对自己无法与之抗争的命运绝望了，饮弹自尽。没有人怀疑悲痛欲绝，抱着儿子"我的儿啊！我的儿啊！"嚎啕大哭的父亲对儿子刻骨铭心的爱，但是父亲并没有认识到正是自己，无视儿子所至"爱"的"爱"，杀死了儿子，相反把一腔怨恨抛向儿子生前的良师至友，使他们受到迫害和不公正的处罚。这样的父亲不但无法原谅，而且只能让人憎恶了。

读者：你在文章中公开写你母亲和邓力群的关系，是触犯了他们的隐私权。

答：首先他们两人之间发生的事情在延安当年是公开处理的，已无隐私可言。其次，对公众利益有直接关系的人物的个人品德问题，不是隐私。向公众披露那些与他们命运息息相关的人的不道德行为，让公众判断是否仍支持这样的人物居于高位，领导国家，是每一个选民的权利。当某一个人选择了以从政为生涯的时候，他（她）就已付出了牺牲自己隐私的代价。美国总统克林顿与拉温斯基的婚外乱情，甚至如何乱交的具体细节都被检察官不但公开印刷发行，还登在网上，让选民查阅。而克林顿方寸不乱，出入于国际、国内，大会、小会，各样庆典，仍是一副美国领袖、国际首脑的风范。你得服美国总统的心理承受能力和美国国民的素质。没有任何人质疑斯塔尔检察官的调查报告触犯了克林顿和拉温斯基的隐私。相比之下，在中国长期不够民主的体制下，国民不知道自己有权利知道自己国家领导人的个人品德。试想如果国家领导人的道德品质问题可随时成为媒体报道的热点和检察机构调查的对象，我们的领导人们能不严于律己吗？邓力群先生至今是一位高举马列主义、毛泽东思想大旗的，坚决捍卫中国共产党无产阶级性的有影响的人物，仍然会有人因为他的一句话而受难。写出那件真实地发生过的事，不过是我又一次没能解开自己的"使命情结"。至于我妈妈，她当年比拉温斯基还年轻，如能就此认清邓力群，原可活得很好的。我的文章本来对邓先生是直呼其名的，而在大陆只能同意用 xxx 代替。说实话，这么做我很觉得不舒服。也许国家领导人本来就不是国民选的，所以不能对他们实施公开监督也是自然的。

读者：你的母亲是一个极端，但是你这样写你母亲不能不说你也是作女儿人中的极端。又因为你是女儿，所以你比范元甄还范元甄。

答：我理解读者的意思是说，我的文章把自己的妈妈用一种"大批判"的方法去剖析实在是太过分了。我的母亲是有很不对的一面，但是这么写，跟我妈其实是一回事，就是太不讲亲情。又因为我是女儿，妈再不好也是妈，这么公著于天下地干，真是太"混蛋"了。有朋友告诉我，有人看到我的文章后对林彪的女儿林立衡玩笑说："豆豆，你可别学李南央，写你妈妈。"豆豆立即回应："我当然不会写了。"看来，我在一些人的心中已成了大逆不孝的典型了。

我的《我有这样一个母亲》第一次在香港《开放》杂志发表时，编辑金钟先生打电话来说佩服我的勇气，佩服我敢于冲破中国的传统观念，冒天下之大不韪写自己的母亲。我还有点丈二和尚摸不着头脑，"需要什么勇气，想写就写了，有什么冒天下之大不韪的？"后来听到那么多人"骂"，才知自己反了"传统"。所以我实在是不应该得到那样的夸奖的，因为我根本就没意识到我那么做会得罪国人。我跟我的美国朋友谈到我的文章，他们都认为该不该写自己的妈妈是一个很可笑的问题。想写就写，有什么该不该的。在他们心中，只有违法的事是不该做的。其实中国的现状已变了很多。回国我看到几乎所有亲戚、朋友的孩子在家都是太上皇，对爹妈说话常常是"横"着出来，爹妈一点脾气也没有。可就这样，我想，如果孩子胆敢把对爹妈的真实看法公开说出来，写出来，大概就要被哄出家门了。中国如今的爹妈的脾气还是有个 Bottom line（底线）的。有位朋友告诉我，他所在大学的一位文学教授向他们推荐我的那篇文章，说这篇文章是"划时代的"，它开创了中国文学写母亲的新纪元。我当时很震惊。我知道我那篇文章的文学价值不值一提，文笔太幼稚，写得也太拉杂。但是有人，而且是文学教授从这样的角度看我的文章，才确确实实感到负面地写母亲是一件多么大的事情！其实岂止是母亲？中国今天还有多少文学的"禁区"呀！我没有很好地学过中国历史，不敢妄言中国封建历史如何。从我自己活到现在的经历，我确实觉得中国人活得太累了。制度本身有很多缺陷，使直言针砭实事之人入炼狱；这还不够，国民自己也不"饶人"。文革中叫"群众专政"，现在是"群众舆论"。"得罪了人"是一件了不得的事。善查颜而论者、观色而行者多受推崇，而我行我素者多不为人所容。我常感慨美国人的宽容。中国驻南斯拉夫大使馆被炸后，我在办公室大骂美国政客，把死难者照片贴在办公室大门上，没有任何人指责我。倒是常有人来与我探讨对科索沃问题的看法。有个美国同事问我，"要是美国和中国打起来了，你怎么办？"我说，"我打起铺盖回家和你们打仗"。他也只是连连感叹"你原来这么中国"。

　　文章我写了，我不会想让人人都说好。但是我确实觉得评说"女儿不该写妈"是一点没道理的事。中国人应学得宽容些，包容性强些，让每个人讲心里话，讲实话。在一个宽松的社会里生活有多轻松！中国人也因此会可爱许多，中国人所生活的制度也因此会变得越来越健全。

后记

在《书屋》杂志 2000 年第十一期发表了我的《答读者问》后，2001 年第六期，由周实先生主持的最后一期上，又发表了朱正、王若水、李冰封和钟书河等先生由《我有这样一个母亲》引发的文章。我的一个在美国的朋友看了，打电话来说，这些文章有一个共性，那就是作者都是男人。他们都是从男人的角度评判你的母亲，有失公允之处。在他们的笔下，范元甄就是一个"左"字，"左"是她一切恶行的"源"。其实很多时候也不完全是这样，"左"是"流"而不是"源"。"源"是她童年被娇惯坏了的，自私的秉性。人们往往看到的是范元甄作为"共产党内极端典型"的一面，而没有看到她"左"掩盖下的一个普通女人的悲哀。即使是"高干"的范元甄也要食人间烟火，她和所有平民百姓女人一样，也要面对夫妻感情纠葛，要处理婆媳关系。恶老婆、坏媳妇本不是什么很稀罕的事，范元甄的特殊之处在于，因为她有了"老革命"的经历，因为她是共产党的"高干"，又因为中国那个年代的大政治气候，那么她最有力的武器，最能将对方置于不利地位，甚至置于死地的就是"左"。"左"这时候是她的"流"。其实她并不一定就认为婆婆是地主（我表哥李力康写了一本书《湘滨往事》，其中提到我母亲刚进长沙时，是试图搞好婆媳关系的），而一旦产生矛盾，把婆婆说成地主，就没有任何人可以指责她不是好媳妇了，因为婆媳关系已是阶级斗争的关系。她与之生活了二十年的丈夫反不反党，她应该知道。为什么要把他说成是"反党分子"呢？因为这种报复来的最狠，最让李锐没"还手"余地。（我父亲从北大荒回来，母亲其实已撤回了离婚起诉。一日与父亲发生争吵，提出离婚。以往这种时候，父亲总是坚持不离。没想到从北大荒回来的父亲，对她无休止的折磨，对几乎饿死在北大荒的丈夫连不经意拿了个大一点的馒头都要吵，已感到心灰意冷，居然立即说"我同意离婚"。母亲其实是在根本不想离婚的情况下，被自己的作为逼到没有退路。但是范元甄可负李锐，李锐是不可负范元甄的，以母亲的个性，她在离婚后对父亲的一切揭发，我都可想象了）。这种分析，大概只有在两个制度下都生活过了的女人才会有，我感慨她分析的深刻。

用凶器杀人，除了文革的特殊时期，在中国是不能被允许的。但是用"左"这把刀子杀人，至今盛行，只是风气已比二十年前弱了很多。有多少拿着这把刀子的人真地相信自己是在维护马列主义、毛泽东思想的纯洁，刺杀的是革命的敌人？还是麦克法夸尔先生的那句话一语中的"有许许多多的人，其实他们根本就不信奉马列主义，只不过令人作呕地使用思想的武器去攻击那些他们想暗中陷害，或者纯粹是垂诞于他们的职位，或者完全欲施于个人复仇的人。"没有了用"左"杀人的自由，也就会少了很多范元甄们的悲剧。

周实先生失去了他的"孩子"——《书屋》杂志，这又是一个被"左""杀掉"的人。

初稿 1997 年 11 月

改于 1999 年 4 月

后记于 2003 年 3 月

再修改于 2007 年 11 月

她终于解脱

李南央

母亲范元甄于 2008 年元月 24 日凌晨零点 42 分走了。只有我哥和我妹家及她单位很少的人在医院与她告别。遵照母亲临终的要求，哥哥至今没有将她的死讯告诉我。我是 2 月 1 日从长沙的表姐那里得到的消息，母亲临终前的具体情况我不得而知。

原以为自己会很平静地接受这个事实，却意外地不能平静。下班回家的路上，莫名的悲伤袭来、逝去、复又回潮，左手把着方向盘跟随着湍湍流动的车流，右手擦拭着不断涌出的泪水。我没想到自己会为母亲如此哀痛：她这辈子活得太不愉快，太没有欢乐了！就这么带着一腔怨恨地走了……

不久前，在网上无意间看到了母亲捐赠的一级文物——周恩来从重庆写给正在延安马列学院学习的她的亲笔信。少年时代，母亲让我看过周恩来送给她的一张照片。母亲指着照片对我说："你什么时候门门功课都得五分，我就带你去总理家做客。"可我的政治课老得不到五分，因此一次也没能和母亲同去中南海做客。但是母亲从没有对我提起，周恩来除了照片还写有一封信。那封信的存在，是父亲告诉我的。他说周恩来当年给母亲写过一封情谊深长的信，还附有一张照片。看到网上周恩来信的影印件，我才敢肯定：父亲的记忆是准确的。信的原文如下：

元甄同志：

乘参谋长飞回之便，我写几句话问问你好。你现在当能想像我们在此地的忙碌、紧张和愤慨的情形。但是我们大家并不以此为烦恼。整个红岩嘴，曾家岩以及化龙桥——都是你曾经到过住过的地方的同志都团结得像一个人一样，手携手地肩并肩地一道奋斗，一道工作。有些人正在无言地走向各方，有些人正在准备坚持到底。紧张而又镇静，繁忙而又愉快的生活，两年来在重庆，这还是第一次体验。光荣的，是党给这次机会来考验我们自己，在被考验中，这一代的男女青年，是毫不退缩地站在自己岗位上，走在统一战线的最前线。

我和颖超常常提到你，想起你，觉得假使"小范"在此，也许会给我们以更多的鼓励，更多的安慰，更多的骄傲。元甄！对么？我相信你的血也在沸腾，你的心也跳跃起来了。不要急，伟大的时代长得很，学好了，奋斗的日子，试验的机会多得很，你决不是一个落后者。

夜深了，想想你的活泼的神气，写几句鼓励青年好友的话，也许正对我是一种快乐，而这种快乐我和颖超常常引为无尚荣幸的。

握你的手。

周恩来
（1941）二月一日

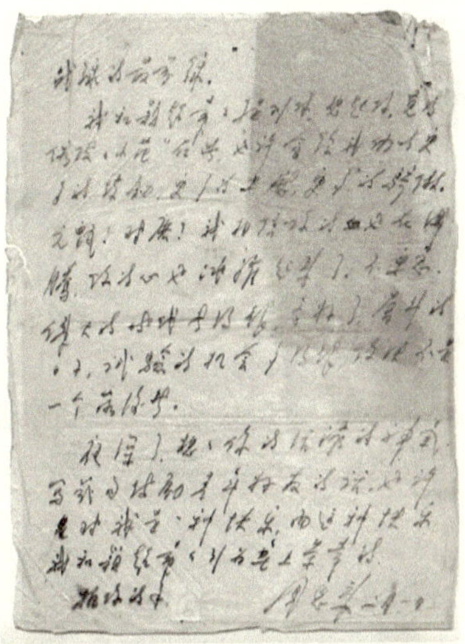

周恩来给范元甄信手稿

（按：皖南事变发生之后不久）

母亲人生的起步是多么地可圈可点：十七岁，已经是重庆《新华日报》小有名气的记者，写过不少颇得好评的采访报道；十八岁和我父亲结婚后即进入延安，在为成熟的革命者设立的马列学院学习。她那时能够得到周恩来夫妇的喜爱，是一件多么令人钦羡的事！而父亲当年的信中也是充满了对母亲的爱慕之情的，他1946年3月5日给母亲的信中写着："清晰记得联合国大会那天我偷着看你——你那天特别美，而感到的陶醉。"

看着母亲和徐姨妈（按：徐瑞璋，延安的第一个女播音员，播音用名：麦风，我一直称她为徐姨妈）并肩倚靠在募集来的、

即将送给前线抗战将士们的慰问包堆上的照片，那神态是多么的天真无邪；那甜甜的脸庞和我记忆中的母亲是多么的不同！她怎么会从一个热情、活泼，人见人爱的小姑娘，变成日后那么个让人根本无法理喻的"马列主义老太太"？她后来的路怎么会走成那样，一事无成！

2002 年的六月，我开始着手整理父母之间的旧时通信，至 2005 年的元月完成了八十多万字的《父母昨日书——李锐、范元甄 1938 年–1960 年通信、日记集》上下两册的印刷，因此对母亲的转变过程，有了个大概的了解，开始对她有了很多的同情，不再是以前那样完全的批责。母亲从小娇生惯养的大小姐脾气，当然是不能不承认的内在因素，但是延安整风那场"精神污染"运动，实在是彻底地将她改造成了个"新人"的致命的、强大的客观外力。还是用我母亲自己的话来勾勒出那个轮廓吧，下边是她不同时期，写给不同人的几封信的摘录：

这两天心情很沉重。昨晚讨论了我，证明自己思想上的严重性。要做一个党员，真得重新脱胎。这是一个痛苦艰巨的斗争。我想最近时期内我们的共同生活中，应该有意识地注意到这些方面。

……

我很难过的，对于我自己，我是开始全面地认识到自己如何不够一个党员的标准。对于你，我觉得你还没有全面的，不姑息自己地来认识自己。而是躲在自己的所谓"长处"下面，总看到自己如何美好，如果以为自己都是美好的，所谓"改造"岂不无的放矢吗？

……

你记得我们在重庆时的雄心吗？我们曾想"别开生面"地生活。当然那是小资产阶级的幻想。但是我们生活三年了，这三年真正在政治上的帮助是很不够的。头一个时候，你对我的一切帮助（如家庭观念），我是感谢的。我们为什么不是做得更多呢？我们也有过坏影响的东西，我希望两人都好好想一下。

（摘自 1942.11.17 范元甄给李锐信）

……你认为我二十年都没有乐观地生活，我对孩子只是发泄痛苦，不符合我的实际。我的痛苦在于"一个共产党员不能白活着等死。"我对孩子的"斗争"是严重的争夺下一代的问题。

……你有时间多多政治学习，清理思想，不一定多给我写信。听过你所说："我不能照你的框框改造自己"，我就了解问题的关键了。我现在对你既不发怒也不痛苦。

（摘自 1976.4.29 范元甄给李南央信）

来信所说我的心情不好，我只能当作你的好意来领受，不能要求你说的准确、对症，因为这不可能。举个例，"家庭破裂"一语，对我就不适用。我与李某有过二十年夫妻生活，那是一个有缺点的共产党员（真心革命而入党的）和一个假革命之间的一场阶级斗争。因为我的阶级烙印、世界观（包括恋爱观）的弱点很多，所以斗争时期长，过程艰苦；但就其结局言，是一场胜利的斗争。对我，是跟随毛主席进行路线斗争，并从中改造自己世界观的幸福过程。别看这个过程中有眼泪，也有时痛苦，那却是虽有缺点的真正的战士才能理解与体验的莫大幸福。这场斗争为我在文化大革命及其后批林批孔、当前批邓反击右倾翻案风等运动准备了思想基础，使我能照伟大领袖毛主席指引的方向不断前进。我的唯一痛苦，就是我没有投身于这些伟大斗争第一线的机会。我的痛苦是战士而无战斗岗位的痛苦……

我是在党内长大成人的，四十多年，受党培养、教育、信任，期望多，贡献很少，这是到了丧失劳动力的老年，无法自解的痛苦。几十年，我只有一件事比较对得起党，就是按毛主席教导认真解剖自己。从延安整风直到今天，我亲身体验，要能严于解剖自己，必须有勇气站在革命立场，用阶级观点重新认识自己的出身环境、家庭，而且要反复不断加深认识。

……

信写长了。告诉范茁（按：文化大革命中，母亲为我改的名字），要她好好想想……我和她的分歧已经到了共同语言不多的程度了。

……我毕竟是一个几十年的共产党员，不承认有任何一种离开阶级内容的"感情"。

（摘自 1976.4.29 范元甄给巴悌忠的信）

一辈子成就了一件事："按毛主席教导认真解剖自己"。这是什么样的人生悲剧！但这差点也是我的人生之路。我得承认，在母亲的教育下，在共产党的诱导下，我曾经是坚定地站在母亲一方，和父亲李锐划清界线的。我认同母亲的理念："人与人之间的关系首先是阶级的关系"，"世界上没有无缘无故的爱"。幸运的是，我在十七岁时远离了母亲，当了一个普通的工人，自立于社会。这让我有了摆脱母亲的束缚，用自己的头脑去思考的机会。

在我刚刚与悌忠交朋友不久，母亲告诫他"范茁的根本问题之一，就是不能正确对待有过李锐这个父亲的问题——也就是不肯清算那个家庭生活烙印……这种感情使她不承认看人应用阶级观点作阶级分析，因她的立场问题还没开始解决，脑子里资产阶级观点情调占统治。"（1976.4.29 信）巴悌忠——这个工人的儿子，当然无论如何也站不到"老革命"范元甄的高度，按照她的要求改造自己、改造自己的女朋友——李南央。我也就此下决心离开母亲为我画出的人生轨迹，真正走自己的路。当我逐渐越来越明了亲人之间的感情应该如蓝天白云般纯净，当我用自己的眼睛越来越审视出毛泽东和他所领导的党的教导悖逆人性，我是多么地希望与母亲交流、沟通，希望她走出那"对得起党"的误区，使她的后半生能做些对得起用辛勤的劳作养活了她的工人、农民的事情。可叹的是，一个非党员的、一介草民的我，根本无法接近和触摸到"老革命"母亲的心灵。

我最后的一次努力是请徐姨妈的儿媳妇，将一套《父母昨日书》送给了母亲，并附上了一封信：

妈妈：

听说你在找《父母昨日书》，请绿河姐转呈一套。我的思考都写在《编者感言》中了。

不管我们对人生和世界的看法有多么不同，我始终感谢你给予了我生命，让我从小受到艺术熏陶。否则我也不会有今天。

祝：好！

小妹（按：我的小名）

2006.4.

徐姨妈的儿子，蔚为对我母亲的看法和我是不一样的，他和他的妻子是真心将我母亲尊崇为革命前辈的。蔚为在给我的电子邮件中说："一个伟大的革命先辈就这样走了，太让人悲痛了！"可是他们去年 10 月 24 日去医院看望我母亲时，两分钟不到即被"送客"，并让我哥和我妹再也不要与他们来往，只缘他们曾充当了我的"信使"。

母亲在延安马列学院的同事，周太和伯伯的女儿告诉我，两年前，我母亲曾让我妹妹陪着去过她家。我母亲行走已十分困难，她要挽扶我母亲上楼梯，被坚决地拒绝了。我母亲说："你们帮不了我，我自己走。"坚持着自己扶着扶手，艰难地爬完了那段楼梯。母亲是太倔强了，她拒绝任何别人欲予的帮助，无论他们是谁。但是她毕竟收下了那套书，我知足了，我十分地知足了！因为她一定会看到我在扉页上写的话：

谨以此书尽我对父母的孝道。

感谢他们用自己辛勤的笔，

记录下了他们那一代人生活的足迹，

我得以站在他们的肩膀上向更高处攀登！

去年的八月，我从周太和伯伯的女儿那儿得到母亲检查出了食道癌的消息。周伯伯的女儿说：你妈在电话中将检查结果告诉了我爸。她说不准备做任何治疗了，这么大的年纪，就算一个月掉一斤体重，一年下来还有 120 多斤呢。你妈十分坚强和豁达。

放下电话，我将情况对丈夫悌忠说了。他说："你妈能把'死'看得如此轻而透，就这一点，她不愧是大家出身。"我说："我也十分地尊重，说明在这一点上她的信仰是真的，是真正唯物主义的，不是假的。"

母亲的病让我记挂，我不能不有所表示，即便清楚地知道，以她的性格，她是不会理睬我的。我自制了一张彩色卡片寄给了母亲，上面印了我们一家三口在女儿医学院毕业典礼时的合影和我家后院的风景，并写了不多的几句话，告诉她我惦念她的病情，敬佩她能够坦然面对。

后来在去年十月份的第 55 期《老照片》上，看到母亲针对我写的《童年琐忆》给《老照片》编辑的信。我以为她还有精力，能够再撑持几年的。没想到那竟然成了母亲和我最后的，也是多少年来唯一的一次思想交锋。她没能看到我在香港二月份的《开放》杂志上发表的，对她"来信"的回应文章。

2 月 1 日和表姐通完话，我曾有过极大的冲动，想立即告诉"开放"的总编金钟先生，撤下我的那篇"回应"。待看到台历上那大大的"1"字，知道一切都来不及了。我坐在那里愣愣地想了半天：李南央你不厚道！很多人不但以为你不厚道，还会以为你简直是残酷——用这么篇文章为母亲送终！

我想起了章怡和的一句话："如今舆论界提倡'宽恕'。谁'宽恕'谁？'宽恕'当然好，但我不主张'宽恕'。因为我们这里既无悔罪，也无清算。悔罪清算之后，方能宽恕。"

母亲对那些被她伤害过的人说过对不起吗？对别人我不知道，我知道她没有对小姨说过，没有对大姨说过，没有对大舅说过，没有对小舅说过，没有对我家的老阿姨说过，更没有对我父亲说过。母亲在与我断绝了一切来往，对我的生活情况一无所知时，还是说："李南央现在是靠无孔不入的钻营手法在美国混，不择手段利用任何可利用的关系达到她各种大小目的。身边也有个圈子，都是这种人。现在气候适宜，混得很得意。"（摘自范元甄 1999.8.20 给朋友信）。

对于一个曾经深重地伤害过别人，而至死没有些许歉疚之意，始终用"阶级斗争"的话语糟蹋人的"几十年的共产党员"，任何的原谅都是虚伪和没有自尊的。宽容在这里不是美德，是回避、是遗忘。如果我们心中还有善恶曲直，如果我们尚存良知和勇气，我们就不能在没有思考、没有清算、没有忏悔时就翻过那沉重历史的一页。

但是，我仍然无法摆脱母亲的影子，她时时出现在我的眼前，虚虚渺渺，模糊而陌生。听说她走得很快，很安静，我感到安慰。毕竟她是我的母亲，她给予了我生命。她这辈子过得太不愉快，太不快活，能够走得没有痛苦，能够终于按照自己的想法和意愿走完了最后的一段人生路程，选择了离去的方式，我为她高兴。走了，她就解脱了：怨恨、孤独、无奈、不甘，于她都灰飞烟散……！

2008 年 2 月 5 日

附文：

补充我的遗嘱

　　写过第一次遗嘱，我又活到今天。重申第一次遗嘱有效外，再作几点补充：（一）我死后，后事这样处理——不举行遗体告别，不写印平生，不发讣告。可能的话，在报纸上（比如《中国老年报》或别的报）登一条小消息，让熟人知晓就行了。骨灰一半用在北京植树，一半抛撒进武汉长江。

　　（二）我的一切精神遗物——照片、书面文字、磁带录音、影像光盘及其它，全部由范茂负责保存。如作任何处理与范苗共同研究决定。

　　（三）几天前突然接到李南央来信。内称："听王云说你生病（范注：指食道癌）却坦然，佩服你。女儿小妹。"这信用意是说：你得了癌症该死了，我有女儿继承权。对此，我重申剥夺其全部继承权。除第一次遗嘱写过的以外，再强调如下：李南央对生母 27 岁抚养之恩的回报，就是造谣诬蔑，恶毒攻击，并向全世界散布。其欲从精神上置母亲于死地，她杀母的手法比别的伤害要恶毒。义务没有尽过，那里会有继承权。还是那句话：等待她的只有道德与法律的谴责与追究。

范元甄亲笔（指印）　右手食指
2007 年 8 月 23 日

长长短短谈父亲

李南央

　　父亲现在也算是名人了。一位美国驻北京大使馆的官员说，他知道的第一个中国当代知识分子就是李锐，读的第一本中文书就是《庐山会议实录》。父亲是作为一个有独立见解的、有骨气的知识分子而成名的。他的那些在共产党内的经历，做过高岗、陈云，毛泽东的秘书；做过水利电力部副部长，国家能源委员会副主任；中央组织部常务副部长、中央委员、中顾委委员只不过使他这个人更具传奇色彩，使他的知识更特殊。没有多少人看重李锐、谈及李锐，是因为他曾经当过共产党多大的官。人们谈及的是李锐其人。我为有这样一个父亲而感到自豪。

　　我这辈子活到现在，和父亲在一起的时候少得可怜。小时候两岁进幼儿园，七岁进小学，都是住校，两个星期回家一次。父亲很少在家，因此对父亲的印象极其淡薄。他 1959 年出事，我连他当毛主席秘书这回事都不知道。爸爸、妈妈带我去中南海小礼堂看京剧，见到毛主席和赫鲁晓夫，我也不知道那是因为爸爸的工作，我们才有此殊荣。以为戏票是爸爸买的，正巧赶上毛主席和苏联朋友也来看戏，我的幸福完全是偶然的幸运。

　　我九岁时，爸爸被发配去了北大荒劳改。后来回到北京，住在水电部的单身宿舍八号楼，我们与母亲住在后边的九号楼。虽然只有百米之隔，却似有万里之遥，母亲通常是不准我们去八号楼的。偶尔父亲用电炉子烧些清墩甲鱼类的好菜，让家里的老阿姨传话给我和哥哥，我们就去爸爸那里"蹭"一顿饭。爸爸只有一个电炉子，所以只有米饭和炖汤吃。爸爸也没有吃饭的桌子，他有一个三屉桌，但是那上面总是堆满了书籍、纸张，没法当饭桌用。他总是用一张小方凳当饭桌，我们就坐在矮板凳上围"桌"而餐。我从来就没有想过问问爸爸，他到底出了什么事，犯了什么错误，为什么妈妈要跟他离婚。既然妈妈说爸爸犯了大错误，而且爸爸也没有工作可做，又被送去北大荒劳改了一段，那妈妈的话是不会错的，理儿一定是在妈妈那一边。那时候犯错误的人很多，所以我对爸爸能够犯错误并不奇怪。作为少先队员是要划清界限的，但是怎么划清界限又不懂。爸爸捎话让去吃饭，直觉地感到，若不去，爸爸会伤心的。就这么懵懵懂懂，似乎和爸爸成了"酒肉朋友"。从感情上说，尽管和妈妈在一起的时候多，很少见到爸爸，爸爸也很少过问我的生活和学习，但是其实和爸爸是近的，因为爸爸实在是比妈妈和善许多。现在回忆，还真想不起爸爸给过我什么正面的革命教育。只有三件事，显然是让我受到了"深刻教育"，至今记忆犹新。妈妈后来老骂我小李锐，说我爸爸喜欢我的小聪明，不给我好影响，我也常常以这三件事在心里替妈妈做佐证，认为妈妈骂的也不无道理。

第一件事发生在我在燃料工业东郊小学上学住校时。那时两个星期回家一次，每次回家都要把成绩册带给家长，让家长看后签字，再带回学校交给老师。有一次我的一门功课得了 2 分，这在我可是从没有过的坏事，真地不敢让妈妈看到这个 2 分。成绩册揣在书包里带回家，看到妈妈那天不知因为什么气色不好，没敢拿出来，又原封不动地带回学校。可是没有家长签字，老师那一关过不去。情急之中，就模仿妈妈的字体在家长签字一拦内签上"范元甄"三个字，居然蒙混过关。到了学期末，是无论如何躲不过去了。放假第一件事，妈妈就是查看期末成绩和操行评语。心里打着鼓，递上了成绩册，希望妈妈看不出破绽。没想到妈妈终于还是看到了那个 2 分："咦，什么时候有过一个 2 分？我怎么不记得看到过？"再往下看，"咦，我签过字，怎么会不记得呢？"妈妈抬头看了我一眼，这一眼就看出我的心虚。仔细辨认，不禁勃然大怒，"你竟敢冒充我的签字？！"爸爸坐在沙发上妈妈的身边，也生气地说："什么，冒充妈妈的签字，这还了得！让我看看。"拿过一看，爸爸哈哈大笑："真像，这孩子学得还真像。不仔细看，还真发现不了。嗯，这孩子聪明，真聪明！"妈妈更生气了，"你还夸她聪明，这是耍小聪明！最要不得的坏品德。李锐你就是爱耍小聪明……"爸爸一看势头不对，妈妈要转移目标，赶紧唬下脸来，"得了 2 分要让家长知道，瞒了一时，不可能永远瞒下去。记得那本书《小苍蝇是怎样变成大象》的吗？以后不能再这样了，记住没有？"那是本苏联儿童读物，讲的是一个孩子开始犯了一点小错，不敢承认，谎话越编越大，最后酿成大错。是妈妈为了教育我改掉爱撒谎的毛病专门买的。我那时虽然不很明确地认识，孩子爱撒谎，其实是大人的教育方法有问题。只是心里知道自己不是个坏孩子，可是要改掉撒谎的毛病几乎是不可能的。但是我还是赶紧点头，"记住了。"妈妈还要发作，我赶紧溜之大吉。我后来把这段故事讲给女儿听，连她都说："外公也太出圈了。"是呀，爸爸真是个非常出圈的人。

另两件事，是在爸爸从北大荒回到北京，在京赋闲的那段时间。虽然离了婚，妈妈还是认为爸爸有在文化上教育我们的义务。爸爸会定时被妈妈叫到我们住的九号楼，为我们看作文、日记，修改文字。爸爸确实也只做文字上的修改，从不对文章的立意和观点进行评述。但是有两次例外。一次是一篇歌颂党的领导的作文。记得有这样一段文字："要不是有党的英明领导，三年自然灾害，苏修逼债，我们国家不可能没有死一个人……"。爸爸放下我的作文本，问我："你怎么知道我们国家没有死一个人呢？"那语气分明让我感到他是在说："我们国家死了人"。我小眼一瞪，脖子一梗："老师和报纸上都是这么说的……"后半截咽了回去，那时还不敢"造"爸爸的"反"，但是眼睛是明明白白地告诉了他："你怎么这么反动，敢认为三年自然灾害我们国家死了人！难怪你犯错误。"爸爸一句话也没再说，轻轻叹了声气，继续看下去了。我哪里知道爸爸不是"认为"死了人，是他自己在北大荒亲眼看见死了人，他自己的命就差点丢在那里。

另一次是看我的日记。我记着："今天天气真热，本想买根5分钱的冰棍，可是想到雷锋叔叔勤俭节约的精神，就没有买。我要向雷锋叔叔学习。"爸爸问："不吃冰棍就是学习雷锋了？"那口气是有点讽刺。"那当然，我们学习雷锋就是要从身边一点一滴的小事做起。"我张嘴就来，仰着头颇有向他挑战的味道。爸爸又沉默了。多少年以后，回想起这两件事，方才悟出，父亲是在试图用他的思想影响我，想用他见到的事实让我了解学校以外的现实社会是什么样子，今后才不会彻底地幻灭。他想让我有自己的思想，用自己的头脑思考问题，不要人云亦云。人的品格实在不是不吃冰棍就能变得崇高的。但是都被我决绝的回答吓回去了。他大概意识到自己根本无法与庞大的国家宣传机器抗争。看到自己的女儿被党的宣传所蒙蔽，所奴化，他难过吗？还是根本放弃了努力，认为："还是让自己的女儿随潮流而动吧，这样对她的前程好，否则这个世界上只无谓多了一个小李锐，于事何补？"

这些事不知父亲会不会记得，但是我记得很清楚，而且在文革后期，就是他仅有的那两次尝试，使我想到他，使我心中升起强烈的愿望，要找到他。我觉得他一定知道很多我不知道的事情，他一定有很多我不知道的真知灼见，他一定会告诉我中国是怎么了，毛主席是怎么了。

爸爸从北大荒回来，在京赋闲，等待甄别。妈妈在赌气的情况下和他离了婚，一纸揭发，使父亲在七千人大会后，恢复党籍、暂按局级降级使用的希望成了泡影。父亲后来被送到了大别山里的磨子潭水电站劳动改造，常常给我们孩子来信，说在那里当小学教员，教国文，劳动锻炼种树。我那时已上中学，在争取入团，就写信告诉他我不再给他写信了，要跟他划清界线。我的年龄、我的阅历和我所处的环境，都不可能使我知道，那对父亲是怎样残酷的一件事情。我那样做了，做了一个毛主席教导下的革命青年应该做的事情。我后来去磨子潭看望父亲，他拿出当年我和哥哥给他的信。那些当年用困难时期粗糙的纸写的笔迹幼

稚、内容幼稚的信，被父亲珍藏着，平平地夹在硬纸夹里。我才知道那些我们不经心写下的信，对他是怎样的安慰和温暖。我在摘下红领巾的当天入了团，真是放下

1963 年 11 月 23 日父亲离京去磨子潭前同我们的合影

了好大一个精神负担，我很怕因为父亲的问题影响我入团。没有了组织，我真地感觉像离了娘的孩子，孤独无助。自此父亲在我心里越来越淡泊。母亲经常用"小李锐"骂我，又使我更增加了对父亲的一份恨。没有他，如果我长得不是这么像他，妈妈也许不会这么不喜欢我。

大约六七年的四、五月间的一天，父亲回了趟北京。因为水电设计院的造反派写信，让他回来把寄放在我家北屋里的一些书籍和东西拿走。我正在学校搞运动，很晚才到家。一进家门，看到妈妈和父亲在客厅里坐着谈话，很感意外，一下楞在了厅堂当中，不知如何是好。半天、半天憋出了两个字："爸爸"。话一出口，就后悔莫迭。妈妈准要骂我划不清界线了，是假团员，一遇真刀真枪就露馅儿了。自己也觉得实在是经不住考验，与反动父亲不能一刀两断。爸爸走过来拍拍我的脑袋，慈爱地说："都长这么高了。"妈妈说："你们到南屋去说话。李锐我和你没有话说了。"我和父亲进了南屋，彼此干在那里，半天无话，都觉尴尬。还是爸爸先开的口："听妈妈说，你因为爸爸的事，在学校挨了同学的批斗了？"我只简单地"嗯"了一声。爸爸又说，这次文化大革命来势凶猛，矛头绝不止是简单地对着"三家村"，北京市委，毛主席还有更大的目的。我听了感到十分吃惊，当然是不信。但是是否应该当成"大大的反革命"言论向校军宣队汇报呢？我到底没有跟任何人提起此事。奇怪的是，父亲走后，妈妈也并没有盘问我们都说了些什么。只是在刘少奇被揪出来后，我才告诉同观点的同学我爸爸的预见。不过加了一顶帽子，"他的反革命嗅觉真够灵敏的！"爸爸说，他把日记交给了当地的革命群众，以得到他们的帮助，改造自己。因为他在日记里写了希望有一天能够"翻案"，现在看来是没有希望了，只有在文化大革命中重新做人。我对爸爸说："我们都要在这场革命中认真进行自我革命。"这次见面大约只进行了二十几分钟，妈妈进来告诉爸爸，他应该走了。爸爸站起来，绕过隔在我们中间的桌子，面对着我，我看得出他脸上的负疲和对我的怜爱。爸爸伸出了手，想和我握别。我一下糊涂了，不知该怎么办好。到底是爸爸还是敌人？刹那间来不及判断。为了挽回刚才那一声"爸爸"的错误，我硬挺着，僵僵地站在那里一动不动。爸爸好像有些意外，但是一句话没有说，就那么走了。

这一别就是十二年。这十二年里，父亲就像一个巨大的黑影，罩着我。我冲啊、撞啊；我拼命地干啊，干得一般的男孩子都干不过我。可我始终挣扎不出那个巨大的，无边无际的黑影。我所在三线工厂的建厂初期，各个车间都有青年突击队，干的是盖厂房的土方活。人家都是在突击队干个一、两个月就回车间了。可我一干就是一年。评"五好战士"，顶多到班组这一级，就再也上不去了。我那时想上大学啊，想得都要发疯了。多不容易啊，车间的工人居然推荐了我上工农兵学员，可是到了厂里："这样出身的人，不予考虑"，一句话就判了我的死刑。有同事讥讽我："拿着鸡毛当令箭，不看看自己是什么出身，也想上大学？"我深更半夜绕着塬底转啊，转啊。人家的父母挨斗，都有恢复工作的一天，可我父亲是五九年彭德怀的案子，就像一位坚决反对他的儿子和我交朋友的老干部说的："那是个死案。这个女孩子是永远没有出路的。"我真恨父亲，我恨我为什么会出生在这样一个家庭。直到"四五天安门事件"。那晚我是从厂里的广播听到的消息。站在冷冷的风中，望着四周黑黑的塬梁，我对那时还是我男友的悌忠说，"中国反革命复辟了。我们要回到旧社会，吃二遍苦、遭二茬罪了。"那是我第一次开始醒悟，不可能人人都错了，只有毛泽东一个人是对的。我想起了父亲对我有过的暗示："三年自然灾害死过人"。我那时自己已在农村呆过。在山东平度县城关村住时，老乡告诉我家家都死了人，无户幸免。老乡听说我父亲是彭德怀案子的人，居然说"自古忠良没有好下场，你父亲是冤屈的。"我可一点也没有认同，觉得农民的觉悟真低。但是死人是相信了，就是没敢动怀疑毛主席他老人家的那根儿筋。这时候已经早就知道父亲当过毛主席的秘书，想到父亲也许知道很多我们根本不知道的事情，他才会反对毛主席，也许我的父亲是对的。我要找到他，要让他告诉我他知道的事实。

恰好那时的《人民日报》有一篇回忆周总理的文章附有一张总理视察新安江水库工地的照片，站在总理后侧的那个人，我一眼就认出是我父亲。我立即给人民日报写信，说那人是我父亲，你们登出他的照片，是不是知道他的下落？人民日报群众来信组的回信很快就到了。他们说，不知道总理后面的那人是谁，也就无从知道他的下落，要我到他的原单位打听。我当然不敢整出那么大的动静。思前想后，想到了我的大姑。记得她叫李琬华，是在湖南体委工作的。因为小时侯在电视里看到过她在全国篮球联赛当裁判。那时没有几个女裁判，很是风头，所以就记住了她的职业。还记得妈妈说过，我的两个姑姑都是觉悟很低的人，李锐出了问题还把他当弟弟，完全没有原则。所以想到，只要父亲还活着，大姑姑一定会知道他在哪里。信发出后，如石沉大海，没有回音。我不死心，再发。这次写上了李琬华姑姑，而不是同志收。这样如果有认识姑姑的人见到，知道这是家信，没准儿会转给她。果然大姑姑已经退休了，根本不去单位，第一封信自然没有见到。第二封信被一个偶尔路过传达室的朋友见到，知道是家信，拿回交给了大姑。大姑姑那天正在厨房做饭，一听说有人以大姑姑的称呼给她写信，一下子脱口而出，"那是小妹呀！"大姑姑围裙没解，冲过去接下信，几下子拆开，刚读了开头"大姑姑，你好……"，已是涕泪滂沱。立即提笔给仍囚禁在大别山中的父亲报信："小妹在找爸爸了！"我不知自己的信会是一声霹雳，给陷在死谷里的父亲带去了巨大的安慰："火山爆发逊于斯，我女书来独坐时。闻唤爸爸泉泪涌，悠悠别后廿年思。"后来读到爸爸的诗，我才知道女儿在父亲心中的分量。我当年离别父亲是以不认他而分手的，但是父亲对女儿的心始终没变。

　　和大姑姑联系上，知道父亲还活在人世，只是健康情况很差，我就和悌忠商量要去看父亲。那时"四人帮"虽然倒了，但是还没有清算他们的罪行。毛主席的一切还是正确的，这么做是有风险的。悌忠说："你去吧。"我问："你不怕连累你？"他回答说："你爸爸一定是被冤枉的，如果有可能，把他接来吧。我真的无所谓，现在有思想的人，哪还有什么前途？最不济就是当一辈子工人，有什么？我没什么可怕的。"我想起第一次到他们家见未来的公婆。我说："我出身不好，父亲是庐山会议反党分子。"没想到他爸说："早晚会翻过来的。"我真地觉得他爸是不懂政治，痴人说梦。哪知道，其实不懂政治的老百姓才最是看透了世事的。我自己却一下子忐忑不安起来。这一步迈出去，可就收不回来了。当了二十年的狗崽子，可一直还是要革命的青年，要跟着党走，要跟着毛主席革命到底。这下要让人知道了，不跟着走了，可就成了货真价实的狗崽子，一辈子可就真完了。但是我生性不是个办事瞻前顾后的人，常常是一念即出，就没有回头箭了。"走！"自从认识悌忠，和他的普通百姓的家庭，我有了一个本质的转变：觉得世界上好多事都是假的，很多人的革命是假的，能不能被认可为一个革命青年已经对我不那么重要了。亲情，浓浓的亲情才是真的，最重要的。如果我能找回爸爸，能和爸爸生活在一起，我知足了。

我先到了长沙大姑姑家，住进了湘雅医学院，看我多年的低烧。见到了奶奶，表姐妹，表弟。大姑姑跟我讲了很多父亲和母亲的故事，也听到同辈的表姐妹们是怎么看我的妈妈和爸爸。才知道同样的事情，出自不同人的口，从不同的角度看，会是根本相反的。终于接到爸爸的来信，说我们可以去看他。上路的头天晚上，我突然发起了高烧，大姑姑问我要不要等烧退了再走。想到爸爸会误解我犹豫了，不敢去了，就说："没事，我可以走！"一路昏昏沉沉，火车，长途汽车，大姑姑和姑爹两个老人一路对我无微不至。快到了，汽车的轮子却出了毛病。真好像老天让我再三考虑一下是否还要往前走。此时的我，烧倒开始退了。知道离父亲已经很近了，心情有些急不可耐。下车蹲在司机旁帮他出主意，递工具，上手修，还真把车鼓捣好了。

车开进磨子潭已近黄昏。我提着大包跟在两位老人的后边，走到了一座矮矮的平房前。平房一溜十几个窗口，显示着是个单身宿舍。大姑姑在走廊的第二间停了下来，我知道那一时刻要到了。十二年了，就要见到被定为"死案"的父亲了。一时觉得脚下有些软，不知应该怎样面对。

父亲开了门，大姑姑紧紧地抱住了他，叫了声"明弟！"就哽咽地不能出声。姑爹嗔怪地说："好了，好了！还要让我们见哪。"他用湖南话跟爸爸道了问候："您家还好吧？"我一直被挡在姑姑、姑爹的身后，看不见爸爸的脸，只听到："还好，还好。"这是父亲的声音，居然没有什么变化。时间的距离好像一下消失了。姑爹让到一边，我直直地对着父亲了。他很瘦，非常瘦，眼睛还是那样像鹰一样闪着灼人的光。

"爸爸"，久违了十二年的称呼，叫起来已不那么自然。

"小妹呀！怎么这么瘦呀！"爸爸走过来，轻轻地拍了拍我。父亲是慈爱的，但是我感到了彼此的隔膜和距离。

大姑姑大概觉察到我们的不自然，急急地擦去眼泪，一件件拿出带来的东西，张罗着做饭了。

我环视着爸爸的这间小屋，大约有七、八平米，四个人已经把它塞得满满的了。靠门的右手是一张木床，从门框起，一直顶到墙。一张凉席，看得出它下面的褥子很薄。一床毛巾被，竟然是我小时候熟悉的那条蓝白条的。心中的陌生感一下减少了许多。床边靠墙放着一个竹书架，插满了书。对着床是一扇窗户，窗下是一个破旧的三屉桌，上面堆满了书，就像当年八号楼的那张一样。我心里的那层硬东西在融化了。转过去，对着书架的那面墙，放着一个脸盆架，架上面的墙壁贴着报纸，几件衣服挂在那里的钉子上。地面是土的，高低不平。姑姑就在走廊房间门口放的煤油炉上做开了饭。饭好了，爸爸搬过一张方凳当桌子，又到邻居那儿借了三张小凳子，听到邻居友好地问："来客了？"

"是啊，是啊！"听到爸爸的回答是欢愉的。

我们围"桌"而餐。我仿佛回到了儿时在爸爸那儿"蹭"饭的时光。爸爸说，这里的人们似乎也听到一些外面的风声。你们来看我，特别是女儿也来了，人们有猜测，可能世道要变了，因而态度和以前很不一样了。那顿饭很香，大姑姑居然能在小小的煤油炉上烧出这么好的菜！

饭后，爸爸带我们去招待所。招待所在磨子潭电站的入口处，依着山。看招待所的大爷种了好些花，门口有石凳、石桌，真是一个好去处。爸爸在我们来之前就买了好些葡萄，我们把东西放好，爸爸的葡萄也洗好了。大姑姑和姑爹累了，先去休息，我和爸爸坐在石桌边，吃着葡萄开始了长谈。

我先发的问："你是怎么当的毛主席的秘书？你在庐山会议上为什么要反对毛主席？你跟妈妈当年在延安离婚是怎么回事？

为什么又复了婚？后来庐山会议后你和妈妈没离婚，为什么从北大荒回来才离的婚？你这些年都是怎么过的？"

看得出，父亲对我要提的问题是早有了准备，我感到他有一种要让我了解一切的急切心情。父亲从三峡争论谈起，向我展开了我闻所未闻，完全不能想象的历史长卷。现在人们可以从他的《庐山会议实录》和晓梦女士的《李锐其人》了解他的故事了。人们对那段历史已不陌生，光描写庐山会议，就有了好多个版本的著作。可那是 1978 年的夏季，四人帮还没有审判。中国还被禁锢在"凡是"的牢笼里。父亲所讲的一切，犹如把我引入了另一个世界，一个完全没有神的世界。毛泽东在爸爸的故事里是跟我们一样的人，爸爸曾被叫到毛的床边谈话，曾和毛一起在他的床边进餐！爸爸的故事里没有谁是革命的，谁是反革命的，一切都是和人的品格，个性息息相关。我在他的故事里看到了好人，看到了坚强的人；看到了小人，看到了懦弱的人。当毛泽东作为神在我心中幻灭的时候，我看到了我人生的榜样，那就是眼前这位瘦瘦的老人。他的眼睛在暗下去的群山里闪着光，我一眨不眨地盯着那双眼睛，惊叹他的记忆，惊叹他的智慧，惊叹他的乐观豁达。

爸爸就这么不停地讲，直到招待所的大爷说："不早了，明天再聊吧。"我们才意识到他一直坐在招待所的门口摇着蒲扇，静静地，也许一直在听，也许什么也没有听，只是理解着这十二年未见面的父女是应该有说不完的话。爸爸不好意思地道了歉，对我说："睡吧，明天再谈吧。"

我一直望着爸爸的身影消失在夜幕中才转回我的房间。那一晚，我的烧全退了，心里很静，很凉，很踏实。我知道我来对了，我的父亲是好人，是被冤枉的好人，是老百姓说的忠良。我要为他的平反奔走，呼号！

第二天，爸爸拿出了一条用他的料子裤子改缝的女裤。头一天晚上，他已经告诉我他和一个在电站工作的上海女青年的一段感情。裤子是他本来准备送给那位姑娘的。但是父亲因为和她的关系挨了批斗，女青年也很抬不起头，爸爸无法再将裤子送给她。那个年代，不能希望我有什么开放的思想，和一个与我差不多大的姑娘有感情，我对父亲说那是一个污点，但是我理解他，原谅他。我收下了那条裤子。姑姑让我穿上，并换上她在长沙给我做的一件月白色的的确良短上衣，一起到水库去照相。这是我

工作以来最高级的一套行头了。照相时父亲搭在我肩膀上的手是紧紧的，我感到父亲对我的隔膜消失了。我一直想见见那个女孩儿，爸爸也说要指给我看。不知她是否故意躲着我，到走我也没看到她。这么多年过去了，我始终想着那个姑娘，觉得她一定是个好姑娘。就从我父亲复出后，她从来没有找过他，没有要过东西，没有要过工作，她就一定是个好人。她那时一定是真地同情爸爸，对他有感情。

爸爸带着我在水库各处转，愉快地回答着人们的问话："老李，这是你的女儿啊？"

"是啊，从陕西来，是工人呐！"

我那些天一定成了山窝窝里的新闻人物，因为人们很快就到处在谈论我的长相了："腿有点弯，爱眨眼睛，长着两颗虎牙"。山洼洼里的人眼睛真毒，一下就抓住了我的缺陷。

爸爸还带我去水库游泳。看着我瘦瘦的身材，怜爱地说："太瘦了。一定要想法把低烧看好。吃好些，长胖些。"

接下去的几天，爸爸跟我讲了他和母亲之间的感情纠葛，和最后是怎么上法院离的婚。爸爸所讲的和我了解的妈妈是一致的，我相信他说的都是真实的。我和爸爸开始商量如何为他的平反运作了。他的任务是写申述材料，我的任务是以女儿的身份逐条说明我妈妈对我爸爸的揭发的不实之处。我们的想法是一致的，亲人的揭发还要亲人自己出面推翻。

　　一个星期的时间一晃就过去了，二姑姑已经来信要在北京与我会合，共同为父亲平反奔走，我不能再耽搁下去。尽管父亲显然希望我再呆些日子，但是他知道形势是在以天为计变化着，胡耀邦任组织部长，给了他希望。我的出面，使这个希望很可能变成现实。

　　走的那天，父亲拿出了两百块钱，要我带上。我知道爸爸自1959年倒霉后，每月的工资就降为120元，60元给我们三个孩子生活费（文革开始后，我们虽然没有再拿这笔钱，水电部并没有把这些钱发给我爸爸，仍然放在部里），还给我奶奶寄30元，自己实际只有30元的月收入。这是一笔数目极大的钱。我不要，说我自己的工资足够了。爸爸说："拿上吧，到北京要花钱。另外买几件像样衣服，算是爸爸送你的。要吃好些，身体要搞好，现在是太瘦了。"

　　钱拿在手里很沉，很暖，我强忍着没有落泪，知道自己又有了疼我、爱我的父亲。

　　父亲送我们上了长途汽车，我坐在最后一排。父亲一直等在车外，车缓缓启动时，我看到爸爸有一种要追上来的冲动，但是他停住，在那里招着手，目不转睛地看着我，"女儿，我等你的消息！"文革后，我已不大知道哭是怎么回事。我告诫自己遇到多难的事，多么不公平的事，不能掉泪，特别是不能人前掉泪。没有人会同情你的，只有自己救自己。我看着父亲消瘦的身体，稀疏的头发和那张充满病容但是洋溢着希望的黄黄的面孔，眼泪如汹涌的浪潮，冲击着我的眼眶。我死死地咬着后槽牙，按着书包里父亲的申述信，控制着自己，"现在不是哭的时候。爸爸你等着我，女儿一定要让你离开这里，要为你讨回公道。"

　　其实正像我同样是老干部的二姑爹在北京对我说的，"你父亲的问题早晚会一风吹的。"我和二姑姑的奔走，对父亲问题性质的改变没有任何作用。他的问题和共产党对自己历史问题的结论是连在一起的，党纠正了当年自己犯下的错误，李锐的问题自然就一风吹了。我相信那些"混进党内的阶级异己分子"，"叛变"，"偷书"，"大水电主义"……的罪名，在平反时其实并没有一一查证，因为那本来就是欲加之罪，何患无辞的东西。二姑爹是谙熟共产党的斗争之术的，而我以前一直把党看得是十分崇高的。亲人的奔走其实只是为了唤醒那些复出又恢复高位的，当年把父亲赶下台出过拳、伸过腿的人的良知。希冀他们能通过文化大革命自己的挨整经历，对自己过去的作法有所悔悟。由当年处理父亲的人站出来替他的平反说话，应该是最有力量的。

我印象最深的是李葆华，他对我们的态度最诚恳，他说："当年我做错的事，我有义不容辞的责任纠正它。"

当然冷脸看得也多。一次去一位老干部家，被他的儿子挡驾，让我和二姑姑冷坐在客厅里，他自己仰在藤椅里看报纸。我真是觉到一种屈辱，忍了又忍，还是不客气地冲了他几句。二姑姑当时脸都吓白了，看到她的脸色，我也知道我那些厉害话不该说，人在矮檐下，哪能不低头。这道理我懂，可做起来并不容易。可没想到，他的态度反而变好了，给我们上了茶，最后让我们见到了他母亲。

出了门二姑姑就说："好家伙，你和你爸爸一样，这么大的脾气！以后无论如何不能这样了。我们是在求人办事，什么脸都得看那！"

我无言地点了点头。我们的奔走也使爸爸的那些亲密好友知道了他的下落，知道他还活在这个世界上，他们开始给父亲通信息，那些信是他等待平反结论难熬的日日夜夜的甘露。父亲就是在黎澍伯伯的鼓励下，在复出前完成了《毛泽东的青年时代》的修订本。

七九年元月一日，父亲一封"通知即返京"的电报，将我从陕西歧山县五丈塬下的工厂召回北京。办正式离厂手续，车间党支部书记给我做书面鉴定时，被正在办公室的一位同事扫见了。后来那位同事告诉我，写得跟革命烈士似的。我愿以命相抵获得共产党员称号的追求在那一刻彻底地垮了：自己过去所有拼死的努力，抵不上父亲的一纸平反，原来一切都是假的，我过去怎么会那样愚蠢呢？后来不止一个党的支部书记找我谈话，"劝"我入党，说组织部副部长的女儿不入党太说不过去，再说你不入党，我们怎么提拔你呢？我起初是搪塞，后来干脆说："你别劝了，从我父亲平反那一天，我就不信共产党了。"

　　爸爸"出圈"的个性可以说是江山易改本性难移。十二年的流放、贬逐，八年的单间囚禁，没有让他"改头换面，重新做人"。1979 年放了出来，中央正式给他平反结论之前，允许他回湖南老家省亲。我与我的先生悌忠陪老头同行。

　　悌忠出身普通工人家庭，循规蹈矩，对于共产党的高级干部有一种"高山仰止"的感觉。一日陪父亲去长沙的一家内部书店，那个年头能进内部书店可是一件了不得的事情，连雨果的《悲惨世界》都只有内部书店有得卖，更不要说那些如《第三帝国的兴亡》，《你到底要什么》，《落角》这样洛阳纸贵的书了。悌忠是一介草民，我，几天前还是"狗崽子"的一介贱民，进了书店真是惶惶然、恍恍然。摸着那些过去可望而不可及的书籍，犹如近神灵一般，大气都不敢出，在书架、放书的书桌前流连忘返。

　　父亲一眼看到《第三帝国的兴亡》，立即抓在手中："这套书我要了。"守在一旁的服务员走过来，看了看书名，说："对不起，这套书已经让别人预定了，明天来拿。您要是要，我们可以再为您订一套，您以后来取"。老头子无奈地放下书，又去别的书桌转悠。挑够书之后，又返回到那个书桌前，抚摩着那套书，恋恋不忍释手。悌忠抱着老头子和我们自己挑好的书跟在身边。老头子环顾左右，见服务员在招呼别的客人，悄悄碰了碰悌忠的胳膊，使了个眼神："拿走！"悌忠一时没有理解老头子的意思，"什么？"。老头子又用眼睛指了指那套书，"拿到付款台"。悌忠这才恍然大悟，明白老头子的意思是要蒙混过关：里边的服务员知道这套书已订出，收款台的人可不一定知情。心里说："蹲了二十年牢，怎么刚放出来就如此胆大妄为，要让人抓住呢？"但是岳丈老大人的话是不能违背的，赶紧拿起那套书，放在其他的书底下，匆匆去付钱。付清款，赶紧让收款员把书用纸包了，这样就看不出内中是什么书了。

　　老头子又悠悠地挑了几本其他的书，交了钱，走出书店，悌忠的脊梁已汗透了。上了车，父亲哈哈大笑："好！悌忠，干得漂亮！"悌忠自然高兴通过岳丈大人的考验，但是对老头儿的我行我素，并不敢苟同，更何况十冬腊月出过汗可是透心凉。算是领悟到老头子为何会有二十年牢狱之灾的一、二："办事太出圈！"不过自此老头子在他心目中成了实实在在的岳丈大人，一个也有小毛病的普通人，而不再是那位总有几分距离感的"高干"。

后来悌忠与我父亲在同一个系统工作，去云南出差，云南省电管局的同志告诉他："你那个老丈人可真是厉害，复出后第一次来云南就是个下马威。"那时局领导汇报工作，都是照稿宣读，怕犯政治错误。刚读了个开头："我们云南电管局在水电部党委领导下，这几年……"老头子就不耐烦了："能不能不说这些套话，说点儿实质性的问题？"

那位局领导当时就楞了，不知如何是好。嗫嚅两下又开始从头唸起："我们云南电管局在水电部党委领导下，这几年……"老头子这下可火了，把手一伸，"停、停、停！我是副部长，党组成员，你归谁领导我还不知道，还用你告诉我？如果除了这些话你不会说别的，就不用讲了！"

好家伙！那位领导那叫个下不来台！多少年后，我们到了美国，有一天闲聊起来，悌忠谈起这件往事，我笑得前仰后合，更明白了老头子为什么总是"上下不得烟儿抽"。可又实在感叹"老头子的傲骨真是硬呀"！二十多年的整治，楞没改了他的秉性。

记得爸爸在五十年代初当水电总局局长时就发有"谬论"，"老干部要认真学习知识、文化，否则就不要老狗挡道，老老实实让人家知识分子来干事。"那时候说这种话，竟敢把老干部称作"老狗"，怎么能不把人得罪光了？他在共产党里实在是太个色了。体育比赛中、战争中，不按常理布局、出兵，会有出奇制胜的功效。可在共产党的天下，不循规蹈矩，处处和当今潮流逆着动，和流行思维拧着劲儿，只能是一输再输。

父亲平反不久重新组织了家庭，我和悌忠带着孩子也搬入了自己的小家。各人忙个人的，我又常在国外工作，竟再难有机会与父亲促膝长谈。1993 年父亲接受邀请，到科罗拉多大学参加中国问题研讨会。洛杉矶、圣迭戈、哈佛、科罗拉多我一路陪他，又有了一次难得的和他日夜相守的机会，第一次看到了公众场合下父亲做人的另一面。

他每到一地，就被当地的大学邀去做讲演，不少同学都对中国前途表示担心，他走到哪儿说到哪儿：我当年参予选拔的干部，现在在各级岗位上，在实践工作中证明大多数是好的，是挑得起担子的。有这些人在，中国是不会垮掉的。

坐了二十年的牢，吃了无数的苦，受了无数的罪，"六·四"后又挨批斗，他总是那么乐观，越来越想得开。在科罗拉多开会，当地报纸记者采访他，他对记者说：毛主席号召我们敢讲真话，说无非是五怕嘛：一怕杀头，二怕丢官，三怕开除党籍，四怕坐牢，五怕老婆离婚。我这辈子除了没有被砍掉脑袋，是哪样都挨上了，说得那么轻描淡写，就像美国人常说的"piece of cake"。美国一家制片公司摄制纪录片《中国革命》，制片人采访他，问他："你这一辈子二十年人生最好时光在坐牢和流放中度过了，个人经受了那么多的苦难，回首往事，你内心深处的感受是什么呢？是不是非常痛苦？"

爸爸说："历史就是那个样子，中国当时就是那个样子，你又有什么办法？把个人放进历史中去想，这一切都没有什么，就是那么回事。"

就这么简简单单的一番话，说得那位女士热泪盈眶。那次在美国，父亲走了那么多的地方，作了那么多讲演，没有对毛泽东作过一句极端、刻薄的评价，没有对中国共产党有过一字的攻击和诽谤，尽管他在底下和人座谈时很随便，很尽言，但在公开场合十分严谨，"滴水不漏"。科罗拉多的《星报》将此评论为他政治上的谨慎与成熟。但我觉得不完全如此。共产主义事业是他年青时代就信仰、向往，贡献了毕生精力的事业。中国共产党是他二十岁上就加入并为之抛弃了一切个人得失，鞠躬尽粹的政党，这个党，这个事业在中国搞成了现在这个样子，特别是"六·四"事件，竟枪杀起自己的人民，他的痛心、他的痛恨是刻骨铭心的，是我辈不能比的。不过他和许多"持不同政见"的老年人不同的是，他非常超脱，超脱的大智、大仁。我非常欣赏他在加大洛杉矶分校讲演中的一句话：我今年已经七十六岁，已经很老了。我现在的责任是以自己的亲身经历，分析、研究我们党的，毛泽东本人的历史教训，使后人能引以为鉴，不重蹈复辙。至于怎么改造这个党，改造这个制度，把我们的国家建设成一个民主、强大的国家，那是你们年青人的事情，已经不是我的责任了。我想，这才是爸爸从不在正式讲演、不在正式出版物上咒骂共产党，咒骂毛泽东；他私下也从来不说：我受了共产党二十年的迫害，我对共产党深恶痛绝之类话的根本原因。他力求从现实中超脱出来，这样就可以"心静"。他真情实意地把肩上的"革命重担"交给下一代人去挑，他才可以全身心地把已经不多的时光投入到著书立说中去，他才可以完全撇开个人与毛泽东，与中国共产党的恩恩怨怨，从历史的，客观的角度去写"庐山"，去写"毛泽东的早晚年"，去写"大跃进"，去为反对三峡工程"奋战"到底！

爸爸不止一次地，真心真意地对我说：我在国内交了很多青年朋友，现在的年轻人中有很多了不起的人。我这次在美国又碰到了不少有头脑，有水平的留学生，这些人是中国的希望。他从心里觉得搞现代经济，搞现代政治，搞现代民主，自己是老了，比不上年轻人。这些年轻人能看得起他这个老头儿，他很以为骄傲，常常以此沾沾自得："我这个老家伙还不招人讨厌吧？"

在我的印象中，父亲这辈子总不得意，总不招人"待见"，刚才好好干上几年，却又为了这样、那样的原因，被打入冷宫。他这辈子在台上，且能按自己的想法干事，只有两次。一次是五十年代初，年轻的共和国朝气蓬勃，政治气氛相对宽松，他成了新中国水电事业的领头人，团结了大批国民党时期的留用知识分子，吸引了一批从苏联回国的年轻知识分子，说服了毛泽东，使得国务院重视了水力发电，认识到应该充分利用中国丰富的水利资源。全国的江河流域，电站的开发勘点，他闭着眼睛都能指出来，北京及各大行政区都成立了勘测设计院。正因为他，那些旧知识分子佩服了共产党，全身心地投入到新中国的水电建设事业。可惜好景不长，反右、反右倾政治风一刮，他就彻底完蛋了。

第二次是文革后，牢狱二十年后复出，全国百废待兴，水电事业被反对搞水电的人利用李锐反党集团的罪名，整得几乎不复存在。父亲刚刚出来时住在招待所，那些当年的旧部几乎踏破了我们的门槛。他收集旧部，招揽新人，恢复勘测设计院，恢复水电的地位，又树起"反对建三峡"的旗帜，让千疮百孔的国民经济留给水电业不多的钱，用在实处。干了三年，四处被人掣肘。六十五岁，自知不能为人所容，无法成事，自动"到点下岗"。没想到又被陈云硬拉去中组部主持青年干部的选拔工作。

上任第一天，刚坐进办公室，就有"子弟"送来一份青干局组建人选名单，人家这是把规矩送上门了，聪明人会接过来，即使不全照着做，也会点头答应适当时候考虑办理。可老头子不但不接规矩，反而勃然大怒，把名单当着来人扔进抽屉，心说："你把老子当成让你们这些娃娃耍的人了！"

父亲大张旗鼓地按"四化"标准开始了选择第三梯队的工作。并且如当年搞水电般，理论先行。他的文章《起用一代新人》激动了多少老三届的心。不守规矩呀！结果只能是下台。

那时我在科学院高能物理研究所的工厂上班，陆定一的儿子陆健在厂里的设备科工作，一天骑车上班遇到一起，他埋怨说："你们家老头子实在太那个，要是当初把我们都安排了，现在到处都是自己的人，何至于落到今天的下场。"

有时我的继母也实在忍不住，在饭桌上唠叨他几句："人家现在办事哪个不给自己留后路，有几个像你这样的？你就给人家安排了，又怎么了嘛？"

父亲立即变了脸，啪地把筷子摔在桌子上："那我还叫什么共产党员！"

谁说老头子没有规矩，他心里头自己的规矩大了，谁也说服不了他。有一句话不假，"公道自有人心在"。父亲离开中组部后，部里很多人说："李锐一走，组织部就没有思想了。"父亲听了觉得安慰。

父亲的老朋友李普伯伯一次问我，"你是怎么看你父亲的？你觉得他这人最大的特点是什么？"

我回答说："他跟你们大多数的共产党干部最大的不同是，他把自己的工作做为科学来做。干水电，那是科学建国，不是要干成什么'三峡'那样的世界最大，为自己树碑立传。干组织，那是科学选拔人才，不是编织个人网络。他实在是你们共产党里的一个异数。"

父亲的地位在共产党内实在不能算是太高。可是他的才华，他的德行，在后来的中国共产党人内却是少有的。记得胡耀邦总书记在位时，他并不与其过深交往。可是胡耀邦倒了台，他却上赶着去"巴结"，又是探望，又是改诗，又是倾心交谈，临了还不识实务地为胡耀邦翻案，捅了"马蜂窝"。胡乔木是国内外很多知识分子，很多老干部所痛恨的"左王"。他临终前，爸爸却去医院看望了他，还参加了追悼会，安慰了遗属。那次在美国，很多人当他的面骂胡乔木，他总要实事求是地告诉人们：我写《庐山会议实录》是乔木支持的，后来书发行时遇了麻烦，乔木还特意对我说，是他让我写的，他在任何时候都承担责任。爸爸对我说："我算是对得起乔木了。"他并不是不恨胡乔木的霸行。他曾忿忿地说："胡乔木混帐，连王若水这样好的人，党内第一流的理论家都不能容！"可是他还是念旧情，念及庐山那段的"知心"，念及胡对他写"庐山"的支持。胡乔木为了改薄一波的《重大历史问题的回顾》，下了大功夫，可死后家属想请薄写写纪念文章，薄不理不睬。

比起这些高官达贵，爸爸是太有人情味了。我常想，共产党如果多讲点儿人与人之间的爱，多容忍些人与人之间的亲情，中国的情况就会不同许多。不过话又说回来，那共产党也就不成其为共产党了。其实我们这些生在红旗下，长在红旗下的一代，都或多或少地沾染着共产党的气味。那些反对共产党的民运人士，身上就有着太多的类似于共产党的仇杀心理，他们说到共产党总让人嗅到些血腥气。其实从某种意义上说，比之痛骂，推翻，打倒共产党更为重要的是怎么去客观、历史、理性地分析这样一个在初期充满了活力，感召力，吸引了无数热血青年为之捐躯的政党，如何升至颠峰又走上腐败，与初衷相悖之路。如果年轻的，有志于参予政治，治理国家的一代精英们，能真正从共产党的身上吸取应有的教训，逐步完善出一种全新的、民主的、科学的、充满博大爱心的治国韬略，我们这些凡人就真是看见希望了。

父亲自己说他是一个完全政治化了的人。真的，他与我们聊天简直就是上政治课，没有什么家常话。我们来美国后，父亲的信极少，偶尔来信，也是勉励要上进，不要只挣那一点小钱，要争取多为这个世界做些事情。

父亲这辈子除了五八年被毛泽东夸为"红旗干部"，文件发到全党，似昙花般"美"了一阵，就总是不是挨批，就是挨斗，再不就是坐牢。在国内正统的宣传中，他似乎永远是个反面人物。可你要问我，因为这个父亲我永远失去了上大学的梦想，儿童、青年、直至中年都还要受到他沉浮的牵连，我现在是不是很希望没有生在那样一个家庭，没有这样一个"政治"父亲？我从心里告诉你，我庆幸有这样一个父亲，我庆幸有过这个父亲带给我的那一切，无论是苦难、幸福，那都是无人可与我相比的财富。

1993 年初稿
2002 年 2 月修改

平等争论

李南央

1993 的 5 月 31 日至 6 月 5 日，父亲应美国科罗拉多大学的邀请来美参加他们举办的题为 "一九三六至一九六五中国的党——国（Party-State）建设和国家社会主义" 的研讨会。父亲本来应由新华社的熊蕾女士陪同，但是她临时有其他出访任务，不能同行。我那时在设在达拉斯的美国超级超导国家试验室工作。大会的主持人打来电话，问我能不能帮忙。我当然欣然应允，作了父亲的临时陪同，参加了会议。Party-State，很多中国问题学者直译为 "党—国"， 而苏绍智先生将其解释为 "以党治国"。我倒愿意附和 "党—国" 的说法，因为它可与 "纳粹—德国" （Nazi-State） 并行比照。

研讨会的学者们来自法国、德国、荷兰、澳大利亚、美国、中国大陆和台湾。外国学者们年龄多在三十岁左右。用他们自己的话说，世界上新一辈研究中国问题的专家基本都在这儿了。他们之所以称自己为新一辈，是觉得自己的研究立场，特别是方法已完全不同于哈佛费正清中心麦克法夸尔先生那样坐而论道的老一代人。这些年轻的学者们中间，很多人在七九年、八零年中国刚刚把大门打开一点小缝的时候，就挤进了中国外省的大学。他们通常住在学生宿舍，骑自行车上、下学，知道怎么使用中国的各种票证，在自由市场上讨价还价。尽管他们其实还是受中国政府特殊照顾的外国客人，但是比起老一辈，一生之中只蜻蜓点水般地在中国转过几个星期，住高级宾馆，有专人陪同，专访大人物，确确实实进了一大步。他们贴近于中国老百姓，了解不少中国的真实生活。令我惊讶的是，他们中的很多人都娶了中国夫人，操一口不错的中国话。像大会主持人之一，荷兰莱顿大学汉学院院长，托尼·赛齐，普通话简直可以说是运用自如了。

研讨会的论文五花八门。有讲延安时期共产党种鸦片解决经济问题的（台湾陈永发教授 "生存与主义之间" ）；有讲民兵建设的；有讲浙江反右斗争的；有讲中国户口问题的；还有研究邓拓的。看外国人作学问，可是真够认真的，不看正文，光是资料索引部分就占去了三分之一的篇幅。如果他们真是看遍了那些资料，也可谓"熟读唐诗三百首，不会作诗也会吟了"。我实在佩服他们的这种认真、钻研劲儿。不过凡是外国人做的题目，都给人一种怪、偏、窄、盲人摸象的感觉。事实罗列了一堆，就是觉得他们好像总抓不住问题的内在联系，分析不到点子上。还是中国人，像王若水，苏绍智，父亲李锐的论文有深度有力度。思路纵横驰骋，却又清晰，明畅。父亲在他的发言中，特意从秦始皇讲起。讲中国的"家—国"思想的起因，家尊长，国尊君，父父子子、君君臣臣，几千年的封建传统沿袭至今。意在劝诫做中国学问，切忌将现实与历史割裂开来，就事论事，就人论人。共产党的作风，毛泽东本人的错误，都是中国千年古国的特有产物，都有其深厚的历史渊源。不看到这一点，就无法真正地了解中国。

既是作为陪同人参加会议，领取研讨会的出差补贴，我也就答应主持人齐木思先生提交研论会一篇书面文章。因为自己不是做政治研究的，对理论问题一窍不通。考虑再三，决定写些自己亲身经历的事，给那些做中国学问，其实又从未在中国大陆长期真实生活于平民百姓中的外国学者们提供些背景材料，或许对大会的研讨有些价值。我看到大会预发的介绍提纲中有一篇哈佛女博士的论文："训练革命接班人：北京 101 中高干子女的教育"，我就将自己的文章定题为："培养有社会主义觉悟有文化的劳动者——北京第十女子中学干部子弟班的生活"，似乎不至于太离大会的谱。

写这篇文章，使我认真回顾了中学时代的一些经历。后来又参加了研讨会几天的报告、讨论，仿佛给自己二十几年不曾动用的大脑政治神经中枢刺了一针，突然悟到了"党—国"是个什么东西。我过去在这个制度下生活了三十几年，党是一切，党的方针、政策就是国法、家规，是习惯得不能再习惯的公理。就是在改革开放的今天，国内的好朋友打电话要我在国外与他们搞合作，一开口说的还是："党的政策是给足了，要是现在发不起来，只能怪自己没本事。"真可谓"党—国"不仅是中国共产党的统治手段，也确实是溶入中国百姓血液之中，天经地义的理念了。

父亲刚参加科罗拉多研讨会时，也对"党—国"这个提法百思不解其意，向苏绍智、王若水先生请教，不知这些作中国学问的外国人，出的是个什么新名堂。正是："不识庐山真面貌，只缘身在此山中"。倒是这些外国人，因为生活在与中国完全不同的社会制度下，怎么看那块大陆的统治模式怎么怪、怎么不可思议，反正就是觉得不对劲儿。可从根本上说，毛病又出在哪儿了呢？这种局外人的认真琢磨，倒是让他们看出了门道。这一批年轻的，刚刚在世界上崭露头角的中国问题学者，提出了自己研究中国的新基点，新概念："党—国"。他们认为自中国共产党成

1993年在"党—国"研讨会。右起：李锐、苏绍智、王若水、李南央、哈佛学者

立以来，不论是解放前处于在野的地位，还是解放后执掌了生杀大权，都没跳出"党—国"这个模式。研究中国，就要研究这个模式。共产党在不同时期，不同领域的运作，都没有跳出这个框框，用共产党自己的话来说，叫做以纲带目。只要牢牢抓住了"党—国"这个纲，其他一切问题也就迎刃而解了。父亲说外国人研究中国是隔靴搔痒，不得要领，这有对的一面，外国人常常不能从历史的，也就是从纵向分析中国，研究中国。他们的题目往往是支离破碎的，偏狭的。但是父亲的这种说法却也有小瞧了

外国人的一面。这些人生活在与中国全然不同的世界里，他们对中国，从崭新的不同视角切入观察，因而有做宏观的，也就是将中国与世界并行排列，从横向比较，而产生新知、新论的长处。"党—国"这一新颖的提法，确实是抓住了当今中国问题的要害。中国在中国共产党执政后的这几十年里，折腾来折腾去，不就是坏在了"党—国"，以党治国这个制度上了吗？

在研讨会最后一天的总结会上，会议主持人给了我像正式会议代表一样的权利——作简短告别发言。没想到我这个参加大会的唯一"门外汉"的一席话，竟博得了最热烈的掌声。究其原因，大概是我做的不是学问，说的都是大白话，感情话，给干巴巴，清一色的纯理论调了味口。真是应了：物以稀为贵。我的发言大意如下：

与所有在坐的专家们相比，本人是一个完全的外行，只是一名机械工程师。我的文章仅仅给各位讲了我个人中学时代的真实故事。我相信在坐的人除了李小玉（瞿秋白的孙女，101 中 66 届高三毕业生），对这段生活，对这故事都是陌生的。就是我父亲，王若水，苏绍智先生也未必听说过。它或许可以提供一些研究"党—国"问题的素材。

实际上，如果不是生在中国、长在中国，你是无法想象这种事实：到处都有党、党无处不在。举个例子，中国少年先锋队队员的队礼是："右手五指并拢、高举于头上，它代表党和人民的利益高于一切。"我所属的一代人，当我们刚刚领悟这个世界的时候，就受到这种教育。党的要求就是我们的理想，党的利益就是我们的使命。党指向哪里，我们就奔向哪里。我们时刻准备着为党的事业贡献出自己的一切，乃至生命。只有更多地了解 1966 年前中国的教育体制，才有可能真正地理解为什么那么多的年青人会真心真意地投身于 1966 年发生的"无产阶级文化大革命"。我看过一个根据希特勒私人建筑师皮尔斯日记改写的电影，其中有这样一个情节：皮尔斯的妻子去医院做产前检查，女医生教导她说，你是在为纳粹、为党国生育，是无尚光荣的事情。皮尔斯的妻子不禁问医生：这是你自己的想法，还是什么人要你这么宣传？医生回答：这是我发自内心的真诚信仰。德国的"纳粹—国"（Nazi-state）导致了"holocaust"（大屠杀），中国的"党—国"（Party-State）给中国带来了另一场 holocaust——"文化大革命"。我深深地感谢如此多的学者提出了"党—国"这一题目来研究中国问题。这不仅仅对中国，就是对世界来说，无疑也是一个非常重要的课题。

我发言之后，大概惊讶于怎么会有那么热烈的反响，父亲问我都讲了些什么，我简单地将发言的大意翻译给了他。父亲一下来了气说："我要是知道你说这些东西，是绝不会让你发言的。"我没吱声，心说："爸，你可真逗。我都四十好几的人了。哪能就让你管着了。"

轮到父亲作最后一个重点发言，果不出我所料，在结束语中，把我捎上了。他说："刚才我的女儿把中国共产党领导下的中国，与纳粹德国相提并论，简直是不伦不类。这是性质根本不同的两个问题！"

这令我十分激动，立即欲意反驳。会议主持人看我高高举起了手，要求发言，也就马上给了我机会，我涨红着脸说：中国的问题至今得不到根本的解决，就是因为没有认识到从根本上说，中国共产党的统治与纳粹希特勒的统治有着基本的共同点，那就是把自己统治下的人民不看做人（human being），而看成是按自己统治意志任意宰割的羔羊。在华盛顿新开的"Holocaust"展览馆里，我看到纳粹分子让犹太人挂着："我是犹太人，我是猪"的牌子站在马路旁。可那些人是穿戴整洁，竖直站立在那儿的。而我们的文化大革命却是把人身上泼满墨汁，剃了阴阳头，挂牌子，"坐喷气式"的。中国共产党的统治，比希特勒有过之而无不及，把人更不当人。到今天"六·四"的屠杀，成千的政治犯仍身陷囹圄，莫不源于以党治国，其实也就是一个人治国，而不是以法治国。当然把中国共产党与纳粹相比，听起来很难听，可不承认这一事实，就难以从根本上解决中国当今的问题。

这段话我是用英文说的。我边说，替父亲作现场翻译的杨大力先生边翻译成中文给他听。我话音刚落，老头子就举起了双手："好好，我放弃。"全场"轰"地笑了，会议主持人齐木思先生直冲我伸大姆指。其实我知道老头子是不愿意跟我这"外行"瞎争。记得从明尼苏达的"海峡"两岸关系研讨会回到达拉斯，父亲对我说过，参加会议的年轻人对他说："你的发言太保守，思想还可以再开放些。"他只是一笑作答。父亲确实不会像我一样，用那么激烈的言辞去评价共产党，去评价毛泽东。我不是共产党员，也不是学者，说话自然只图痛快淋漓。可他是一名共产党员，一生风风雨雨，沉沉浮浮，与共产党有着生死血肉之缘。他给自己肩上放的是总结历史教训的重担，他要做的是从中国几千年的历史、社会，民情中去寻找中国共产党，毛泽东从创立走向辉煌又步入没落的历史的责任，社会的责任，人民的责任以及个人的责任。他是想让后人从他的研究中真正懂得中国共产党，懂得毛泽东，不再犯同样的错误。从而使中国在年轻一代人的手中创造出繁荣、兴旺，民主的盛世。父亲在最近给我的信中说："一个人活在世界上，七十岁只有约六十万小时，真正用于工作的约二十万小时，能否留下一点为后人有益的东西，还得靠文字（科学发明也得靠文字留付）。"他是要写传世之作的，他的文章要经得起历史的推敲，当然不会只求骂得痛快。激烈，只要有血气，人人都能作到，而深沉却是老人们的财富了。读了父亲最近的力作《毛泽东晚年'左'的错误思想初探》，（其中两节也是他带到科罗拉多的论文），自叹弗如，只能望其项背，今生今世是别指望能赶上老头子了。但是父亲的特点在于，他喜欢青年人，容忍年轻人的幼稚，也赞赏年轻人的敏锐，创新。他在达拉斯小住的两周，翻遍了我积攒了几年的各类杂志。很多年轻人研究毛泽东及中国的文章，他都让我复印了，成了他的宝贵资料。

参加完科罗拉多的大会，父亲多次提到我提交会议的文章，总是鼓励我不要对自己没有信心，应该把文章翻译成中文，想办法发表。科罗拉夫研讨会对我个人最大的收获就是萌发了写作的念头，想把自己的经历写下来。我想，看了我的文章，很多同时代的人可能会回想起自己当年的生活，会联想到人们在我们这一代人身上时时都会发现的，当年党的教育路线留下的不可磨灭的烙印。在中国谈民主，实在不是一朝一夕的事情。人其实是无法如党教育我们的那样，"做脱胎换骨的改造"的。希冀父亲他们那一代和我们这些"红旗"下长大的一代，希冀一、两场民主运动就能在中国成就些什么，实在是太不切实际了。

自那次父亲访问美国后，他就再也没能来。我们一家三口在美国就这么平稳地生活着。八年一晃过去了，一场抗日战争打完了。在这个制度生活久了，又经历了两次总统大选，特别是最近一次，竟然会一票、票地人工数票，算是领教了美国式的民主。对科罗拉多的那次研讨会的题目渐渐有了更深刻的理解。对"党—国"模式的不合理有了更切齿的不能容忍。这又引发了我和另一位"老革命"的一场争论。

那是 2000 年的夏天，我回国出差，去了趟上海。在上海见到那位心肠极好，一辈子对共产党忠贞不二的老干部（照片中的徐炜阿姨）。我对她是十分敬重和爱戴的。她一辈子清廉，认真做事，三十六年的老党员，还只住着一套两居室的公寓房。我跟她聊天是从无忌讳的，有什么说什么。结果那天我对党的一些不大恭敬的话，让她听不下去了。她非常诚恳地想说服我。对我指着

窗外一眼望不到头的高楼大厦说："虽然经过了文化大革命的十年浩劫，你看上海不是很快恢复了嘛。现在的浦东发展有多快、多好！只有共产党才能领导得这样好，上海才能有今天这样的新面貌。"

我和女儿与母亲的朋友吴淞、徐炜夫妇在他们上海家中合影

我一下笑了："您这话可得两说。首先您的党从来就没有让别人当过政，您怎么就知道别人当政就一定不如你？在美国可是大家都有机会比划，让老百姓说谁行谁不行的。再说，我不是共产党员，很多中国人和我一样并不愿意加入您的党，为什么非得强迫我们接受您的党的领导呢？非得听您的党的话呢？不服从您们的领导，不听话，就得蹲监狱，就是反革命？您的党是不是有点太不讲理

了？战争年代，老百姓支持共产党，那是自觉自愿，没得说。可现在解放都多少年了，凭什么谁打的天下，就得永远坐下去？在美国，各党的活动经费由党员和各党的支持者捐，执政党和国家是两码事，党不能拿国家的国库当它自己的银行。凭什么您的党就理所当然地把国家和您们自己划了等号？您党的机构开支都从国库里提。光提还不够，您党的干部还由着性儿地贪污、浪费、挥霍，老百姓还什么都不能说。凭什么？"

我竟把这位老人说得无言以对。但是我实实在在感谢了她能让我说话，能听我把这么尖刻的话说完。

我和父亲谈得越多，和他的那些老朋友接触得越多，越发现他们随着年龄的增长，思想是越来越开通，越来越能容忍和认真地听我们这些"不肖子孙"的大不敬言论。我珍惜今天能和他们平等争论的机会，我珍重他们能够平等待人的品格。这在父父子子、君君臣臣了几千年的中国不是一件容易的事。

1994 年 2 月初稿
2001 年 9 月修改

推荐《李锐其人》一书

李南央

不记得在什么地方读到过蒋介石曾有过这样的感慨："共产党里有才华的人太多了，我们所以打不过他们"。具有讽刺意味的是，在共产党掌握政权之后，毛泽东却一次又一次地发动了对

他的曾并肩作战的战友的整肃运动。在一次又一次的清洗、关押之后，那些才华横溢的精英们渐渐消逝了。君不见，我们当今的国家级领导人连戴的眼镜的式样都别无二致，更谈不上如开国元勋们那样的独特领袖魅力了，这就是最好的明证。难怪在李锐监禁，流放二十年之后，于 1979 年第一次访美时，陪同他的当地一位中国学生竟惊讶不已："中国共产党里还有李锐这样的人？！"

晓梦女士在她的著作《李锐其人》一书中，记述了李锐八十年的人生道路。由于他当年在庐山上与毛泽东意见相左，付出了二十年失去了一切的代价。四十一岁到六十一岁，一个人所能拥有的人生中最宝贵、最能有所作为的时光，他被送去黑龙江虎林县劳改，在那与苏联西伯利亚接壤的冰天雪地的地方几乎饿死。文化大革命中，又在关押了上千"党的敌人"的秦城，被单间囚禁了八年。很多人在那里熬不过比人间一切苦难都要残忍的孤独，死了，疯了。李锐还曾被软禁在大别山中的一个小村子里，与世隔绝。他的亲人们不知他是否还活在这个人间。他的妻子与他离异，三个孩子曾经是那样地恨他，因为他"反对毛主席"。他面对的是没有生活，没有希望，但是从未向命运低头。

晓梦的书告诉读者李锐是如何成为一个革命者的和他在当年那许多青年向往的圣地延安的生活。他的没完没了的政治上的麻烦，甚至从那时就开始了。共和国诞生的前夜，他做过高岗的秘

书，陈云的秘书；五十年代新生共和国的初期，又领导了《新湖南》报的工作，最后终于成功地转业到了建设新中国的工业战线。他的不懈地反对建设三峡工程的抗争，他研究毛泽东的学术建树，他在狱中思念儿女的悲苦和对曾经甜蜜的婚姻的回忆以及他如何在那些残酷的斗争、运动中幸存下来而没有被辱的人格。晓梦的书最使我感慨的是她的勇气。按政策，为一个仍然健在的党内高级干部写传是被禁止的，更何况是写李锐，这样一个在党内倍受争议的人物。他因为对毛泽东的研究和直述己见，特别是对三峡工程不识实务，不屈不挠的反对立场，一直很为一些人讨厌。晓梦是一个很柔弱的女子，有一个年龄尚幼的儿子，她生活在中国大陆，我想像不出在那瘦小的身躯中蕴育的是怎样巨大的力量。

晓梦选择了 1958 年的南宁会议作为书的开头，正是在这次会议上，由于李锐对建设三峡的不同意见引起了毛泽东的注意，而将他卷入了中国的政治漩涡的中心。三峡工程那时是箭在弦上，势在必发。薄一波副总理说，有个李锐，他有不同意见，毛说：好嘛，把两边意见的人都带来听听嘛！李锐令人不可思议地在半个小时内让毛听进了他的意见。毛说："你很好，你来做我的秘书！"缓建三峡，是那次会议上所通过的一系列决议中，唯一一个与大跃进唱反调的决议。读者不禁立即要问：李锐何许人也？他怎么能在半小时内扭转毛泽东的看法？！晓梦选择了南宁会议，以此铺开她要写的故事，真是太聪明了。就像肖邦第一叙事曲的第一个音符，充满了理性的感情，充满了戏剧序幕的诱惑力。它立即引发了读者继续看下去的冲动。

南宁会议后的一夜之间，李锐成了全党知名的"红旗干部"，毛泽东的兼职秘书。不幸的是，这只是个短暂的"蜜月"年。1959 年，党的很多高级干部都认识到大跃进带来的灾难，庐山会议的初衷即是解决大跃进带来的问题。李锐，那时仍然十分年轻，不谙世事，对政治斗争充满幼稚看法的李锐，是彭德怀元帅的同情者之一。当反对大跃进的批评变得越来越尖锐之后，毛泽东被激怒了，他开始愤怒地反击。晓梦对于"庐山"的描写是精彩的，她把毛、彭和其他许多大人物带进了情节，使得故事的背景深远而宏大。党内斗争的残酷在她的笔下揭示无遗。"庐山"之后，李锐被发配去了北大荒。晓梦对那段寒冷、黑暗中，遭贬革的不同政见者的生活描写是那样生动，令人读来心碎。李锐二十年受尽磨难的旅途中，晓梦写来最令人动情的是对李锐八年秦城单人牢狱的描写。李锐用棉签蘸着龙胆紫药水在马列著作的空白处，完成了他的《龙胆紫集》，写作救了他的头脑。李锐在诗中追忆了自己的一生。晓梦正是通过这些诗句，把读者带回到李锐所走过的路上，通过对李锐生活的描写把读者带入到中国革命早年那波澜壮阔的历史中，一直走回到毛泽东王朝的末期。读者将了解到延安的"抢救运动"都发生了什么事，李锐那时被自己的党第一次投入"监狱"。因为那时对所有的知识分子怀疑，怀疑他们是国民党的间谍。李锐第一次与妻子离婚，后来又在延安复了婚。读者会了解，为什么那么多如李锐样受到错整、诬陷的人，没有离党而去，没有离开毛泽东。

离开延安，李锐又开始了新的有意义的生活。高岗是解放后第一个出了问题的党的高级领导人，人们对他的情况知之甚少，读读李锐为什么离开高岗是有趣的。李锐随大军步行南下，到湖南停下来领导了《新湖南》报。就是在那时，他开始了对毛泽东的研究。这是李锐后来成为一个学者的重要的开端。他后来厌倦了宣传工作，转业到了建设新中国的脚踏实地的工作，他成为新中国水电事业的领导者。晓梦采访了五十年代与李锐共事过的一些人。他们中有国民党时期的旧知识分子，有新中国自己培养的知识分子。这些采访真是太有趣了。读了之后，人们会为李锐那时对知识、知识分子的尊重和重视没有成为共产党的主流思想而深感遗憾，否则中国绝不会是后来那个样子。

从秦城放出来之后，晓梦的笔又把读者引回到大别山。那是李锐二十年坎坷命运中最黑暗的时期。等待党的结论，无望的等待……晓梦选择了四个小故事，使得她的描写那么感动你。她写了李锐遇到了一个年轻姑娘，和她有过短短的，点亮他生活的时光；李锐与两个姐姐充满泪水的重逢；与一个年轻画家愉快的懈垢；二十年后第一次听到长女呼唤的涕滂；还有他和相信他的亲人们对他的命运的共同的抗争。当读者再也不忍读那凄苦，黑色时，晓梦把读者带出了谷底。李锐终于获得了平反，又回到水电部工作，后来又在中组部做了副部长。李锐没有时间自哀自怜，立即全身心地投入到从文革的废墟上重建国家的工作。而共产党的组织工作的运作，从来都是不公开的，但又是真正了解共产党的一把钥匙。晓梦用了非常智慧的方法描述了李锐的那一段工作，她没有违反任何党的政策，但是讲述了真实的故事。

故事的最后一部分描写了贯穿于李锐一生的两条主线，对三峡工程不屈不挠的谏言；对毛泽东的研究。正是这两件事，使李锐的晚年尤具光辉。自从 1958 年在毛泽东的面前开始挑战"三峡"，他一生从未从科学地论证三峡工程的立场上后退过半步。他与其他科学家们一起，力述了三峡工程的种种弊端，为何不可实施。虽然他和他的伙伴们最终未能阻止工程的上马，但是晓梦用她的笔使读者了解到，如果没有李锐在 1958 年的"御前争论"，中国那时的情况还会更加糟糕。晓梦描述了"三峡"上马后李锐的绝望，读者会被李锐对国家和下一代人生活环境的担忧而深深地打动。李锐曾对自己的外孙女说过："我看不到三峡建成后的情况了，但是你会看到，你一定要记住你的外公对三峡工程是反对的，是反对到底的，你应该为他感到骄傲！"

李锐对毛泽东研究的深度和广度，对于毛作为一个人的分析和对他思想的分析得到了学术界的极大的尊敬。他对"左"的思想和势力毫不畏惧的斗争，为老一代和新一代所敬重。"反对三峡"和"研究毛"这两件事一直是他的大"麻烦"。晓梦用这两件事来为她的书作结尾，强调了李锐不仅是一个共产党的高级干部，同时还是一个科学家，一个学者，是一个非常有力度和思想深度的选择。

到了八十岁的高龄，李锐仍旧是直言，仍旧是坚定地站在自己认知的价值观上。晓梦在他健在时写了这本书，向世人介绍李锐其人，她把公正带给读者。李锐受之无愧。

这本书唯显不足的是有关李锐参加革命的描写，李锐为什么会放弃一个中产阶级家庭的基本上不错的生活而投身革命，信仰了共产主义和马克思主义？读来不令人信服，有些太干巴巴，宣传味道太浓，与书中其他部分极富色彩的文笔比较，显得苍白无力，有些令人遗憾。

后记：

　　这是应美国一所大学校刊编辑的邀请写的一篇书籍介绍（原文为英文）。我看李锐不仅把他作为我的父亲，更是把他看作一个太好，太好的人；　一个共产党内少有的有良知、有学问、有人格魅力的，一个了不起的人。我觉得他这一辈子始终没有被共产党的主流势力所认可、所接纳，因而没能为国家多做些事情，是中国老百姓的不幸。如果中国的电力事业，如果共产党的组织方针，如果治国的思想理念能按他的思路走，那……只可惜真正的生活中是没有假设的。

　　李锐，我的父亲，在他能够得到的空间里做到了他所能做的最好。他至今仍天微明即起，读书，写作。我们这代人，当年毛泽东是我们心中的神。后来神像坍塌了，就谁也不再崇拜。可是我崇拜我的父亲。每次与他长谈之后，都使我觉得自己能看得高些、深些、远些，自己的生活不只是小家庭、那份不错的工作。总是想生活得更充实些，再多做些什么，不辱没父亲一门家风。我从心底感谢晓梦，感谢她让更多的人了解李锐。她还了父亲一个公道。

1998 年 10 月

李锐走了

李南央

北京时间 2019 年 2 月 16 日上午 8 点 32 分父亲李锐走了。他是 2018 年 3 月 30 日住进北京医院的，在能够坐起的那些日子里，他坚持练习写字，在一张又一张纸片上划下的是同样的内容：

人生在世，任何人都要受这四种限制：

时代　知识

思想能力

个人品德

（马恩列斯毛也不例外）

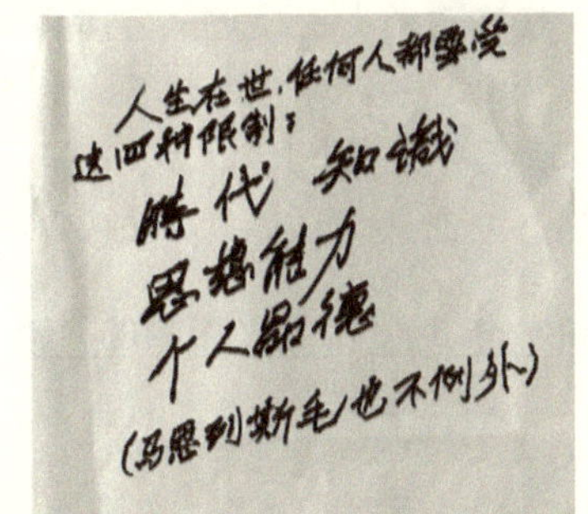

父亲说，前三种限制是恩格斯说的，最后一种"个人品德"，是他加上去的。这四种限制，李锐也无法摆脱。因为人的世界里，没有神。

李锐走了，我希望随着他的离去，"跟随旗手"、"拥戴领军人"的文化在中国也永远地走入历史。李锐走了，我们还活着。我们只需追随自己心灵的召唤，为了个人的利益和尊严，为了自由自在地思想和表达，努力地、坚韧地做自己能够做的事情。

谨以此纪念我的父亲。

谨以此激励自己为了我的祖父、我的父亲一生追求的"宪政开张"继续前行！

2019 年 2 月 15 日

于美国旧金山湾区

附文一：

李南央声明

我不是从家人和"组织"，而是从一位朋友那里知道了张玉珍和中组部在北京时间 16 日晚间商定，将于下周三早晨 8：30 在八宝山按正部级待遇为李锐举行告别仪式。我又看到了一位朋友转来的在微信圈中传的一段文字："有消息说李南央已经先后得到李锐老病危和病故的消息，但她表示不想回来。不知此消息是否属实？李锐老人身后一定会有一场隆重的告别仪式。坊间盛传：李南央以祖父李积芳和父亲李锐的精神传人自诩，身为李锐长女的李南央若不回来尽孝，不出席此仪式，世人会怎样看呢？"

我将凭借记忆找出的父亲在日记中有关后事的记述录在这里：

1996 年 3 月 14 日（星期四）晴

早晨醒来睡不着，打油四句：

今生只缺一挥手，告别无须八宝山。
请问骨灰何处撒？楼前树底作肥源。

收到杨达告别通知而引起的。

2011 年 7 月 9 日（星期六）晴

晚上李英健同他的朋友萧柏春……谈了一个多小时。萧是美国纽约长岛大学商学院教授，夏季来北大讲学，谈我在美国的影响。我谈了些他们难以知悉的往事。党旗镰刀、斧头，就是不重视知识和知识分子。

我不需要顾及世人怎样看我，但是我需要能够面对父亲，面对自己。我知道父亲绝对不能接受将他定位于一个共产党的正部级干部进行追悼，我相信父亲在天有灵，一定会对那面盖着染满人的鲜血的腥红的党旗下的李锐恸哭长啸。

李锐是个人，是个在共产党的铁腕统治下保持了独立的头脑，宣讲常识的有着真性情的人。这在自由世界里很容易做到，但是在共产党统治下的中国只有很少的人能够做到，父亲李锐生前做到了。作为女儿，我要保护他的人格尊严，我不参加中组部安排的李锐追悼仪式，以此告诉世人父亲的真实意愿："**不开追悼会，不进八宝山，不盖党旗**！"因为他的挚友黎澍说过："那些躺在八宝山里的人不喜欢我，我也不喜欢他们。"父亲说："我跟黎澍一样。"因为父亲跟我说过："如果追悼会上说李锐是一位马克思主义者，那不是一件很滑稽的事情吗！"因为李锐自诩为独立思考的知识分子，那面镰刀、斧头的党旗上没有他的位置。

谨此声明，告知于世李锐的自诩、李锐的遗愿！

李南央

2019 年 2 月 16 日（美国西岸时间）

附文二：

清明末七祭父亲

现在应该已经是大陆的清明节了，也是父亲李锐离去的末七之日。刚刚将整理编辑好的《敬寄李锐》二版发给出版社的编辑。谨以此书祭奠父亲在天亡灵，谨以这本书的"前言"感谢所有"送字"的人们和纪念他的人们。

二版前言／李南央

在为《敬寄李锐》一书"约字"时，我就告诉大家这是第一版，父亲李锐离世后，还会再出第二版。因为我知道有很多朋友对"生祭"有顾虑，除了太反中国传统习俗，也担心会不吉利。

四十九天前，北京时间 2 月 16 日早晨 8 点 32 分父亲走了，我在北美西岸的 15 日晚上 9 点 12 分向朋友们发出了音文讣告。很快地，挽联、悼诗、字、文，源源不断地流入我的邮箱。我不需要再发出另一份"约字"，只需忙乱过去后，静下心来整理、编辑……

今天终于将所有如片片雪花撒撒飘飘而来的"字"归拢、整理好了，这其间，多少次热泪涟涟。心里也实实在在地明白父亲是走了、真地走了，在这个世界上我再也见不到他了……

他生前看到了《敬寄李锐》的一版，他说："了不起、真厉害！"这一册二版的《敬寄李锐》愿他在天之灵也能看到，会因为这么多的人喜爱他、纪念他，继续追寻他没有看到的那个梦想：**"总有一天我们能真正实施我们的宪法，以保证我们今天被践踏的权利"** 而含笑九泉。

2019 年 4 月 5 日

父亲离去末七之日

活法儿的自由

李南央

香港《开放》杂志刊登了我那篇关于母亲的文章后，我曾给编辑金钟先生写过一封信，希望他能发表在紧接着的下一期上。可能因为新闻焦点的转变，《开放》并没有如金钟先生告诉我的那样，在接下的一期对我的文章展开讨论，故我的信也就没有登出来。我还是觉得那封信里的意见其实有很重要的一面，摘选几段放在这里。

金钟先生：

承蒙贵刊看中本人拙作，并作为特稿发表在十二月号上，实有受宠若惊之感。

昨晚通话，得知贵刊在下期要刊登几篇对拙作评论的稿件，不知能否同时发表我的这封信。

我的文章的标题是《我有这样一个母亲》，刊出时改成了《六十年恩怨情仇》——记我的父亲李锐，母亲范元甄。这种适应香港市场运作的改动，虽然与我的文章风格大相径庭，但并不一定要反对。整篇文章除了增加了段落标题和删去了某些话外，基本遵照了我的原文，只是结尾的最后一小段几乎完全是编辑加的了。实在对不起，我得坦率地说，我不喜欢编辑的处理。我把原文结尾和编辑改动的结尾抄录如下，让读者有个比较，也说明一下我不喜欢编辑处理的诸原因之一。

我的原文：

"作为女儿，恨我妈伤害了很多人，甚至毁了她亲人的一生。但有时也深切地同情她，记得她对我的一切好处。我少儿时期，妈妈曾付昂贵的学费让我学习钢琴。在我进厂的第一天她告诉我："即使做一个工人，也要有大学的知识才能当个好工人。"那正是"知识无用论"最盛行的年代。这话我一直记着，终于学了出来。尽管我们没有拿那块怀表，但是我记得妈妈曾要送外孙女一块毛主席头像的怀表作纪念。这些记忆是不能磨灭的。妈妈在这个世界上的日子不多了，我多么希望她能够回首平生，公允地认识自己给他人带来的伤害，认识到是自己害了自己。我希望她不后悔自己曾在这个世界生活过，不论好坏。"

编辑修改后的：

"……这些记忆是不能磨灭的。我今年四十七岁，也算见过世面成家立业了。我不知道由一位女儿写还健在的父母长达半个世纪的恩怨情仇故事，在当代中国有无先例？但这写作无论如何沉重甚至痛苦，却也是一种解脱。妈妈在这个世界上的日子不多了，我多么希望她也能像保尔柯察金坐在海边回首往事一样，看看自己一生是如何伤害了他人，也伤害了自己。这篇文章是一个女儿对母亲的最后倾诉。我最大的愿望是母亲能看到这篇文章。许多当面她不容我讲，因而她永远听不到的话，我都写在这儿了。（这段基本是我原文开头的话，放在这里甚好）女儿在母亲面前是可以毫无保留的。"

保尔确实是我们这一代人都崇拜过的偶像。他的"生命是宝贵的，生命对人只有一次，当我们临终前回首往事时，不应为自己的碌碌无为而感到羞愧，也不应为自己的浪费时光而感到后悔。我们应无愧地对自己说：'我没有虚度年华'。"（一时查不到原文，记忆与原文可能有出入）曾是很多五、六十年代青年的座右铭。但是我现在逐渐悟出了，保尔固然伟大，但大可不必人人都要按他的模式生活。社会主义的最大弊病就是封杀个性，强制每一个人都要按党所指定的框框生活。如果不学雷锋、王杰、刘英俊，就是落后，就应为社会所不容。我自己就写过墙报稿，讽刺同宿舍的女工一天到晚庸庸碌碌，吃饱了混天黑，弄的人家抬不起头来。

到了美国，看到不大求上进的人，中学毕业在餐馆做个招待，或在加油站做个收款员，要不当个擦车的，也生活得其乐融融。没人说他们落后，也没人看不起他们的胸无大志。每个不同志向的人、每个不同能力的人，都在社会中找到自己恰当的位置。没有那么多失落感，不平衡感，因而就多了一份幸福感。我想大多数美国人评论自己一生是否虚度年华的标准不是是否成就一番伟业，而是这一辈子是不是干了自己想干的事，是不是找到了自己信赖一生的终生伴侣，是不是要了自己想要的足够数量的孩子。我一点也不想让我的母亲以保尔的思维方式回首平生。保尔在乌克兰的酷寒中筑路，毕竟是遥远过去的事情，我们太不希望人类再有那种残酷的自我牺牲。我只希望我的母亲能以公允平和的心境回忆往事，她的一生太不幸。她没有干成自己想干的事，她没有爱成自己想爱的人，甚至她所有的儿女都不能跟她同居一室。我希望她认识到这所有的不幸，绝不是我父亲带给她的。虽然在很大程度上是共产党害了她，不过她自己确实是最大的祸首，认识到这一点，一切还来得及补救。因为你无法控制别人，却可掌握自己。她一生极大的悲剧色彩是很奇特的，就冲这一点，她不应后悔自己曾活过。她应该把它写出来，让世人了解她的痛苦，让世人知道那个党，那个制度是如何扭曲了人性。如果现在的当政者能从她的故事中悟出共产党是要改造自己，是要改造自己所建立的制度，那她真是做了一件好事，被她伤害过的人是会因此而原谅她的。不过我太了解我的母亲了，这只是我一厢情愿的奢望罢了。

戏剧性的是，这封信里提到的墙报稿，居然让我找到了。那是我当年在代号为"93信箱"的三线工厂当工人时的"杰作"。我也把它抄录在这里：

如此一天

往往我们都上班了，她还没有起床。八点多钟甚至九点才在车间露面。倘若天气好，那她是绝不会让太阳白白落山的，一定要跑回宿舍，把被褥晒上一番，甚至再洗上一条床单。机床可一月、半年地不动，宿舍的地却是常常扫上数遍的，甚至还要用抹布擦洗一遍。技术书、政治书几乎从来不看(也有心血来潮的几次例外)，台布却是要天天勾出几朵小花，甚至干上它整整几个小时。晚上进被窝前，照例是那句话："又是一天"。如释重负，谢天谢地，总算又"熬"过来了。

起先，我们觉得好笑，进而习以为常，久而久之也认为此话是她一天恰如其分的日记了。只有一天例外了，"哎，又是一年！"我们不禁震动了。抬头一看，时针正指着73年0时0分。啊！青春就这样一天天地消去，生命就这样一年年地逝去。73年的最后时刻，93一片寂静，只有夜晚为成为清晨在急急地奔走。无论何时，光阴是从不知停歇的。奥斯特洛夫斯基的金石玉言又在耳边响起，震撼着我们的心："人最宝贵的是生命，生命对人只有一次，因此……"

二十几岁的青年，正直一生精力最充沛、体力最健壮、血气方刚之时。若不赶紧生活，在这宝贵的年华中多学些东西，扎稳工人阶级的思想根基，掌握为人民服务的真正本领，像她这样混下去是多么可悲可耻啊！台布、枕套勾了一条又一条，扑克打了一盘又一盘，克郎棋技艺不断提高，这些占去全部的时间，有什么用呢？我们当初不是抱着为祖国的社会主义建设事业奋斗终生的理想来到三线的吗？祖国的汽车制造业是绝不会下马的，祖国急需大量汽车。同志，让我们一起为了将来的工作，珍惜现在的时光，让短暂的生命，成为陈岱山那样助起革命熊熊火焰的一根火柴。

信和墙报稿整整相隔了二十七年，可是都提到了保尔的那句为我们这一代人所遵循的生活的至理名言，只不过要想说明的问题却是南辕北辙了。

当年，我是厂里小有名气的一杆笔，写过无数篇黑板报稿。虽然因为出身不好，没有上台发言的机会，但总是为车间的先进班组，先进个人抓刀代笔写"誓师大会"、"批判会"、"讲用会"的发言稿。都写了些什么，一点儿也记不住了，偏偏就这一篇二十多年都没忘，而且保留了当年的底稿。我之所以记住了这篇稿子，是因为这是我在工厂那些年里，唯一的一篇以身边人为对象的批判文章，当时就多少感到有些于心不忍。稿子中被我嘲讽的对象，是我单身宿舍的舍友，这些年我常常想起她，也曾打听过她，很想当面向她道一声"对不起"。不是因为我改变了初衷，认同了她的生活方式，而是为我那时对她和她为自己选择的生活方式的不尊重。

我的父亲在他的"八十自述"一诗中有这样一句："堪慰一生未左偏"，我这个女儿可是无法这么骄傲地自诩。年青的时候，我是非常真诚地希望自己是"左派"的，并且非常自以为是，以为只有自己是对的，对一切和自己行为方式不同的事和人都嗤之以鼻，认为那不是俗气，就是"小市民"。稿子中提到的陈岱山是个什么人，他的英雄事迹是什么，我竟是一点儿也想不起来了。"文革"年代英雄人物太多，报纸上天天号召人们学英雄当英雄，我那时真的以为只有像英雄那样生活才是人生。十亿中国人民只有一个活法儿："向英雄学习，做无名英雄"。天知道有多少刘英俊根本就是宣传机器造出来的；天知道有多少人成了英雄之后，有多痛苦，根本无法"活人"了。

我先生最近突然有些感慨，问我："你说人活一辈子，到底为什么？"我毫不犹豫地回答："享受人生！"

在中国和美国两种截然不同的制度下生活过了，到了知天命的年龄，我自觉得是悟出了人生的真谛："享受人生"。生命只有一次，而且又那么短暂，是得抓紧生活，抓紧享受。正因为是"享受"，所以它一定是多元的，一定是因人而异的，而不是不"如此"既"非"也。所谓"非"，在过去曰："资产阶级人生观"，现在是"没出息"。

其实每个人由于性格，家庭背景，受教育程度，所在社会阶层，甚至遗传基因的不同，生活的能力和生活的志向是十分不同的。保尔认为冰天雪地，铺轨修路是一种砺练，是为无产阶级造福，而从苦之至极中品尝到甘甜；冬妮亚则以为讲究的衣装，温暖如春的住宅，贵妇人的生活是她的满足。在这里很难说谁对谁错，只是个人对生活有不同的认同。一定要说冬妮亚不对，那又为什么那么多共产党员在有了权力以后，会比冬妮亚还冬妮亚一万倍不止呢？

在美国，有一点很使人感到舒服，就是大多数人生活的平和同心态的恬静。去餐馆吃饭，服务生的喜兴儿极劲儿让你觉得坐在那儿就是一种享受。特别是那些漂亮姑娘，穿前忙后，跟每个她所服务的餐桌的客人开开不伤大雅的玩笑，会使你觉得她是天底下最幸福的人，接受她的服务，也是你的幸福。加油站看钱摊儿的，勤勤恳恳、兢兢业业地挣那几个辛苦钱，养家糊口，也兴趣盎然。特别是跑长途中间在某个高速路边的小加油站连加油带歇脚，售货员淳朴的笑脸和热热的咖啡，再加几句道辛苦的寒暄，能让你再上路时人也像加足了油的车，又精神抖擞了。在美国生活的大多数平民百姓并不十分地眼馋比尔盖兹的财富，因为他知道自己没有那个本事，也下不了那个苦功夫。都说美国竞争激烈，但是生活在这里感到的是要保持一份好工作在知识上的压力，要不断学习，人与人之间的倾轧，踩着别人肩膀往上爬，不能说没有，比之中国可是少多了。因而并没有什么心累得让人受不了，浮躁得让人难受的感觉。究其原因，每个人尽己所能，按自己的方式享受人生，大概是最大的造福者。父母不会因为儿女没上上名牌大学丢脸，孩子也不因自己只是个"跑堂"的觉得寒碜。想多挣钱，出人头地，那你就活得累点。否则钱虽不多，可轻松。各有各的活法儿，没什么"先进"、"落后"之分；没什么"贵族"、"贫民"的自傲或自卑。

相比之下，中国过去是"霸道"，就像我自己，钻技术、学政治、忧国忧民；碰到了舍友，喜好闺楼之事，对其他没有兴趣，我就看不惯了，横加指责，还在黑板报上写文章损人家，弄得人家灰头土脸，抬不起头。现在是"不平衡"，看油站的看"大款"进出高级饭店，西服轿车，不平衡。想的不是凭本事吃饭，有多大能耐干多大事，活得不挺好？干嘛非跟别人较劲儿，和自己过不去。搞古典高雅音乐的看歌星、大腕，一场出场费比自己一辈子挣的都多，可他们的付出有多大？不平衡。可就不想，歌星、大腕们走的是"商品艺术"之路，你进的是"为艺术而艺术"的殿堂，各有一好，干嘛非跟不是一股道上跑的车比试。其实归根结蒂，过去的一个标准，今天的一个活法儿（进外企，当白领，甚至金领）都是传统的"一元化"宣传方式闹腾的，都是"不想当将军的士兵不是好士兵"，非做人尖子的思维方式搅和的。今昔不同的只是"人尖子"的定义变了。其实天地那么大，人群那么杂，干嘛非照着一个标准、一个方向奔？累不累？可怕不可怕呀？宽松点儿，自己想干点儿什么就干点儿什么，能干点儿什么就干点儿什么；找着点儿什么，就干点儿什么；在力所能及的范围内，在自己创造的条件下"享受人生"，活的轻松点儿，也让周围的人感染点儿自己的快乐；弥漫在大陆空气中的"气不忿儿"能稀薄许多。社会也就平衡了，安定了，国家也就好治理多了。不是这个理儿吗？

2002 年 9 月 30 日

培养有社会主义觉悟、有文化的劳动者

——忆北京第十女子中学干部子弟班的生活

李南央

引言

六十年代初期，中国共产党在中等学校执行的教育方针可以用它的一句口号来概括："培养有社会主义觉悟、有文化的劳动者"。这个口号是适用于一切中学生的，无论其出身如何。 1963 年，那是我中学生活的第一年，我不记得有哪一位学校领导或教师，强调过学生的家庭出身。至 1964 年"四清运动"开始，情况才开始变化了。

女十中学生证照

我选择了"worker"作为劳动者的英文译文。实际上，"worker"是不足以精确、完整地表达"劳动者"这一中文原辞的全部含义的。如果从字面直译的话，劳动者的意思是：从事工作的人（the people who are working）。我实在是找不出一个英文单词，能够区别出"工作"和"劳动"在中国共产党辞典里那种本质性的不同。其实"劳动者"是一个非常含混的字眼。什么样的工作，党才视其为"劳动"呢，这似乎是正确理解党的这一口号的关键。记得我们班曾开过一个主题班会："劳动者的定义是什么"。同学们无法对这一问题取得一致的意见，但是大多数人都一致同意：家庭妇女，个体经营者和在私有土地上耕种的农民，不能算是劳动者。对于西方人来说，这简直是一个不可思议的论点。但是在那个时候，我们这些年轻的学生在这一点上是非常清楚的：只有那些直接投入到社会主义建设中的人，才能被称为"劳动者"。可是，什么样的工作属于社会主义建设，什么又不属于社会主义建设，却无人能做出权威性的回答。

分数面前人人平等

六十年代初期，小学生升入中学之前是要进行升学考试的。这一考试在北京是同日、同题目进行的。所有参加出题的教师集中居住，考试开卷前严禁与外界接触，以防"漏题"。考试前一个月，毕业班的学生要填写"升学志愿表"，在该表中要填写三个志愿学校，依次为第一、第二、第三志愿，每个学生还要在第四栏中写明：服从分配。就是说，如果你的考分哪个志愿学校也够不上的话，你必须接受市教育局对你的分配。一般来说，这种分配学校的教学质量都不怎么样。填志愿是一门学问，老师通常会根据学生平时的学习成绩提出建议，应该把哪些学校填入第一、二、三志愿。但是有些学生也会冒险报自己水平难及的学校，万一考好了呢？这一程序，似乎为每一个学生提供了平等竞争的机会。学校录取学生唯一的标准就是分数，硬碰硬，谁也别作非分之想。

竞争是十分激烈的，是否被某个好学校录取，有时只在 0.25 分之差（百分制）。那时公开的说法是，高干子弟不能走"后门"。这多一半是可信的，我妈妈就曾碰过钉子。我在小学的成绩一直很好，但是粗心大意似乎是克服不了的毛病，这对考试无疑是致命的。我妈去见了当时师大女附中的校长，她们在延安时是老战友。我妈妈把我的平常成绩单及几篇被学校选为"范文"的作文拿给她看，以期证明我是个好学生，万一考试失手，盼有所照顾。我妈妈理所当然地遭到了校长的断然拒绝。回家后，她提起此事，也觉自己理屈，嘱我凭本事吧。我却偏不争气，语文虽得了 100 分，数学只拿了个 90 分，把我直抛到了第三志愿：第十女子中学。女十中在北京几所女校中排行第七，我简直丧气至极。那时的女十中名声很糟，人称"流氓"学校。原因是其校址在新街口大街上，每到放学时间，总有许多男孩子等在校门口。不过我运气还算不错，就在我入学的前一年，女十中取得了极高的大学升学率，作为奖励，北京市教育局为学校盖了一所新教学大楼。学校因此迁到位于一个僻静胡同的新址内，我正好赶上了新校址，并且也赶上新的新生录取分数线，学生的质量大大提高，"流氓"学校的名声算是摆脱了，不再有男生在校门口等女生的事发生。那个时候，要是哪个女生敢在中学时交男朋友，在学校里是难以容身的。

就在我入学后不久，我发现"分数面前人人平等"并不完全的真实。开学一星期后，两名同学从分配学校转到了我们班上。班上的同学们很快就知道了她们的身世——将军的女儿。 在很长一段时间里，班上没有人看得起她们。六十年代初，走"后门"是很耻辱的事情。其中一位同学渐渐地被班级所接纳，因为她学习成绩其实不错，后来还被选为语文课代表。另一位就差多了，似乎从未有人真正与她成为朋友。进入初中二年级后，班上一位元帅的女儿离开了我们，转入师大女附中。她是一个很不错的学生，二十年后，我读到了一篇写她父亲的文章，知道她成了一名军医，很受同事们的尊敬。但是在她转学的时候，整个儿班级确确实实为这种特权震惊了。师大女附中是女子中学中排行第一的，它的校长也曾大义凛然地拒绝过我妈妈的错误要求，可现在是怎么的了？我模模糊糊地感觉到，"分数面前人人平等"似乎对军队干部的子女们是不适用的。我有些被欺骗的感觉，我得承认，葡萄对我是酸的。

对干部子女的特殊待遇

在我进入女十中时，初中一年级共有八个班[3]，每班大约有四十至五十名学生。校领导把入学新生中的所有干部子弟集中到了初一（二）班，我也在其列。但是干部子女的人数其实并不足以凑成一个完整的班级，因此班上还有不少其他家庭出身的同学。不过同学和老师还是把我们班叫做干部子弟集中班。在初一八个班级中，只有两个班学英语，其他六个班的外语课都是学俄语。那时由于中苏两国关系已恶化，同学们对俄语都没有什么兴趣，认为英语比俄语好。而我在的班是学英语的。每个班级都设有班主任，管理学生的品行思想及与家长的联系，校领导指定了少先队大队辅导员做我们班的班主任。这两项是我所能记忆起的对干部子弟班的特殊待遇。

总的来说，班内同学交朋友都是以性格、爱好为主，没有什么人以家庭出身为标准的，我们班与其他班的关系也不错。不过

---

[3] 我的中学同年级同学曾令萍看到这篇文章后告诉我："咱们年级应有6个而不是8个班。我们5班和6班教室在那层楼的最西头；每次开校会也是我们两个班在最后，所以我记得较清楚。"她的记忆应该比我的准确。

校领导给予我们班的并不太多的特殊关照，在其他班级还是激起了愤慨和嫉妒，这一点，我们班的同学开始并没有意识到，直到有一次在校春季运动会上，我们输掉了拔河比赛，其他班级的反应令我们瞠目结舌，诧异万分。那些同学们欢呼雀跃，奔走相告：

"初一（二）班输了！"

"真是太活该了！"

"她们一天到晚吃大米白面，让我们吃粗粮的打败了！"

"太解气了！"

我们班所有的同学都不禁怒不可遏，觉得这么说我们真是太不公平了！我们班那时确实事事争先，不论是歌咏比赛还是舞蹈比赛，不论是篮球联赛还是军体竞技，总是名列前茅。可这些都是我们自己努力的结果，跟吃的什么饭根本就没有关系！不过这件事说明了那时学校的气氛，学生们可以自由、充分地表达对特权的不满，干部子女们则没有一个人敢以家庭出身炫耀于人。我记得那时我最怕有人知道我妈妈是高干，而对我另眼相看。到了文化大革命，则完全翻了个个儿。记得我们班上有一个平常十分腼腆内向的女孩子，在八月红卫兵的集会上大喊大叫：

"有那么些人恨我们'走后门'，恨我们'自来红'，今天我们要正告你们：我们就是'自来红'，我们就是有特权'走后门'！你们他妈的狗崽子就是'自来白'、'自来黄'、'自来黑'！……"

她的嘴就像一挺机关枪，吐、吐地不停连射，大有要把一切胆敢反对她观点的人就地枪决的架势。我震惊无比，不知她是如何发了疯，把我们过去如此不耻的事情，这样堂而皇之地宣布成革命的真理的。难道她的姑父吴德成了北京市新市委的副市长，就令她如此昏了头，完全成了另外一个人？！不过心里也觉得有几分滑稽，那时北京有一种很大众化的点心名叫"自来红"，圆圆的，红糖夹核桃芯，皮上有个红圆圈。比什么不好，干嘛把自己比成点心？当然只是在心里偷偷发笑，脸上是不敢作出来的。环视周围的同学，不是一脸的惊愕，一脸的恐惧，就是一脸赤红的昂奋，似乎没人觉得这种比喻有什么不妥。

试图限制特权

从六十年代初开始，城市居民开始使用粮票，每月的订量中，只有很少的一点儿大米，白面约占 50%，其余为粗粮。只有在国庆、春节这样较大的节日来临时，才会以家庭为单位分到一些好大米，富强粉。不过，似乎也只有北京的居民有这个福份。供应的数量是很少的，一般只够几口之家吃上一至二顿。如果再加上蔬菜，水果，肉蛋的严重供应不足，那些一般家庭的孩子对能吃上足够的大米、白面的干部子女的嫉妒甚至憎恶便是很可以理解的了。但是对于非军人的干部子弟们，其实这种愤怒并不公平。我清楚地记得我们家的粮食是完全按订量供应的，从不因父母的地位而得到过什么特供的大米、白面。我哥哥在"困难时期"，两次因饥饿晕倒在学校，被送到校医室，一杯白糖水就是最好的药。在那些年里，我们家得到的仅有的特殊供应是：每月两斤黄豆，两包香烟。因为我妈妈是十一级干部，算高干。当然，当人民在挨饿的时候，对任何一点食品上小小特供的仇恨都是应有的权利。对于军队的高干子弟，大米、白面的生活却是事实。

上中学后，学校一般都离学生家较远，大多数同学都中午带饭到学校。我的书本总是因此而沾满了菜汁，因为那时候中国还没有塑料袋。学校的锅炉房里有一个大蒸箱，每天早晨，各班的生活委员用一个大线网兜把同学们的饭收集到一起，送入蒸箱。锅炉房的工友到时会打开蒸气，替我们把饭热好。那三位元帅和将军的女儿所带中饭的质地总是十分的好。我还记得她们带的小巧的富强粉花卷，跟饭馆里卖的一样。菜的花样也多，是那种专门厨师炒的很讲究的菜。我从来没有见她们吃过窝窝头之类的粗粮，她们显然是不受粮食配给的限制的。另一件给我们印象很深的事情是，在打开饭盒之前，她们从不知里面装的是什么。她们边打饭盒边搓着手说："今天吃什么呀？"接着扑鼻的香气弥散在整个教室。这种时候，我总是拼命控制住自己，死死盯着自己的饭盒。不知为什么，总有一种替她们害羞的感觉。为她们那特殊的食品感到不好意思，为她们毫不为这种特殊感到尴尬而不好意思。当然，如果我自己禁不住香气的诱惑而转过头去看她们的饭盒，我更会为自己感到不好意思。军队派给她们父亲的专职厨师为她们准备好了一切，甚至替她们装好饭盒，放进书包，她们当然不知道每天都带了些什么了。

有一个关于那位元帅女儿的真实笑话。有一天，我们的班主任病了，好多同学去她家看她，这位老师出身于工人家庭，家境不很富裕。元帅的女儿在厨房里看到挂面，惊奇地叫了起来："这是什么东西呀！样子怎么这么怪？"后来又看见了煤球，又叫了起来："这是什么呀？怎么这么黑呀？"女孩儿们这一下可忍不住了，捧腹大笑，有的笑出了眼泪，她们简直无法相信这位学习很好的同学怎么会如此缺乏基本的生活常识，无知的令人难以置信。后来班主任找她谈了话，推心置腹地教导她：如果她想成长为一名党所需要的，她父亲所从事的革命事业的接班人，她就应该学会用自己的双手生活，否则很可能会成为一个资产阶级的娇小姐。每一个青年，不管其家庭出身如何，都应该按照党的教导进行自我改造。出身于剥削家庭的青年通过这种自我改造会成长为无产阶级接班人，反之，出身于无产阶级家庭的青年如果不重视自我改造，也会蜕变为资产阶级接班人，变质、变色，没有人是锁在保险箱里的，没有人是生来就红的。老师对她所说的这番话，六十年代初在中学里是自然而公认的真理，但是文化大革命开始之后，乾坤彻底颠倒了，特权这一恶魔自此跳出了瓶子，至今也无人能把它再装回去。

我们能觉出来，元帅的女儿是认真听进了班主任的话，因为很快，她父亲的秘书就拜访了校领导，校领导在这之后做了特殊安排：允许她中午在学校食堂就餐。说这是一项特殊安排，是因为一般中学的食堂只为教师服务，学校没有足够的经费办学生大食堂，每班只有一、两个家庭确有特殊困难的学生可在学校食堂入伙。这位元帅的女儿在学校食堂的经历可谓运气不佳，学校食堂一个月打一次"牙祭"，一般都在月末，用当月伙食的结余买些好菜。恰恰在她入伙的头一天，食堂刚刚开过一顿大米饭加烧肉。她入了一个月的伙，大约实在忍受不了清汤寡油，玉米面窝头的伙食，到了月末便退了伙。但恰恰就在退伙的第二天，食堂又改善了一次伙食。这一下，同学们又有了另一个关于她的笑话，大家着实为此嘲笑了她几天。其实我们如此珍视的好饭，只不过是她的家常便饭。不过同学们并不愿细想这一事实，只是一味地沉浸在自己造出的对她娇嫩肠胃惩罚的快乐中。这确实颇有些小市民心理，很多干部子弟十分鄙夷此种心态，这大概也是不同家庭的孩子们很难以彻底沟通的社会背景。不同的生活，不同的阶层，造就了不同的个性和兴趣。其实除了生活能力太差以外，公允地说，这位元帅的女儿是一位好学生，她被同学们选为班委会的学习委员。她性格温文、随和，与同学们相处很好，从不有意识地炫耀自己父亲的地位。多年之后，我在工作的工厂里遇到了她在师大女附中的同班同学，她们说她在文化大革命期间，不像其他高干子弟那么疯狂地崇尚出身的高贵，也没有太多地介入运动，很有些逍遥派的味道。她后来很快就参了军，没有像我们一样插队、上兵团或进三线工厂。当我后来读到报上关于她父亲的文章，说元帅对于子女要求非常严格，不允许子女享受由他而带来的任何特权，他的女儿后来成了一名军医，在她所在单位工作了很久以后，同事们才知道她是元帅的女儿。我相信文章讲的是真的，我也相信她是应列为劳动者的行列的。她有幸遇到一位好老师，有幸在一所普通中学就读，而没有进军队子女的特殊学校，如"八一学校"之类，这些无疑是她能有一条正确人生道路的外在条件。[4]

利用特权

与元帅的女儿相反，两位将军的女儿对特权的态度是利用。她们总要时时表现出与我们有所不同，因此在班里大不如元帅的女儿受欢迎。我们觉得她们少将父亲的地位远不如元帅高，可她们总是用高高在上的眼光环视我们这些芸芸众生。她们不受欢迎的另一个原因是，其中一人是"3分"生。那时在学校，分数是评价好学生的重要标准。一个头脑不聪明，却要摆出一副挺瞧不起人的架子的学生，是很难得到同学们的认可的。

到了初中二年级，班里开始建立共青团组织，我们班后来发

---

[4] 后来有很多读过这篇文章的人问我这位元帅是谁，我想还是应该告诉读者，他是徐向前，这位同学叫徐小涛。

展到十几名团员，占全班总人数的四分之一强些。两位将军的女
儿没有一个能成为团员。一天，一位将军的秘书到学校见了我们
的班主任，这已经不是我们初一时的那位工人女儿了，是学校新
任的、特别能说的大队辅导员。秘书访问后的第二天，班主任就
召集了班团支部会议，让我们讨论那位将军女儿（以下权且叫做
"A"，另一位叫做"B"）的入团问题，理由是 A 的父亲——将
军同志认为他的女儿是革命的后代，应该成为共青团员，团支部
应无条件地接纳她。这一下可犯了众怒，大家被这种赤裸裸的特
权思想所激怒了。本来我们就对 A 没有好感，这么一来，老师的
努力适得其反，大家一致认为绝不能屈服于权贵，要捍卫共青团
的纯洁性，有这种肮脏思想的人是不够标准加入共青团的。如果 A
真地想成为一名共青团员，她最好首先改一下自己的行为，学会
尊重同学，提高学习成绩，特别是要端正对劳动的态度。我们真
是想不出来，她怎么敢搬出自己的父亲来压团支部。在这之后，
班主任在团支部会上又多次提出 A 的入团问题，不断地对我们施
加压力，但一直未获成功。要知道我们中的大多数也都是干部子
弟，这种名目张胆地用父亲的官位压人，只能使我们觉得她思想
的丑恶。我们才不会只因为谁父亲的官比我们父母的官大就怕
谁。A 由此而对反对她入团的人结了仇，我却一点儿也未觉察，直
至文化大革命，我才领悟到这种恨有多深，她狠狠地实施了她的
报复。

　　我记得文化大革命开始不久，"老子英雄儿好汉，老子反动
儿混蛋"对联甚嚣尘上时，班里组织了一次专对我的斗争班会。
在会上她尖声冲着我叫："说！你为什么反对我入团？！你爸爸
是反党分子，所以你对我有仇，因为我是革命子女。"她边说，
边哭，泣不成声，显示了她——一个革命军人的女儿，是多么深
深地被我这个"狗崽子"所伤害了。我不知何以对答，一来我是
没有权利为自己辩护的，二来我也确实不知怎么跟这种与我持完
全不同道德观念的人理对。我只简单但充满倔强地说："我觉得
你不够团员标准。"后来我们上山下厂时，她参了军。我们班上
另一名团员，上校的女儿与她同分在一个野战医院，都做卫生员
的工作。多年后我听说，A对这位上校的女儿欺辱之极。在医院里

没有人直称A的名字，总是冠以xxx的女儿。她未经入团便直接入了党，并很快不再干卫生员进了军医大学，毕业后成了五官科大夫。我觉得她终于找到了可以心情舒畅，快快活活地享受特权的地方了。但是这恰是她自己的悲哀和这个社会的悲哀，良心和公正已荡然无存了。她之所以会成为这种偏执的特权狂，我觉得她妈妈必有一些责任。文革初期，我们班有位同学偶然路过A的家门，看到了她爸爸的警卫员给她妈妈贴的大字报，大字报说：将军的老婆出身资本家，在嫁给将军前不过是个大学生。资产阶级小姐习气不改，强迫警卫员做家务事不说，月经带也让警卫员给洗。警卫员气愤地写道："我们拿军队的津贴是为将军服务的，不是侍候他老婆的"。大字报的内容是否属实，无法考证。但是A在学校的表现，使我们都相信大字报的内容确有出处，说不定当初根本就是将军的老婆派遣秘书，假冒将军名义提出A的入团问题，将军本人完全不知晓这些动作，他没时间过问子女的教育。[5]

另一位将军的女儿B，文革中的命运却不大顺利。她开始也参了军，但因为妈妈是地方干部，不久也挨了单位的批斗，她在军队没能青云直上。她后来跟一个普通人家的儿子结了婚，受到家里的反对，不允许再进自己的家门，这使她真正成了老百姓家的儿媳妇。我们班有个同学多年后偶然在街上碰见了她。B谈及自己的生活唏嘘慨叹，说婚后懂得了很多过去不曾知晓的事理，后悔自己当年在学校的很多行为。干部子女不光是受家庭影响，自身所处的社会环境也在不断地改变他们。

道路可选择

六十年代初，党对青少年有一条政策，谓之："出身不由己，道路可选择"。在北京的中学，那时大体是对的。记得共青团的章程是：三个团员可成立团小组，五个团员可建立团支部，并有权发展新团员，但新团员的审批权在学校的团总支。班里的

---

[5] 多年前回国，几位中学同学到旅馆来看我，其中一位告诉我，这位A同学在同班同学的一次聚会上大骂我的这篇文章：李南央造谣，我要到法院告她。我一直等着她的起诉，至今没有等到。传这话的同学出身地主，文化大革命时被赶回了乡下。她对我说：你文章写的没错，她当年就是那个样子。

第一名新团员一般都是由班主任选定、发展的。我们班第一个被提名、发展的团员是班上的班主席，她出身于地主家庭，父亲有两个老婆，而且都活着，解放后这种情形可是稀少之极的。对于班主任的选择，同学们都有些意外，但因为信奉党的政策，也没有人以为班主任丧失了阶级立场。阶级立场这个词，我们那时似乎还没学到。不幸的是，这位团员候选人的恶运也自此而始，她的入团申请表，直至文革，整整两年，及至预备期失效，也未获校团总支的批准。从交上申请表的那天起，她就开始了向团组织无休无止的思想汇报，她得不断地提高对地主爷爷的认识，其实她从来就没见过他，她还得不断地批判自己的父亲，因为他讨了两个老婆，这是何等的耻辱之事。不论她怎么汇报，也无法取得团组织的满意（这后来也包括了我）。二十年后，当我在北京再次见到她，她告诉我，她记恨我们的班主任一辈子，她永远不会原谅她："她干嘛选中我做第一个发展对象？！她几乎毁了我的青春。从入团预备期开始的第一天起（交上入团志愿书即视为开始预备期），我就失去了思维的自由，失去了欢乐，入团这座沉重的大山，压得我喘不过气来。我不知道怎样与父亲相处，怎样与两个母亲相处，我不知道怎么做才能即不伤他们，也不害自己。"我反对她入团时，可是一点儿都不能理会班主席的痛苦，我那时是实实在在不理解她怎么能既申请入团，又继续与那个有两个母亲的丑恶家庭生活在一起。我认为只有彻底离开那个家庭，才能说明她真正认识了那个地主家庭。我从来也没想过，离开了父母，她小小年纪靠什么生活？团组织，学校可是不会给她钱的。整整二十年之后，我才认识到自己的行为给同学造成的伤害。我并不因为她只恨班主任，不恨我们而感到轻松，我无法用："那都是共产党的错"，"应该追究罪魁祸首的责任"，来化解对自己的责难。对"六·四"也是这样，我不同意用"平反"一词来对待"六·四"，因为这样会使一切在"六·四"中手上沾了血的人，把责任推到邓小平，推到共产党身上而一了百了。谁也没有权力居高临下地"平反""六·四"。解决"六·四"的冤案，只有通过法律的程序，由受害者本人或亲属，对具体的犯罪个人起诉。要有足够的证据，依法治罪。这也是为什么当我听了那位同学说了恨班主任一辈子，我一点儿也不觉得她心胸狭窄的原因。共产党的政策乃至罪行，都是要具体人执行的，只有每个在共产党的教育下执行了错误政策，犯了罪的人，认识到自己给别人带来的灾难，或被依法判刑，中国的民主、法治才会有真正的开端。

二十年后，我是很为这位同学感到骄傲的。十几年农村的熬练，夜大的苦学，使她变得坚强而成熟。她有了个幸福的家庭，一个漂亮的女儿。不过她说，她绝不让女儿参加任何社会活动，绝不许她当班干部，因为她自己已吃够了当干部的苦头。

我自己的入团经历却是党的政策的幸运例子。我的父亲庐山会议之后被开除了党籍，母亲随后与父亲离了婚，我们三个孩子都判给母亲抚养。母亲告诉我，因为她本人仍是革命干部，我们孩子的出身应算"革干"。但是我却十分缺乏自信。自从父亲出事后，我从未感觉到自己是纯洁的，总觉得自己的家庭出身是有污点的。在班里我为人外表看上去十分冷漠，有的同学说我是"难以接近的人"。在班上我学习成绩很好，门门功课总在前三名，初一时，我被选为政治课代表，这似乎比别的课代表地位更重要些。那时学校教育已非常强调政治思想的重要性了，同学们都认为人的政治生命是比肉体的生命更重要的。

1964 年，农村开始了"四清运动"，一个新的政治口号："用阶级斗争的观点分析所见所闻"变得十分流行起来。中学也受到了冲击。有一天的作文课，老师要求我们用这个口号写篇文章，要结合自己身边的人和事。将军的女儿 B 的作文被当作范文在全校各班讲读，因为她用了阶级斗争这一锐利武器分析了班上的一位同学。她在文章中写道："这位同学的父亲是我们党的敌人，但是她经常口若悬河，花言巧语骗取了同学们的信任，当上了政治课代表，这是多么严重的阶级斗争问题。我们的阶级斗争观点到哪里去了？！"我们班上的每一个同学当然都知道文章中所指的同学是谁。那些日子在校园里，我常常被其他班的同学指着后背，唧唧喳喳："看，就是她。"我的心灵感受到了极大的屈辱，完完全全地不明白，自己在什么时候，什么地方欺骗了同学，难道不是你们自己选我当的政治课代表吗？我什么时候骗你们选我了？我无论如何也不能理解，自己在什么地方得罪了 B，让她写出这么一篇狠毒的文章来。

二十年之后，那位在大街上偶然遇到 B 的同学告诉我，B 说她现在回想起中学的许多所作所为，十分后悔，她那篇文章实际只是十分嫉妒我的学习成绩，并不是因为真认为我是那么个坏人。我听了此话后却绝没有释然的感觉，因为用革命的口号去攻击自己因个人原由而仇恨的人在文化大革命中已成为司空见惯的手法了，这种习气延续至今，愈演愈烈。正如哈佛中国问题学者麦克法夸尔先生所说："今天（中国）的问题不仅仅是左派再次猖狂，镇压盛行；同样不可忽视的是，有许许多多的人，其实他们根本就不信奉马列主义，只不过令人作呕地使用思想的武器去攻击那些他们想暗中陷害，或者纯粹是垂涎于他们的职位，或者完全欲施于个人复仇的人。"他的这段评论真可谓是入木三分了。

话回到当时，我母亲终于发现我情绪有些不对头，追问之下，我讲了 B 作文的事，母亲立即去学校找校长谈话。几天后，语文老师找到我并道了歉，她说她错误地领会了党的阶级斗争观点，阶级斗争在青年学生中是不存在的，学生们都是祖国的花朵。我不知道母亲与校长都谈了些什么，反正老师似乎是挨了批评。我很快就把 B 作文引起的不快丢到了脑后，这件事并没有破坏我愉快的中学生活，也不曾在心灵中留下什么阴影。总的来说，我那时是个性格开朗的女孩子，当然我没有再被选为政治课代表，以后分别当了一年的语文课代表和物理课代表，我对这两门课有着更大的兴趣。

实际上，选 B 作文为范文的语文老师出身于地主家庭，直到文革开始，我们才知道这一点。那些年，确有一种很令人感到矛盾的现象，越是出身于"剥削阶级"家庭的人越是表现得比出身于"劳动人民"家庭的人更热衷于积极执行党的政策。回想起来，大概是缺乏自信心，总怕别人找自己麻烦的缘故。我记得我们三年的政治课有过三个政治老师，其中一个出身于地主家庭，一个出身于资本家家庭，后者是一位女性。这两位老师都十分令我们厌恶，上他们的课简直是活受罪。那位女老师有两句口头禅："你们这些骄学生必须进行自我改造。""你们这些温室里的花朵。"中学的三年，尽管我其他功课都是五分，就因为政治总拿三分，我一直没能获得北京教育局发的优良奖状，我真是腻味透了这两位政治老先生。在我们班上，从来就没有人拿过政治课的五分，老师的理论是："如果政治得了五分，就说明你们思想好得不用再改造了，而这是根本不可能的，每个人活一辈子就要改造一辈子思想。"记得班上大概只有一、两个同学得过四分。可这两个人即不是团员，也不是好出身，而且其中一位劳动课一贯表现很差，平时极注重穿着打扮，在那个年代，可是够典型的资产阶级思想了。真是天晓得政治课好到底是个什么标准？文化大革命中，这两位老师在全校师生大会上捶胸顿足，鼻涕一把泪一把地发言："我是个狗崽子，我没有改造好思想，我真心地希望红卫兵小将对我进行帮助和改造。我从心底里感到对不起红卫兵小将，我过去在课堂上侮辱过你们……"我感到阵阵的恶心，我得承认，那时我真是觉得他们实在是"狗崽子"。尽管我现在体会到那不过是人性中"趋利避害"的本能使然。

我是在退队（年满十五岁，退出少年先锋队）的同一天被吸收加入共青团的，也就是在那一天得到的入团志愿书。如入团申请获得批准，团龄自填表那天算起。当我摘下了红领巾的那一瞬间，心头浮起一种莫名的凄凉，我觉得自己仿佛成了没娘的孩子，自己的政治生命就此完结了。这一切发生得那么突然，班团支部组织委员递给了我一份志愿书，郑重地通知我班团支部已批准了我的入团申请。我开始真有点儿不敢相信，虽然心里早觉得自己够了团员标准，但是总以为父亲的问题会永远将自己拒于团的大门之外。我焦急不安地等待校团总支最后的审批意见。两个月后，我看到自己的名字出现在学校主楼一楼大厅的大红榜上，自此心中的一块石头才算落了地，觉得真正从 B 作文带来的羞辱中解脱出来，浑身感到无比的轻松。我真地相信"出身不由己，道路可选择"确确实实是党执行的政策，这可能因而成了我后来积极投入到文化大革命运动中去的一个直接的原因，因为自己与这个党已经有了某种感情的缔结。

从我自己的切身体会，我认为共产党在六十年代初还没有强调在中学生中也要互相斗争，但是有些仇恨的种子已经播种在一些学生的心中，在文化大革命中这些恶种随着政治气候的升温像爆米花一样炸裂开来。

劳动课

遵循党培养劳动者的教导，学校每学期都安排有一定课时的劳动课。记得初中一年级时，每两周有一个半天的劳动课，同学们分成两组，分别在街道工厂和饭馆劳动，过一段时间后再对换。

我记得自己是在西直门外一个叫"西外大众饭馆"的地方干活，从家到那儿有四十五分钟的路程。上课那天，早晨四点半就要起来，必须在饭馆开门前半个小时赶到。饭馆供应油饼、火烧、豆浆一类的大众早餐。八点之前，生意十分兴隆，有在饭馆就餐的，也有拿着大盆、小锅买一家人的早点的。我的任务是帮助大师傅炸油饼，开张之前，我们起码要炸出一百多张饼预备着，才对付得了随后流水般的顾客。我用右手拿一个钩子，从半米直径的油锅里往外捞炸好的油饼，然后穿进左手拿着的一根铁条上，待到积够一定数量，油也沥得差不多了，再放进身旁的一个大笸箩里。往往是油饼刚从铁条上抖下来，就被递给早已交好钱，等得不耐烦的顾客。我那时十四岁，人很瘦，在家又从不干家务劳动，这个活儿对我来说着实不轻松。我的左胳膊要使足力气才能撑住那根串满油饼的铁条，使炸好的油饼不至于再掉回翻滚的油锅，我左手的食指大约有半年多的时间是麻木没有知觉的，直到离开饭馆很久以后才渐渐缓过来。不过我一点儿也不讨厌饭馆的劳动，认为对锻炼，改造自己的思想是有好处的，以后自己上饭馆吃早点，就知道它的来之不易了。饭馆一般九点结束早餐供应，我帮助服务员打扫完卫生后就可以离开了。这对我是最叫劲儿的时候，因为在我们清理桌椅、板凳，清扫地面时，还有顾客在前厅就餐。我对在人前做这种服务工作感到非常的不好意思，嘴上虽然从不承认，心里那时可是看不起服务行业的。我总是要把红领巾带在脖子上，以示自己不过是个上劳动课的学生，绝不是饭馆的服务员，以维护自己的脸面。等顾客走光以后，我常常看到店里的人把水掺进空了一半的醋瓶或酱油瓶，我对这种欺骗行为感到十分震惊，在学校里我们知道的社会可根本不是这个样子。饭馆的领导对我的表现似乎很满意，因为我劳动课那学期得了五分。

初中的最后一年，劳动课的政策变了，每学期只有一次劳动课，但是时间集中在一起为二至三周，在北京郊区的农场或农村住宿、劳动。我们班去了近郊的长阳农场，收割水稻。三个班的学生集中住在一个大粮库里。每个人得到一张不厚的草垫，直接铺在水泥地面上当床。每天只有冷水洗脸、洗脚，每人每天收割水稻的亩数都做记录并公布出来。我总是保持在最高纪录：0.2亩。可农场农工用镰刀收割的纪录是 2 亩，我真想象不出他们怎么会那么棒！头两天，我的手上打满了血泡，浑身痛得睡觉都不好翻身。三天一过，就没事了。我们清晨排着整齐的队列一路歌声开到稻田，黄昏拖着疲惫的步伐，但仍一路高唱回到就寝的粮仓。田野的稻香是那么沁人心脾，农场的日出、日落是那么的辉煌美丽，我们这些住在北京城里的学生从来没有见过这种景色。在农场的生活过得真是十分愉快，我最多的一天吃过两斤米饭，刚收下的新鲜大米，香得吃了还想吃。两个星期一晃就过去了。回到学校后，同学们都开始叫腰腿疼，看过医生，医生说是在凉湿的水泥地上睡的。幸亏我们那时都年轻，在农场也仅只呆了两个星期，没有留下什么后遗症。

后来在我进了一家军用汽车厂，在大型冲压机上工作，艰苦的工作和生活条件使我认识到，学校的那些劳动课没有白上，我离开校门后从未畏惧过超重的体力劳动和匮乏的物质生活。

民主

现在人们的共识是："中国没有民主"，对此我并不完全同意。中国曾有一块小小的民主的领地，那就是中学的班级。我在中学时，每个班级都有一个班委会，由七名成员组成：班主席、副班主席、学习委员、文艺委员、生活委员、军体委员、劳动委员，每门课程都设一名课代表，所有这些班干部都是由全班同学民主选举产生的。每年重新选举一次，先是同学们自由提名，被提的人名被写在黑板上，然后依次举手对这些人进行表决，谁同意谁，不同意谁，大家都看得清清楚楚。得票最多的为班主席，次之为副班主席，其余由班委会自己进行分工。如果没有足够的过半数当选者，就对得票较高者再进行二轮选举。班上的团支部委员也是在团员中民主选举产生的。在中学，同学们都很熟悉这一套民主程序了。后来走入社会，进了工厂，就全不是这么回事了。班组长，工段长，甚至团小组长，团支部委员，都是由党组织提名，进行等额选举的。我觉得自己一下子掉进了一个黑窟窿，好朋友之间私下议论，没想到社会这么黑暗。记得有一位朋友说："我恨透了学校的教育，在学校我们学的是生活无比的美好，前途无限的光明。老师教育我们要为人正直、诚实，努力工作，献身于革命事业。可是社会根本就不是这么回事，人与人之间是这么尔虞我诈，领导以权压人，无处讲理。我的心在流血，我们是一群被人欺骗了的傻子。"他可能是对的，但是我愿意从积极的一面去看待这个问题，我觉得学校单纯的、正面的教育方式给了我性格中光明的一面，使我总是在黑暗中去寻找那一点光明，在邪恶中感应良知。这种性格使我在文化大革命沉重的政治压力和一度曾极为恶劣的生活环境中得已生存下去，而且从未消极、沉伦。没有学校的那些愉快的生活，我大约不会活到今天。

结束语

那些毕业于 1966 至 1968 年的中学生，在中国被称为"老三届"，他们是在"培养有社会主义觉悟、有文化的劳动者"的口号下长成的一代。人们笑话我们，我们自己也常常自嘲受了"毛的童子功"。在中国，一至七岁的孩子被称为"童子"，"功"就是"中国功夫"。当一个武林高手自幼习武，人们会认为他有"童子功"，怎生了得！

"毛的童子功"在我们这"老三届"一代身上的表现是终生摆脱不了的"使命"感——历史的重负，国家的使命，甚至对自己所在工作单位的责任，家庭的责任；对父母、对儿女不尽的职责。不管何时、何地，永远御不下肩头的重担，也不管会不会因此惹人生厌。我曾经工作过的三线工厂有一千五百个这样的"老三届"，我们付出了那么艰辛的劳作去建设那座工厂，有时连续四十八小时不睡觉，我们那时只有很粗糙的伙食，常常吃不上蔬菜。我所有的高中、大学课程都是那时趴在床板上，在蜡烛光下自学成就的，工厂的宿舍里是连张课桌都没有的。当我在国内研究所工作时，曾经日复一日地用自行车驮着三十公斤重的铜材，在凌冽刺骨的寒风中骑行三十公里去作试验。现在我在美国的超级超导对撞机国家试验室工作，建成后，她将是世界上最大的加速器，我把她当成上帝给予我的使命全身心地去做。许许多多与我同属一代的人曾经与我有过同样的经历，现在也像我一样忘我地工作。有些人至今还生活在狱中，就是因为他们放不下肩头那份要使自己的祖国昌盛强大的、自己加给自己的历史重任。常常有人问我们："这么活着不太累了吗？"是的，这样活着是太累了，而对于那些献身于政治的人还有失去自由、生命的危险。在党的"培养有社会主义觉悟、有文化的劳动者"的口号下成长起的是非常特殊的一代人，以前没有人像他们那么活过，以后也不会有人再像他们这样活了。

1993 年 5 月

注：本文是我在美国科罗拉多大学中国问题研讨会上的书面发言（原文为英文）。

青春的音乐
——女儿和她的钢琴老师们

李南央

钢琴独奏音乐会
巴筱忙
Xiaomang Ba in Concert
with the Central Opera and Ballet Orchestra
美国加利福尼亚州奥伯尼高中
旧金山音乐学院预科部应届毕业生
Newly Graduate of Albany High School/San Francisco
Conservatory of Music , Preparatory Division, CA, USA
1998. 7. 23·北京音乐厅
协奏：中央歌剧芭蕾舞剧院交响乐团
指挥：高伟春　Conductor:　Weichun Gao
乐队首席：梁大南　Concert Master: Danan Liang
艺术指导：鲍蕙荞　Music Director: Huiqiao Bao

北京入夏特有的雷雨在大厅外瓢泼，天地间一片昏暗。我担心今天的北京音乐厅可能要出现一半的空位了。没想到，大厅刚刚开始放人，已经有些熙熙攘攘地挤不动了。女儿巴筱忙的大幅独奏音乐会宣传画张贴在大厅内的广告牌上，照片上一身白衣的女儿侧身倚在黑色的钢琴旁，那凝思暇想的神态还真有点儿钢琴家的韵味儿。在美国刚刚高中毕业的女儿，今天在这里和中国中央歌剧芭蕾舞剧院交响乐团合作演出。

肖斯塔科维奇的第二钢琴协奏曲进入了最后的旋律，女儿纤细的十指如缕缕白光掠过键盘，手指下涌出弥漫的硝烟、战马的嘶吼、烧灼着的战旗猎猎呼啸，引导着士兵们排山倒海地跨过了敌人的战壕……高指飞扬的白发引动着乐师们激昂地抖动着琴弓，鼓号齐鸣，当高指手中的那根银棒从左

膝下甩向头顶，嘎然而止的瞬间，女儿忙忙的身体整个儿从琴凳上弹起，炮火哄然而止，沉寂突然笼罩了容纳着1200人座无虚席的大厅。猛然间热烈的掌声从观众席爆发出来。看着女儿淹没在鲜花里的那张灿烂的笑脸，我感到了幸福。

十五年了，在我用笨拙的手指弹出那一串不连贯的音阶时，可没敢梦想会有今天。那是十年浩劫刚刚结束，我牵着不到三岁的女儿偶然路过宣武门外一家小小的乐器商店，惊奇地发现一架深棕色的立式钢琴静静地呆在那里。这消声匿迹十几年的"资产阶级家伙"什么时候又冒出来了？！

我小时候学过几年琴，但是既无天分，又不用功，成绩可想而知，"文革"刚开始还为此挨了批斗。有个"革军"子弟指着我尖声发问："说！你妈妈为什么叫你学钢琴？这明明是资产阶级的教育方式！"那文化荒芜，乐声绝迹的年月，使我对失去的钢琴产生了无以名状的思念，发奋拉起了与钢琴有那么点血缘的手风琴。只可惜"为工农兵服务"的手风琴发出的音响怎么也无法与"资产阶级"的乐器之王相匹敌。望着那架钢琴，我当时的感受是今天无法用语言表达的。我小心翼翼地打开了琴盖，踌躇着用双手爬出了三个八度的 C 大调音阶，有些不敢相信，"我这是在弹钢琴吗？"突然感到衣角被轻轻地扯了一下，低头看到了身体还不及琴键高的女儿的那张小脸，那上面写着好奇、还有一种听到了美妙童话的欣喜。

"妈妈，我想要这个东西。"女儿所知道的辞汇中还没有"钢琴"二字。

我看了看标价，1245 元人民币。这对于月收入只有 80 元的三口之家，是个天价。"忙忙，我们买不起。"我领着女儿离开了商店。作为平民百姓的先生和我，钢琴只是一个梦。

晚上临睡前，我给女儿压好被角正要离去，女儿闪闪的一双眼睛盯住了我："妈妈，我想弹钢琴。"

我有点意外："莫非这孩子真跟钢琴有缘？"

女儿周岁生日时让她"抓周"，她在满床的好吃的和玩具里偏偏抓了那个钢琴转笔刀。我当然不会在意，以为"抓周"只是让老人高兴高兴的小把戏，让他们有个自己的孙子辈儿会前程远大的念想儿。现在想想，这一天下来，连我都把钢琴的事忘了，两岁多的孩子却还记得，难道"抓周"还真有点儿门道不成？

"弹琴是很苦的事情，不像作游戏。这么贵的东西，如果买了，你可就一定要学下去，不能半路又说不学了。"

女儿用力点点头。

跟所有同代人一样，我们童年的梦，少年的理想，中学时憧憬过的美好前程都毁在了十年的浩劫之中，老三届对孩子的期冀是空前绝后的。我和先生商量："万一这孩子真有音乐天赋呢？不能因为钱给耽误了。"决心无论如何也要满足女儿的愿望，虽然情知小孩子的话是做不了数的。我们拼上了多年的积蓄，又四处举债，当我们和六个朋友满头大汗地蹭着狭窄的楼梯，把钢琴搬进了四楼的家，见到的人都说："你们为孩子可真够下血本的！"谁想到半年之后，钢琴竟风靡京城，价格翻番儿不说，不走后门根本就买不着了。曾有朋友向我讨教，"何以有这样的先见之明？"其实哪有什么先见之明，实在是"可怜天下父母心"啊！

忙忙的先天条件极不理想，右手大指畸形，伸不直。为了正式拜师学琴，征得孩子的同意，在儿童医院给孩子作了手术，把那根拉着大指的筋切断了。为此爷爷、奶奶还生了气，说我们瞎折腾孩子。

我自己凑凑合合把孩子教到三岁半，在朋友的介绍下见了中国音乐学院的钢琴教授全如珑。全老师家并排摆着两架钢琴，她高高的身量，和善中透着严厉，那气氛，那气质一下就把忙忙镇住了。

全老师拉着孩子的小手仔细地审视，"呦，两个大拇指的根关节都挺不起来。"

我们一下都紧张起来，生怕老师说出"不适合学琴"那几个字，琴白买了不说，孩子的那一刀可就挨得太冤了。

"不过练练也许能出来，先试试吧。"

我们这才吐出了气儿。

忙忙跟着全老师一学就是六年。我们想尽了办法，晚上用布条勒，弹琴时用纱布拽，孩子的大指最终没有矫正过来。得感谢全老师并没有因为孩子的手指条件而淘汰了她。

中国的教育方式像苏联，讲究基本功的训练，对于只有几岁的孩子是太枯燥了。头几天的新鲜劲儿一过，练琴就成了忙忙的头等负担。全老师说："没有从小爱练琴的天才，孩子练琴都得逼。"为监督孩子学琴，我们打断了两把尺子。这在美国要是让人知道了，非到法院告我们个虐待儿童罪不可。闹得孩子每天开始练琴前先得找地儿把尺子藏起来。现在想起来，我也够神经的，每天早上孩子坐在自行车前边的小椅子里跟着我赶班车，我边骑边跟她一起练习数乐曲的拍子，"一、二、三，一又、二又、三又……"在我看来再简单不过的拍节，她就是弄不清。我没少骂："你怎么这么笨！"现在看别人家两三岁的孩子，才觉得自己当年是真够揠苗助长的。

全老师传统的中国教育方式给忙忙打下了坚实的童子功。"哈农"练习曲，从头到尾弹了三遍，整本书让女儿给翻飞了。先生想起当年补书花的工夫，至今还唉声叹气的。有一阵我常在国外出差，没人监督孩子练琴，她最糟的时候，一个星期练不出一行。孩子的姑姑后来跟我说："全老师训忙忙，我都恨不得找个地缝儿钻进去。"换个别人，可能早就把忙忙开除了。可能因为从小看着忙忙长大，有了感情，忙忙的贪玩都被老师原谅了，一直把她留在身边。后来老师找了《黑猫警长》，《阿童木》和克莱德曼《童年的回忆》，《梦中的婚礼》这些上不了经典的曲子让孩子弹，果然比练"车尔尼"时兴趣大增。到了美国结识了一个把女儿送到中央音乐学院学琴的朋友，问起我女儿都弹过哪些曲目，我如实相告。她颇不以为然，认为全老师的教法太离谱了。可我们得感谢全老师，要不是她根据儿童的特点，给孩子这些"不规范"的曲子，忙忙可能早就离开钢琴，没有今天了。

自从可以弹克莱德曼的曲子后，女儿开始显现出对练琴的兴趣。就在此时，我带着孩子离开了中国，到了德国。没有了钢琴，却带来了学琴后第一次表现她才能的机会。

她就读班级的老师发现她会弹钢琴，就让她在学校的活动中表演，给村子里敬老院演出。村子里几乎家家都有钢琴，忙忙到哪一家做客都会被人邀请弹一段儿。我突然发现这个中国老师最差的学生，竟成了村子里琴弹得最好的孩子。我们借住的朋友家没有钢琴，朋友的母亲帮我们去跟邻居说情，邻居老太太允许忙忙每天到她家练一个小时的琴。表现的机会和不绝于耳的赞叹，极大地刺激了孩子的练琴激情。我在日内瓦工作，她竟然破天荒地不用我守在琴旁，就能自觉地自己天天坚持练琴。我不禁感慨万端：孩子的天性是爱表现，爱听表扬。国内根本没有表现的机会，总是批评、斥责的空气，压抑了她对钢琴的热爱。我很庆幸，机会来的正是时候。

九个月后，我和孩子提着两个衣箱上了飞往美国的飞机。一个箱子里装满了从国内带出的小人书，另一箱是简单的衣物，这是我们全部的家当。飞机滑离跑道时，女儿搂着我的脖子对着我的耳朵悄悄地说："妈妈，到了美国我什么都不要，就要一个钢琴行吗？"我的鼻子一下酸了，"当然行。"

到受聘的试验室报到后，欢迎外来户安家办公室的官员领我和女儿游览市容，问我们想看什么，我们的回答让她怎么也想不到，我看到她的眼睛湿润了："我们想找找有没有卖旧钢琴的地方。"

在卖钢琴的店里我们得到了当地最好的钢琴老师娣娜的地址，面试那天，老师怕我们刚来美国英文不行，特意请了她一个中国学生的妈妈当翻译。出乎我的意料，老师根本就没有看忙忙的手指条件，上来就让弹弹曲子听听。忙忙弹了一首《河南曲牌》，一首《蓝色的多瑙河》。从买到钢琴仅有不到一个星期的练习时间，演奏的水平可想而知，我们等着老师皱眉头。

老师问："你说她有快一年没有正规学习了，你们刚买到钢琴？"得到的是肯定的回答。

"哇！太好了！"

从此，我们开始领教美国老师的鼓励式和兴奋型教学法。娣娜几乎从来没有说过不好。有时我觉得忙忙弹得根本就是一塌糊涂，可娣娜还是说"不错"，这就是最严厉的批评了。细想是很有道理的。弹琴讲"Dynamic"（音量的控制变化），如果总是"不好！不好！……"就像一个曲子从头到尾都是"SF，SF……"，听众大概除了感到烦躁，是不会产生任何激情的

娣娜教课从来就没坐下过，有时会随着曲子的旋律翩翩起舞，别说孩子上课带劲儿，我坐在一边听都觉着激动万分。课上得好，下课时娣娜会让忙忙在满盘的不干胶画中选一张自己喜欢的。每年春秋两季，娣娜各举办一次学生音乐会，平时还有练习比赛。每个学生诚实地记录下自己一周的练习时间，头三名可以

跟娣娜去吃一顿"必胜客"，看一场电影。跟了娣娜半年后，忙忙参加了到美国后的第一次钢琴比赛，得了第二名。两个月后，在另一场比赛中拿了第一名。一年后，忙忙举办了有生以来的第一场个人独奏音乐会。我的同事、朋友，忙忙的同学、家长，还有娣娜的朋友们济济一堂，大家都感叹她的镇定自若。我觉得女儿真的开始有样儿了。

忙忙各种比赛表演的机会越来越多，家中摆的奖杯也开始成排了。她给教堂的儿童唱诗班伴奏，给学校的合唱团伴奏，她的练琴热情越来越高。得了第一，娣娜嘴里没有"不要骄傲！"的告诫；没有拿到名次，"Well, it's life. Next time you'll be there."（没什么，生活嘛，下次再来。）

美国的钢琴教师大多是在自己的私人乐室授课，没有就职的单位。这些上百万计的教师多加入全美音乐教师协会，这是一个构架十分严谨的民间组织。每个城市、州和大地理区都有各级分会，分会主席由会员选举产生。我们在德州时，娣娜正好被选为达拉斯市协会的主席。主席不拿工资，给协会工作纯属奉献，任期长短各分会不同。加入者每年要交年费，入会半年后所教学生方可参加协会组织的比赛。学生转换教师，也要跟新教师半年后方可参加比赛。每年都有全国联赛，参赛选手从最基层的协会比赛层层选拔。预赛多是封闭式的，决赛向公众开放，结果当场公布。每年各州分会和全国总会都要举办年会，会上有经验交流讲演和各种比赛和表演。举办地点年年不一，一般都在旅游名城的高级饭店，赴会的教师和学生、家长都自掏腰包。忙忙在德克萨斯州的三年，年年入选娣娜负责的达拉斯市四手连弹队，参加德克萨斯州的年会。所弹曲目都是达拉斯本地作曲家的作品，演出服根据曲目由家长、学生和娣娜共同选定。家长自愿报名承担演出服的制作，有时也买。航空公司一般都给教师提供优惠票，如一人买票，另一张票免费，忙忙就与娣娜对半分摊机票钱。三天年会，孩子们和老师都能选择去听自己感兴趣的比赛，自己和自己学生的水平自然心知肚明，无疑对来年的奋斗目标有了个腹稿。

跟了娣娜一段时间，我越来越感到她给忙忙的曲目太简单了。在这里十二、三岁的孩子不弹贝多芬《悲怆》那样的奏鸣曲，不弹大部头的协奏曲根本别想挤进州一级的比赛。在我的一再要求下，娣娜给忙忙上了贝多芬的《悲怆》。这时她的教授高一级学生经验的不足就显了出来，每堂课从一个半小时拖到三个小时，谱子上划满了注示。可都要注意，就成了不得要领，我不知道到底是娣娜的问题还是忙忙不具备上大曲目的能力。就在此时，一次意外的机会使我们结识了德克萨斯州获奖学生最多的教师约翰·维姆斯，那是忙忙在达拉斯市十二岁到十六岁组钢琴协奏曲比赛中演奏海顿的第二钢琴协奏曲第一乐章，约翰·维姆斯是比赛的裁判，给了忙忙个第二名。赛后他通过别人传话说，他认为忙忙极有天赋，希望能将忙忙转到他的手下学琴。

我犹犹豫豫下不了决心，一是约翰·维姆斯远在休斯敦，一趟来回至少要八个小时，而且也多少听到些关于约翰·维姆斯的教学过于注重比赛的传说，每年只抠很少的几个比赛曲目，担心对孩子的全面发展不利。再加娣娜对忙忙实在是太好了，三个小时的课，只收一个小时的钱，怎么好意思说走。约翰·维姆斯可有点抓住不放的意思，免试接受忙忙参加有他执教的休斯敦大学暑期钢琴夏令营。恰在此时，我在加利福尼亚州找到了新工作，忙忙在上夏令营，我就先到了加州报到。夏令营结束后，我们请约翰·维姆斯帮助在我们新家附近找个好老师。他对忙忙的离去有点伤心，但是满口答应了。后来在与忙忙加州的老师，旧金山音乐学院预科部主任约翰·麦卡瑟教授闲聊中方知，约翰·维姆斯真是替忙忙说了很多好话，生怕麦卡瑟教授看不出忙忙的潜在能力，只觉得她的曲目难度水准不高而不收她，千叮咛万嘱咐面试时应注重听忙忙的哪些地方。其实两个约翰并不相识，约翰·维姆斯是从加州音乐教师协会的年鉴上查到约翰·麦卡瑟的业绩的。他确信约翰·麦卡瑟是湾区最好的钢琴老师。全美音乐教师协会在保护音乐人才上所起的作用，和老师们对学生的爱惜和珍视，由此可见一斑。

四季如春，因而人口稠密的加州的音乐天地，比牧场田园地广人稀的德州要广阔多了，这里的音乐教学水准据说除纽约外无处可以匹敌。第一次参加约翰·麦卡瑟教授在家里举行的交流课，我们就领教了这里学生的厉害。忙忙是娣娜宠爱的第一号学生，可是与约翰的学生相比，她最多能算个中流。一次约翰说走了嘴，道出了他对忙忙的评价，"你在达拉斯可能是第一流的学生，在这儿可就差得远了。"话一出口，他就后悔了，生怕伤了忙忙的自尊心，一个劲儿地往回找："我不是说你不具备能力，你很快就能跟他们一样好。"约翰对学生的尊重，对学生感受的细腻，体贴入微，常令我很感动。

第一次上课，打开了我们的眼界，领教了第一流教师的严谨。忙忙一个音符弹错了，顺手就又弹了一遍，约翰立刻制止："舞台上是没有第二次机会的，错了就是错了，永远不能重复。一个弹错的音符不会破坏乐曲的完整，可是回过去再弹，音乐就没有了。"

这种事情忙忙不知不觉又干了几次，都让约翰厉声喝住。说来也怪，忙忙自学琴来就让我头疼的老大难："不出四、五个错儿就弹不成曲子"，跟了约翰半年后就在不知不觉中被纠正了。

约翰授课时，很少像娣娜和维姆斯那样具体地要求忙忙这个乐句应该怎么弹，那个乐句应该怎么处理，常常是用声音和形体动作去带她。忙忙跟着他的手势、呼唤和动作走，整个曲子便浑然一体，显露出大师的风范。有时为了让忙忙将音量减到极小的程度，他会突然跪下来，双手压在她的手臂上："嘘！嘘……"这时琴键下流淌出的音乐就会立即从汹涌而来的巨浪瞬息间变成巨浪撞击在礁石上飞溅起的蒙蒙雾珠。

忙忙弹肖斯塔科维奇第二钢琴协奏曲的第二乐章时，味儿总是不够，约翰问她：

"你看没看过《日瓦格医生》？"

"上社会学时在课堂上看过。"

"你喜欢吗？"

"嗯，不喜欢，太酸了。"女儿蹙着鼻子连连摇头。

"我猜你就得这么说，你呀，这段儿就是酸得不够。"

有什么说的，往"酸"里弹呗，味儿就出来了。

约翰不仅授课方式与忙忙以前的老师大不一样，授课曲目的选定也完全不同。全老师和娣娜都是弹哪几个曲子，下次回课要听哪几页都规定得清清楚楚的，可约翰只在每个授课年度开始找来一大堆曲子让忙忙练，并不说哪个曲子下次课要听，每堂课总是问忙忙自己愿意回什么课。忙忙开始无以适从，只好每个曲子都不分重点地抓来练几下，结果一次上课好好地挨了约翰的训："你连音符都弹不准，我怎么给你上课？我的课不是教你识谱的。"眼泪当时就在孩子的眼眶里打转儿，一出门就哭了。

后来我们摸到了门路，约翰留的一堆东西是让你准备这一年的曲目的，你要从中挑出你喜欢的作为确定要练的曲目，甩掉那些你不喜欢的，还可以自行选别的约翰没有给你，但是你想弹的东西。所选的东西一般要能应付一年里的各种比赛，也就是要至少包括巴罗克年代、古典时期、罗曼蒂克时期，和现代时期各不同音乐发展阶段的一首曲子，还至少要有一首奏鸣曲和一首协奏曲。曲目一旦定下来，自己就要订好练习计划，什么时候以哪几首为主，什么时候要达到演出比赛标准。时间久了，忙忙胆子大了起来，常常把约翰给的曲子中她不喜欢的东西剔出去，悄悄加进自己喜欢的作品。约翰并不说什么。过了几个月，绕来绕去，我们会突然发现忙忙手中的曲子又都回到约翰给她选的东西，只是她从不喜欢变成了很喜欢。你得佩服约翰这不动声色达到目的的本事。

每当成熟了一首曲子，约翰就让忙忙在交流课上弹给别的学生听，达到高水准的曲子，约翰就会让她在音乐学院每周都举办的音乐会上表演。这种演出都要盛装，孩子的感觉自然不一样。时间久了，音乐学院都有哪些尖子学生，都是谁的学生，家长、老师们都心中有数。但是学校不鼓励学生之间的互相竞争，把好学生和水平一般的学生的表现机会尽量拉平。每年还有一次音乐学院评审团考试，三个评委给学生打分，最好的学生可以得到该年度的奖学金。有能力举办个人音乐会的预科部学生，可以在大学和研究生院毕业生个人音乐会的空档用学校的正式表演厅插进自己的音乐会。音乐会免费向公众开放，会后学生的家长自备丰盛的食品招待来宾。旧金山市的很多退休老人周末都会到音乐学院听学生的音乐会，又有音乐听，又有吃的，干嘛不来呢。有的家长更有绝招，为怕来的人太少，撑不起场面，干脆在广告上大大地写上"免费丰盛食品"，仔细看，才见下面一行小字，写着××的音乐会，令人忍俊不禁。每逢这种音乐会，作为系主任的约翰都是毕恭毕敬地站在演出厅入口处，亲自给每个听音乐会的人递上一份节目单，道一声"谢谢！"

我最欣赏约翰的交流课。在交流课上往往是处于同一水准的学生在一起上课，约翰让学生们互相提建议、意见。开始忙忙很不习惯，一问三不知，什么也说不出来，约翰就说："老实告诉你，我也没有答案，正确的答案往往是'不知道'。"一语化解了孩子的尴尬。

一次交流课，当问到忙忙时，忙忙鼓足勇气说："乐曲的风格处理正确。"

约翰听了大笑："你凭什么说他的处理正确呢？对乐曲的理解个人尽可不同，每个人都有自己的处理方式，重要的是他的演奏是否能够令人信服。"

不知不觉中，忙忙的评论越来越有内容，有时还会一语中的。一次听一个孩子弹巴哈，弹得很美，就是极为拘谨，闭上眼睛听可以，一看就不行了，特别是结尾，最后一个音完了就完了，就像学生上课。老师让忙忙发表评论，忙忙说："最后一个音符完了，音乐并没有完，你应该感觉到缭绕的余音，观众才会屏气聆听至最后一刻。"

老师让那个学生试试这种感觉，果然整个儿人似乎都变了。约翰回头对忙忙大大地点头："非常好的建议，谢谢！"

约翰只让忙忙掉过上面提到的那一次眼泪，永远对她极富耐心，温文尔雅。我以为约翰就是这么一个好脾气的人，一次上交流课可让我开了眼。一个女学生弹巴哈的英国组曲之一，有气无力，要死不活，约翰一脚就冲着琴凳狠狠地踹了过去："你干什么哪！醒醒好不好？"

那个学生只是给曲子加进了点佐料，对约翰的举动好像没什么特殊的感觉，我可是给吓得一激凌。下了课我对约翰说："我可从来没见你这么厉害过。"

没想到旁边一个学生搭碴说："这算什么呀，他气我课回的不好，好几次把铅笔都敲断了，那才真吓人呢。"

约翰哈哈大笑："你好像也并不怕我嘛。"

这种因人施教的工夫你不佩服不行。后来这个学生在旧金山青年钢琴家比赛中得了奖，高兴地提起约翰昨天又敲断了一根铅笔，所以自己今天能弹得这么好。

约翰在给忙忙上课时讲过这么一件事，有一次他面试一个学生，学生演奏后，他问："你为什么要跟我学钢琴？"

那个学生说："我想成为世界第一流的钢琴家。"

就这么一句话，断送了这个孩子跟约翰学琴的机会。约翰说："我只教因为喜欢钢琴而学钢琴的学生，要成为世界第一的孩子，压力太大，往往学不出来，我也负不起这个责任。"

这和国内十分崇尚的"不想成为将军的士兵，不会成为好士兵"的理论正好相反。我倒觉得约翰的理论更合情理。记得一年中央电视台春节晚会上，马俊仁的一名弟子泣不成声："长跑这个运动是太苦了！太苦了！"言语之间一点也没有对自己所从事的运动的喜爱。我当时即大不以为然，"既然这么不喜欢，又何苦来非要干呢？"

我常想，如果第一天约翰也用同样的问题问女儿："你为什么要跟我学琴？"女儿怎么回答呢？想来想去，答案似乎只有一个，忙忙会说："我喜欢钢琴，我想弹得更好。"

是不是约翰知道他会得到什么样的回答，所以没有问呢？这个有着二十五年教学经验的教师是有点神。

约翰从不议论音乐学院其他老师的学生，只有一个例外。有一个中国女孩，在音乐学院换了好多次老师，几乎每输一次比赛，就要换一次老师。她几次要跟约翰学琴，都被约翰拒绝了。约翰对我们说："我不能教这种一心要成为最伟大的音乐家的孩子，我喜欢忙忙的心态，只为喜欢钢琴而弹琴，并不计较比赛的输赢。美国学医的，学科学的成为一流钢琴家的太多了，从小就确定一辈子搞音乐，在美国社会不一定是一种健康的选择，人还是要有更广阔的视野和知识，那都是音乐的源泉。"

不过要以为热爱音乐就能成为约翰的学生，可就错了。约翰说他曾面试过一个要进音乐学院读大学的学生，这个学生疯狂地热爱钢琴，每天练习十个小时以上。

约翰说："我相信他说的是真话，我能感觉到他每天练琴的时间，可是我不可能收下每一个热爱钢琴的学生，除了热爱音乐和刻苦之外，勿庸质疑，你还得有点儿别的什么。"

我知道约翰指的是天赋。这是我第一次听到约翰委婉地谈及某人的天份不够，反过来解答了我一直不好开口问的问题："忙忙究竟有没有学琴的天资？"

约翰的学生条件太不一样了，忙忙的手至今没有长大，大指还是瘪的，更有的学生他刚收下时，上来就弹柴可夫斯基的第一钢琴协奏曲，可巴哈却弹得一塌糊涂，手指头拌蒜。我时常被他收学生的标准搞糊涂了。

约翰说："每个学生都一样好，不是健康的教学方式，学生就要各有所长，各有所短。"

但是有一点是十分明了的，约翰的学生就是约翰的学生，拿出去就是跟别人的不一样。他的夫人跟他在同一所学校，也教钢琴，连着几年，他夫人的一个学生总在比赛中击败约翰的学生。他说这个学生的技巧是很好，现在年龄小，显得十分出众，但很快就会到顶而停滞不前了。果然让他言中了。约翰的学生越来越好，前几年不显山不露水的，今年开始轮番出征，个个得胜。他夫人的那个学生却越来越显得平平没有特色，家长几次有意要把孩子转到他的麾下，他都没有接腔。

约翰的一个学生在全州比赛得了第一，又去了西南部的选拔赛，得了第二。约翰谈起裁判的评语，说别的学生大多得到"指导有方，训练得法"的评语，只有他的学生的评语有"感受到你从内心流出的旋律"，约翰一点也不掩饰他的得意之情。真的，同一首曲子，约翰的学生弹的各是各的味儿，绝不重样儿。

我想起一次钢琴比赛，有一个中国女孩得了第三名，她只有十四岁，是参赛选手中年龄最小的。我本能地感到这个孩子一定是从大陆来的，而且刚出来不久，因为她弹得太完美了，每一招每一式都透着那么地精雕细刻，无暇的反而让你觉得有什么不对劲儿。下来一问，果然是刚出来，在国内是跟中央音乐学院的一个老师学的琴。我现在明白了，那个小女孩为什么让我觉得有点儿说不出的别扭。她所有的东西都是老师把着手教出来的，一句一句抠出来的，她是在背诵课文，而缺少发自内心的自我感受和激情。

约翰前些时候提起日本有一个国际青少年钢琴比赛，初赛完了，赛委会寄来了进入决赛的选手的录音带，让他把自己最好的学生不经初赛即送去决赛。约翰说其中有一个来自中国的女孩儿，技巧简直是无以伦比，他没有一个学生能达到那样的境界，只可惜音乐上是彻底的错误。我不敢说约翰就一定正确，但是他确实比较大而化之，不大注重细

腻的技巧处理，艺术上留给学生更多自己发挥的空间。约翰终于没有送自己的学生参赛，他说那些俄国音乐中学的学生太厉害了，自己的学生不经初赛就跟他们比，对双方都是不公平的。

忙忙十五岁后又开始学习大提琴和声乐，连续两年被选入全加州高中生优秀选手合唱团。她的音乐天赋开始得到全面显现。高中毕业那年她同时获得普通高中毕业文凭和音乐学院预科部毕业文凭。她的 SAT I 和 SAT II（美国大学的全国统考名称）的数学部分均为满分，排名进入全国前 3%，也就是全美国参加那次考试的只有 3%的人是满分。她的英文进入了前 15%。这个成绩对于到美国只有五年，且有这么多课外活动的女儿，凭良心说，我们是满意的。她选择了医学作为大学的学业。约翰为她没有选择音乐而稍有遗憾，但又总是说："你是对的，不一定学专业的人就一定能够成为真正的音乐家，最近一次国际钢琴比赛的第一名就是哈佛医学院的学生。"

翻翻去年美国万·克莱苯钢琴国际大赛（与苏联柴科夫斯基和波兰肖邦钢琴比赛齐名的国际大赛）的入赛选手名册，别的国家入选的都是专业选手，只有美国的选手没有几个是专学音乐的。获得第一名的出自加州的选手，是一名普通的中学德语教师。美国这个多元的社会，真是给了孩子们广阔的施展才能的天地。

女儿在旧金山音乐学院的毕业演出会开得十分成功，我们还在演出厅前给她办了个小型展览，陈列了她两岁八个月第一次坐

在琴前，一直到预科部毕业的各个时期的学习音乐的照片，还有她在中学美术课上自己设计制作的陶瓷工艺品。女儿返场时唱的是舒伯特的一首咏叹音乐的独唱曲，唱前，她出乎我们意料地先充满感情地背诵了一遍歌词。当她念到"啊音乐，你是我昏暗之中的希望之光，你使世界变得迷人……"，约翰的泪水夺眶而出。他后来告诉我，在那一瞬间，他真的觉得自己选择了世界上最美好的职业，简直有些承受不了那一刻的幸福。

女儿要进大学学医了，能让女儿用自己的琴声对中国培养了她的老师们和看着她长大的亲人、朋友们说一声"谢谢"，是我的一个心愿。我总希望女儿不要忘了她的根。我真的从心底感谢鲍蕙荞老师和为她担任协奏的中央歌剧芭蕾舞剧院交响乐团的金团长，还有那些专业音乐家们对我们的理解和支持。我们从这些素不相识的艺术家的身上体会到中国人血脉里流淌的对自己同胞永远的温情。

音乐会后我才知道，国内有些朋友对女儿的那场音乐会其实有不满和非议，有人说我是在为孩子成名铺路，

左起：忙忙的声乐老师、约翰、忙忙、大提琴老师

有人说那是人为虚构的辉煌。我才大大感到了我已被美国的文化同化了很多，感到了与国内一些朋友思维的差异。女儿为练琴付出了十五年的汗水，我为了还买钢琴的借款曾熬过了无数通宵，为人翻译文章、文件赚取稿费。我曾陪在女儿琴旁整整十个春夏秋冬，女儿的老师们付出的心血更不是我们的学费能够回报的。还有那些亲人和朋友的爱、他们为女儿所做的一切呢？那场音乐会其实是对这一切一切的回报，对于一切为了忙忙的音乐付出过心血、付出过爱的人们，那场音乐会都是他们生命中一次永远美好的记忆。

人生是短暂的，一切美好的事物都是与巨大的努力和付出分不开的。女儿那场专业水准的音乐会使她品尝到辛勤劳作所收获

琼浆的甘甜，理解了奋斗、成功和幸福是不会单独出现的。她的音乐温暖了多少真正爱她、疼她，培养了她的老师、亲人和朋友，那些热爱音乐的人的心。

转眼间十年过去了。忙忙已经是一名妇产科住院医生，实现了她要成为一名救助生命的白衣天使的梦想。她今后的生活不会总是一帆风顺，我们的生活也会有灰暗的时刻，但是她青春的音乐之声，永远是我们生活中共同的光明，使我们觉得活在这个世界上真的很美好。

1998 年 10 月初稿
2007 年 10 月小作修改

我家的老阿姨

李南央

阿姨去世后，我总想着带女儿回国给阿姨上一次坟，想着带女儿跪在阿姨坟前对她说："阿姨我后悔，你给我家做了一辈子饭，我却从来没有给你做过一个菜。我真的后悔呀！"

阿姨的名字叫冯茶英。可是爸爸、妈妈叫她蔡嫂，我们孩子叫她蔡阿姨，我的女儿忙忙则叫她蔡阿婆。"蔡"是她第二个丈夫的姓。其实她跟了那个男人没几年，他就去世了。蔡阿姨不识字，在五十年代中扫文盲的热潮中，我曾制定过一个暑假要给阿姨脱去文盲帽子的宏伟计划。可惜我的热乎气儿只持续了三天。这也要怪阿姨的积极性实在是不高，她老打退堂鼓："不识字，不耽误我做好饭。"结果我轰轰烈烈干一场的仅存硕果是阿姨能写三个字，那就是"冯茶英"。不过阿姨是对的，不识字并不妨碍她在我妈妈和爸爸的朋友中成为名人，她做的那一手好菜，让爸爸、妈妈的朋友过口不忘。来家作客，有时就是冲着蔡阿姨的手艺来的。客人临走时跑到厨房和正忙着什么的阿姨道别：

"蔡嫂，到我们家来做吧！"

一句玩笑话，那位客人就成了阿姨永远的朋友。下次他（她）再来，阿姨会格外卖力地做得更好。

阿姨其实真是个聪明人。一年 365 天，在我家干了多少个 365 天啊，我们从来没有吃腻过她的饭菜。这得是多大的功夫，动多大的脑筋呀！阿姨常常对着案板叹息："天天做，真不知道今天该做点什么。"可是待饭菜端上桌，又必是让人胃口大开。阿姨做饭琢磨，豆豉豆腐汤不能放葱花，要加胡椒、青蒜，而且青蒜要剁成末；煸肉时要加点开水，肉就会嫩；蒸鸡蛋羹用温水调，打出泡沫，蒸出来才滑口。就连臭东西，到了阿姨手下都变成香的了。阿姨自制的臭鱼、臭豆腐、臭鸡蛋，闻着那叫一个臭，苍蝇围着你团团转，可是吃起来没治的香啊！我诚心诚意地向阿姨讨教过做饭的诀窍，她总是笑话我："你学不会，你懒得做。"倒是我女儿在外公家吃午饭的那两年，跟阿婆学了几手，蔡阿姨教她可比教我当回事。就这几手，女儿的蒸鸡蛋和打鸡蛋汤的功夫至今在我和她爸之上。到美国后，我会突然想起阿姨的一道什么菜，试着做做，女儿在饭桌上就会问：

"妈，你这是哪儿学来的菜谱？"

我说："阿婆做过这个菜。"

女儿就说："难怪这么好吃。"

一到我工作有危机的时候，女儿就说："妈，你把阿婆做过的菜好好想想，开个蔡阿婆餐馆，包准赚钱。"

都说小孩儿吃别人家的饭香，可我女儿从我的朋友家做客回来，总是说："还是咱家的菜最好吃，谁家的饭也没咱家的香。"现在女儿有了男朋友，是个美国孩子，也迷上了我家的饭。看来蔡阿姨又多了一个外国崇拜者了。

尽管我如今饭已做得不错了，可是还是懒得做，不到万不得已，是不爱下厨房的。就是因为懒，每次回家，总是心安理得地享受阿姨的饭菜，从没想过要让她尝尝我的手艺。直到阿姨永远地走了，我才突然感到那么、那么地后悔。真的，活到现在，我没有什么好后悔的事情，只这一件，刻骨铭心，永远、永远地不能原谅自己。

阿姨命苦，她娘家是河南获嘉县城关镇大洛村人，不知怎么嫁到了武汉，给一个警察做妻子。抗日战争爆发时，有个不到三岁的儿子。日本人轰炸武汉时，丈夫带着他们娘俩逃命，男人上了桥，他们娘俩被挤在了桥下，结果桥被炸了，眼睁睁地看着男人没了，阿姨和小儿子就留在了汉口。她带着儿子给人洗衣、打杂糊口。我小时候，爱听阿姨讲她的故事。可是讲来讲去，从没有什么具体内容，只是那句话："日子真苦啊！"我就永远记住了阿姨年轻时"真苦"。我就想着阿姨坐在小板凳上，面前是个硕大无比的木盆，洗呀、洗呀，永远洗不完的衣服。十冬腊月，手上是一道道不能愈合的血口子，她的小儿子就蹲在木盆边乖乖地玩肥皂泡。

后来儿子生病死了，阿姨碾转到了我姥姥家，就一直做了下去。阿姨说，姥姥脾气可好了，手把手地教她做事。武汉人会做汤，阿姨做汤的功夫大概就是从姥姥那里学来的。后来有人给阿姨说了个婆家，男人在武汉开着买卖，依稀记得阿姨说过那人也是河南人，老家离阿姨的娘家村并不远。阿姨结了婚，就离开了姥姥家。没多久解放了，好像是镇反运动，她男人不知因为什么害怕，跳楼自杀了。阿姨不得已回到乡下的婆家，可是婆婆家又被划成了地主，家产被村里人分光了。阿姨形容那时的生活，还是同样说："日子真苦啊，连被子都没有一床，东西都被抄走了。"不过阿姨说后来又还回一些，说是搞错了，给平了反。但是婆婆还是在惊吓穷困中很快去世了。阿姨本来在婆家就没有认识的人，这下更是无所依靠。正好我爸爸、妈妈到了北京，妈妈想起阿姨，找到她婆家，把她从乡下接了出来，阿姨就在我家落了户。

阿姨自己说，她当年在村里是有名的美人，我可从来没有觉得她漂亮过。她的鼻子太大，不过直直的；嘴巴也显太大，不符合"樱桃小口一点点"的美人标准；眼睛也大，但是是双眼皮。脚是半放过的小脚。大概就是这双小脚，让我永远看不到阿姨的任何美丽了。我知道那双脚脱去袜子很可怕，第四个脚指和小脚趾完全折断了，贴在脚心的一面，而且那双脚不论怎么洗，总是很臭。我小时候总忍不住要求阿姨脱下袜子让我看她的脚。看过后还要趴过去闻闻，然后小手在鼻子前急急地搧着，身子向后缩成一团："好臭，好臭！"阿姨就开心地笑了。这种游戏我们常玩儿，且乐此不疲。现在想起来，那真是一种很残酷的游戏。可是阿姨为什么从不为那双永远残了的脚伤心呢？

阿姨到北京后，乡下还是不断有人来信提亲，我因此对乡下人认为阿姨漂亮也就不大怀疑了。后来据妈妈说，是村里的党支部书记让阿姨动了心。阿姨跟妈妈说好不做了，要回乡下成家，妈妈同意了。可是阿姨走了没几天又回来了。

妈妈问："怎么了"

阿姨说："那人太丑。"

妈妈就说："那不能勉强。"

从此，阿姨断了找男人的念头。妈妈说："我们养你的老，你就一直做下去吧。"

可阿姨还是觉得要有个自己的儿子才好。于是，乡下认阿姨当娘的信就渐渐多了起来。信总是我唸给阿姨，并代她回。阿姨在这些出了五服、没出五服的侄儿中挑来选去，最后拣中了一个在郑州上大学的远房侄儿，但是阿姨谨慎地没有办过继手续，只建立了长期通信的关系。一来二去，这个侄儿露出了马脚，跟阿姨要钱，还要阿姨在北京给他找工作。阿姨气坏了。从此不再提找儿子。

突然有一天，乡下来了个丁大姐，是阿姨老姐姐的女儿，说是要给阿姨当过继女儿。丁大姐在我家住了有些日子，老实、本分，就知道干活。丁大姐走了以后，阿姨家信的收信人就变成了"丁世香"。后来就开始听阿姨念叨"麦穗"。麦穗也姓丁，我一直没弄清丁大姐和麦穗的关系。丁大姐是麦穗的姐姐呢，还是就是麦穗本人？因为我从来没有见过麦穗。后来又有了陈锡友大哥，阿姨说锡友大哥和麦穗是中学的同学，后来考上了大学可一直惦记着麦穗，要娶麦穗。麦穗不漂亮，就觉着自己一个农民配不上大学生，死活不答应，可锡友大哥认准了麦穗，非她不娶。后来麦穗还是嫁给了锡友大哥，到了锡友大哥工作的平顶山矿，锡友大哥后来还成了矿上的领导。八一年锡友大哥的孩子也工作了，经济情况好了，到北京我爸家看阿姨，还采购了一堆衣服给麦穗。那是我第一次见锡友大哥。真是高高大大、憨诚可信的一个汉子。阿姨决定认女儿而不再要儿子的决定是太英明了！阿姨最后在过继女儿家的晚年非常幸福，那是后话了。

阿姨是我童年最亲近的人。我两岁进了幼儿园，两个星期才能回家一次，多一半都是阿姨接我、送我。回到家，又多一半只有阿姨和警卫员在家。我觉得家里最疼我、亲我的就是阿姨。记得有一次妈妈的两个好朋友，两位姓徐的阿姨来家做客。妈妈本来说好了，吃完饭带我和她们一起上街，可到临出门又变了卦。我真是气坏了，大哭大闹起来。可是这一点儿也不起作用。妈妈把哭得上气不接下气的我丢在家里就和朋友们走了。我就开始在地上打滚，从里屋地上滚到外屋地上。从武汉来家做客的小姨试着给我讲道理："小孩子要听大人的话，要不不是好孩子。"

我更不干了，"为什么明明是大人没理，还要说我不乖？"我把小姨正在椅子腿上缠的毛线乱扯乱拽，弄得一团糟。

小姨吓坏了："这丫头的脾气了得！"

阿姨说："不怪孩子，她妈妈总是说话不算话。"

阿姨把我从地上扶起来，耐心地哄我："我知道你委屈，是你妈不好。你妈不带你出去，阿姨带你出去玩儿。"

阿姨领着我在家的附近转啊，转啊，最后碰上了个卖烫糖人儿的。烫糖人儿是一种糖稀做的糖玩具，可以看着玩儿，也可以吃。卖烫糖人的挑着一副挑子，一边是一个小火炉，一边是装糖稀的锅和工具。遇到有人要买烫糖人儿，就放下挑子，把锅架在火炉上，待糖变成液体状，就用长竹签挑起一些糖稀，三翻两翻，用嘴七吹八吹，糖稀凉了，凝固了，玩艺儿也就做成了。整个儿过程不足一分钟，看得人眼花缭乱。因为糖稀暴露在北京漫天的风沙里，再加上要用嘴吹，妈妈说不卫生，从来不给我买。看见我的眼睛盯住了烫糖人儿的挑子，阿姨叫住了小贩。

阿姨问我："要个什么样儿的？"

我一下子破涕为笑。在烫糖人儿挑子上插的各种各样的样品中看来看去，拿不定主意。

"能多要几个吗？"我问阿姨。

"几个都行。"阿姨说。

记得我要了一个孙悟空还有其他几个什么东西，拿在手里一直舍不得吃。看看天不早，到做饭的时间了。阿姨和我商量："吃了吧，咱们该回家了。"我乖乖地几口把烫糖人儿们吃进肚里。

阿姨说："可不兴告诉你妈妈我们买了烫糖人儿啊。"

我说："知道。"

心里满足极了，觉得比跟我妈妈出去玩儿值多了，觉得只有阿姨顺着我的心，把我这个小人当回事儿。

说阿姨把我当回事儿，我还有个好例子。有一次在不该回家的周末，阿姨突然来到幼儿园接我。阿姨告诉园长，我小姨从武汉来了，要接我回家看小姨。园长准了假，我兴高采烈地拉着阿姨的手坐车回了家。一进家门就满屋子跑着找小姨，可连个影儿也没见。

阿姨笑了："小姨没来。你爸妈出差了，我接你回来跟我做伴儿。"

我吃惊得嘴都合不上："阿姨敢撒这么大的谎骗幼儿园的园长！"不过心里实在高兴，因为我太想回家了。特别是家里只有阿姨在，会是多么自由！那个周末足吃、足玩儿。阿姨接我，不接哥哥有她的道理。因为我不会告诉我妈，而哥哥老实，会向妈妈讲实话的。我和阿姨的这种默契配合，一直延续到我长大成人，离家出走。那时，是我帮助阿姨了。

后来，我上了小学。学校在通县，那时叫通州，还不属于北京市，坐公共汽车要两个小时才能到，又是两个星期才能回家一次。每两周，燃料工业部就派专车到学校把我们接回家。记得一共三辆专车，一辆是送到广安门外的电力部宿舍，一辆是送到北兵马司的煤炭部宿舍，我是在到六铺炕的石油部宿舍的专车上，因为爸爸所在的水电总局宿舍与石油部是在一起的。

不回家的那个周末最难熬。春天还好，生活满老师会带着我们到野地里去玩儿，坐在大树下给我们讲狐狸精的故事。冬天就很难过了，宿舍里很冷，我们一个宿舍十几个人，就各自缩在自己的床上，用棉被裹着，看老师发的小人书。书就那么几本，看过几遍就实在没什么味道了。大家就盼着爸爸、妈妈会来看自己。我确确实实盼到过家里的来人，那不是别人，是我的蔡阿姨。阿姨常常是叫住在操场上碰到的学生，报出我的年级和姓名。那个同学就会飞也似地冲进宿舍楼道，大声喊："李南央，你家里来人看你了！"我就会在一屋子伙伴羡慕的目光簇拥下，从床上一下窜起老高，顾不上提好鞋，就一溜烟地没影儿了。一出宿舍楼门，就会看见阿姨站在操场上，手中提个草编的提包，笑着冲我招手。我和阿姨就在篮球架下压架子的大石头上坐下。暖暖的阳光里，阿姨从提包里一件件地拿出好吃的。我不记得都有什么了，只记得最好吃的是阿姨给她自己带的午饭，冰凉冰凉的葱花饼。我三下五除二一扫而光，吃完了才想起：

"哎呀，阿姨，我把你的午饭吃了，你吃什么呢？"

阿姨就说："我不饿，"怜爱地看着我："孩子真可怜，凉饼有什么好吃的，一定是平时没吃的。学校的大师傅没良心，揩孩子的油。爱吃，下次阿姨还给你带。"

阿姨从不进我的宿舍，因为她不希望别的同学分吃她给我带的东西。

我九岁那年，家里出事了。我不知道具体出了什么事，只知道爸爸犯了大错误，被撤了职，要去北大荒劳改。机关派给爸爸的公务员自然没了（供给制改为薪金制后，警卫员换成了公务员）。那时家里用着两个阿姨，除了蔡阿姨，还有一个带着一岁妹妹的金阿姨。妈妈找蔡阿姨谈话，告诉她爸爸的工资被减了很多，我们没有钱雇两个阿姨了，只能留下她一人。她要做饭，还要带孩子，可是工钱只能照旧，没有能力给她涨。一家三个孩子，主要靠妈妈一个人的工资，生活要精打细算。

"当然，我们现在是犯了错误的人家，"妈妈说，"蔡嫂，你要嫌钱少，嫌我们名声不好，可以不做，可以换人家。"

妈妈说这些话时我和哥哥都在场。妈妈大概是觉得我们也不小了，应该知道家里所发生的事情，应该知道家里已经不像以前那样富裕了。

阿姨哭了，说："范同志，你放心，我不走。没有工钱也可以，我不能在你们落难时离开这个家，我帮你带孩子。"

妈妈也哭了。我其实并不真的知道到底怎么了，但是妈妈、阿姨都哭了，事情一定很糟，我也抹开了眼泪。可是我并不害怕，因为阿姨在。只要阿姨在，我们就吃得上饭。

从此，我也有了一份工作，那就是帮阿姨记账。我每次从学校回家，就要帮阿姨记下两个星期里的花销。阿姨的记性真好，几分钱、几分钱的菜，一笔笔背给我，我就一笔笔地记下来，然后打着算盘算。但是对不上账的时候总是很多，毕竟东西太琐碎，时间又长，哪能都记住呢。我就给阿姨出主意："阿姨，你就随便编一个什么记上吧，我又不会告诉我妈。"阿姨说："那不成啊，不能扯谎呀。"我搞不懂，可以骗幼儿园园长，怎么不能向我妈编瞎话呢？我不知道，在阿姨那儿，这可是性质不同的两件事。往往是阿姨用自己的钱补上对不上账的那部分才算完事。我真地不明白，妈妈为什么非要记账呢？为什么就不能相信阿姨呢？

还有的时候，阿姨会用自己的工钱补贴家里的花销。妈妈每个月给阿姨的家用钱是固定的，但是意外多花钱的时候总少不了，比方这个月要订蜂窝煤、那个月要买冬储大白菜。遇到这样的时候，阿姨踌躇着，要不要向我妈多要钱，犹豫来犹豫去，最后还是算了。阿姨说："你妈要说我不会理家了，还是自己垫上吧。"我那时早没了小时候敢跟妈妈大发脾气的勇气，妈妈日渐暴躁的脾气，使我尽量躲着她，生怕哪件事做得不对，就会是一顿翻天覆地的混骂。我觉得让阿姨出钱不对，她的工钱只那么点。可是我也不敢将钱不够用的事告诉妈妈，妈妈会说，一家五口全靠我一人的工资，我到哪儿去变钱。文化革命中，妈妈曾被停发过工资，家里的银行存款也被悉数没收，我们第一次经历了真正没钱的窘困。妈妈在补发工资后，变得对钱更加斤斤计较，数落我从小到大用了多少钱成了经常性的话题。给我买了东西，会开一张清单，一项项、一共花了多少钱。待你真的按数将钱寄还给她，她又跟你大吵大闹。我也就始终没有找到过机会告诉妈妈，阿姨曾一次次地用她不多的工钱，给我们买煤、买菜。阿姨自己也从来没有提过她当年曾给我们家补贴过多少钱，似乎一切都是理所当然的。钱不够用，自然是自己不会理财所致，用自己的钱补窟窿，那是补自己的错，是不能说的。

爸爸出事后不久去了北大荒，妈妈的脾气坏到极点，常常为一点小事冲阿姨发火，阿姨的日子越来越难过。随后就是三年困难时期，妈妈的身体越来越差。阿姨会常常天不亮，就扭着一双小脚，提着篮子去到通往六铺炕商场的煤渣铺成的马路边，向郊区来的农民手中买田鸡、买鸡蛋。这种买卖那时是黑市买卖，当然只能在黑暗中进行。往往阿姨提着一篮鸡蛋回来的时候，全家还都在睡梦中。阿姨还养了两只鸡，一只叫小白，一只叫小黄，每天除了给人做饭外，阿姨又多了一件事：给鸡伺候吃的。当鸡开始下蛋时，阿姨真高兴啊！摸着温温的蛋壳，小心翼翼地放进篮子里，一个个的鸡蛋都给了妈妈和妹妹，阿姨自己从来不吃一个。阿姨就这么日复一日地算计，怎么让我们吃饱，怎么让妈妈和妹妹吃好。除此之外，她还有一件事是不会忘记的，那就是催促我和哥哥给在北大荒的爸爸写信。我那时在读小学，并不知道要与爸爸划清界限，只是贪玩，不爱写信。阿姨就好言相劝："你爸一个人在那儿可怜，你给你爸写封信。"我总是在实在被催不过的情况下，才勉强动笔。我根本不懂，这些家信会给爸爸带去多么大的快乐。

我小学毕业那年，阿姨回老家探了一趟亲，我担起了生火、洗衣、做饭、喂鸡的责任，才知道阿姨一天到晚是多么地忙。我不会封火，炉子常常灭。那年的暑假北京天天下雨，煤特别的潮，就更难点着。我和哥哥弄得满屋、满脸的黑烟，就是不见冒火苗。实在没办法了，就跑到一楼小妞姥姥家，把人家炉子里烧着的煤要了，托在簸箕里，三步并做两步窜到三楼的家里，放进蜂窝煤炉里，上面再加上引火煤，把火生着。

真想阿姨早点回来呀。搬着手指算，总算到了阿姨该回来的日子，不见阿姨的影子。我害怕了，"是不是妈妈对阿姨太不好了，她永远不回来了呢？那我们可怎么活呀！"直到阿姨突然出现在家门那天，我第一次体验到什么叫真高兴。我说："阿姨，我以为你不要我们了。"一楼的小妞姥姥说："你可回来了，孩子们遭罪了，吃不上饭。"原来，阿姨的村里发了大水，根本出不了村。她急呀，知道我们会吃不上、喝不上。水稍稍退了，她逼着侄子把她背到县城，上了火车回到北京。阿姨说："傻孩子，我哪能扔下你们孤儿寡母呢。"

但是终于到了阿姨不能不离开我们的那一天。那是文化大革命开始不久，水电部的造反派到我家向阿姨出示了"驱逐令"，说是文化大革命了，不能允许人剥削人的现象再继续下去，所有的保姆要一律滚回老家去。尤其是黑帮家，就更不能让人伺候。阿姨经历过丈夫自杀，抄家没产，比我们对"革命"有"认识"得多，当天就说一定要走，一天都不能多留。我们匆匆给阿姨办了转户口手续，买了火车票。第二天，哥哥用自行车把阿姨的行李驮到车站发运，我陪阿姨坐公共汽车去北京站。一路上阿姨什么话也没说。送阿姨上了火车，看着渐渐远去的阿姨露在车窗外的脸，我的鼻子酸得不行。阿姨却没有给我留下一句话，没有掉一滴眼泪，"阿姨你心好硬啊"。

阿姨走的第二天上午，造反派又来敲门，摆出的已经是要打人的架式。我们说阿姨走了，回乡下老家了，他们没趣地走了。那天有人家的保姆挨了打，听说造反派出手很重，我才明白阿姨是在逃命，能顺利逃出"虎口"，她只有松了一口气，哪里还有别离的悲伤呢。

后来文革渐渐进入尾声，妈妈由敌我矛盾转为按人民内部矛盾处理，从干校回到北京，又将阿姨接回北京。阿姨到北京那天，我也正从陕西回家探亲。打开门看到阿姨，那叫高兴啊！阿姨似乎没有什么变化，只是更硬朗了。问她在乡下可曾吃苦，她说没有，这几年过得可好了，村里人选她当了妇女队长，带着村里的女人们下地干活，唱歌，很开心。只是她在北京大干部家做事的名声太大，远近大大、小小的干部不断派人来请她去做事，很烦心。后来公社革委会主任亲自来请，请了好几趟，又送礼，又说好话，软磨硬泡，实在躲不过，只好去了。阿姨说，这个主任是个造反派，在外没少干坏事，不过对她很好，把她当长辈待，家里钱全交她管，不像我妈一分钱都要记账。不久前，主任让对立面给搞倒了，那帮人一天到晚让她揭发。阿姨对我说："这个主任不是个好东西，可做佣人的，不能说主人的坏话。"正在被纠缠得难以脱身，接到了我妈的信，就立即动身来了北京。

阿姨还带给我们一个惊天动地的消息：她的第一个丈夫没有死，还活着！武汉那边的造反派居然找到乡下她那里，向她调查她前夫在武汉当警察的那段历史。她才知道，她前夫没有被炸死，而是过了桥。多少年打听不到他们母子的消息，就又结了婚，有了两个孩子。后来那男人给她去过信，要接阿姨到武汉看看。

我问阿姨："你去了吗？"

阿姨说："有什么好去的，他有老婆，有孩子。"

可我总是替阿姨有些遗憾，毕竟那男人还是惦记着她的，还是想见见她的。看来那男人当年是爱阿姨的。难怪阿姨那么恨日本人，在电影上一看到日本人就咬牙切齿。日本人毁了她美满的家庭，夺去了她的男人和儿子。

阿姨回到我家的时候，我们是住在与别人合住的单元内一间七平米小屋里。平时只有妈妈和妹妹，我和哥哥回家探亲就打地铺。阿姨来后，妈妈嫌她睡觉打呼噜，不让她和自己睡在一间屋内，阿姨每晚只好在厨房用三个凳子搭块板当床。阿姨来北京的第二年，我又回北京探亲，妈妈正好在小汤山疗养，我就和阿姨睡在了屋里。一天，我从小汤山看我妈回来，进门见阿姨伤心地在哭。一问，才知和邻居发生了争执，邻居骂她奴才，起因是为了门厅的地盘。

与我们共住一个单元的是一对工程师夫妇，男的原来是我妈妈的下属，女的是一家工厂的技术员。当初搬家时，机关本来是把单元内的大间给了我们，他们分的是我们住的小间，他们却抢先搬进大间。分房搬家时，只我一人在北京，能有个放东西、立足之处就已心满意足，哪还注意什么大间小间。门厅应该是共用的，一家一半。可邻居欺我们是下了台的干部，占了大间还不算，东西也越来越侵入我家的"地盘"。那天他们又搬东西，阿姨看不过，说："你们不要太不讲理。"结果那位女技术员破口大骂："你这个奴才，主子连床都不给你一张，你还护主。真是地地道道的可怜的奴才！"

是啊，我妈妈是黑帮，黑帮的女儿我，是狗崽子，甘心伺候黑帮、狗崽子的就更不是人了。在那个人歧视人，人不当人的年代，还有阿姨护着我们，不管我妈怎么不公平地对待她，她还是护着我妈的利益。你说她是"奴才"，我称她是"义仆"，这种德行，现在是没有了，是永远的文化沉淀了。

不过阿姨反叛过一次。妈妈平反后，在我们与人合住的单元楼前面的一个五层楼的顶层分到了一间也是与人合住单元的房间。那间房间较大，且向阳，所以妈妈和在北京读书的妹妹就搬进了那一间，阿姨才得以从厨房搬入七平米小间睡觉。可是每天的饭要阿姨在后楼做好，送到前边的五层楼上。一天三顿，已经六十多岁的阿姨感到吃不消了。而且妈妈对阿姨态度越来越坏，有时到了蛮不讲理的程度。饭凉了要骂，不合口味要骂，买错了东西更要骂。阿姨说："我不知道怎样伺候你妈，她才能满意。"阿姨决心要走了。她向妈妈几次提出自己实在是不知怎样才能干好，换个人吧。妈妈不同意。阿姨又改成要回家探亲，妈妈也不准。阿姨是度日如年。就在我结婚回北京探亲那年，阿姨对我说："我老了，实在受不了了，你帮我给河南老家写封信，把我在这里的真实情况告诉侄子云成，让他给你妈写封信，编个瞎话，就说要分家，一定要我回去处理房子的事。"

我说："阿姨放心，这件事我一定替你办好。"

回到陕西，我就给阿姨在洛家村的侄子李云成写了信。不久就接到阿姨从河南发出的信，说到家了，一切都好，让我放心。以后妈妈几次写信催她办完事就回北京，阿姨决计再不回去了。可这一直是我的一块心病。阿姨从我姥姥家做起，直到把我们三个孩子看大成人，我们本来说好是要为阿姨养老送终的，却让阿姨在忍受不了虐待的情况下走了。虽然阿姨不是我逼走的，但是我从来没有保护过她。我就和丈夫商量，想把阿姨接到我们在陕西三线工厂的小家养老。丈夫悌忠说："应该的。"我就给阿姨写了信，说你到我这儿来吧，你不再是范家的保姆，我和丈夫把你当自家的老人待，你不用干活了。我们这里风景好，空气好，跟乡下一样。阿姨立即回了信，说过了年就来。

没想到大年初一一早，车间的生活干事就来敲门，送来我爸从合肥发的电报："通知即返京。"我立即向车间党支部书记告假，当天下午就上了回京的火车。没想到，这一走就是十八年，再回去时，已是带着高中毕业的女儿和先生一起从美国回到魂牵梦绕的麦李西沟"探亲"了。

那年五月，丈夫也回到了北京。爸爸身边没人照料，我们就和爸爸住在一起。局势这么快就有了一百八十度的急转，是谁也没有想到的，阿姨来我小家的事搁浅了，但是我惦记着她。可是我们和爸爸住在一起，阿姨要来就不能是家里的长辈，又要做保姆了，不知她是否愿意。我就试探着给阿姨写信说："我和悌忠都到我爸这儿来了，我爸平反恢复了工作，现在有了房子，想让你来，不知肯不肯，也不知你敢不敢。我妈毕竟也在北京，她早晚会得到消息的。你不给她做，给我爸做，怕不怕我妈骂你？"阿姨的回信很快就到了。她说没想到你爸还能平反，今生还能见到他，真是高兴极了。说你爸为人好，事儿少，我也知道他的生活习惯，我要来做。正是春节前，爸爸赶紧打发悌忠买了火车票，到河南接阿姨。悌忠在大洛村，云成一家把他像贵宾似的招待。住的是刚起好的新房，盖的是新被褥，一村的小孩儿跟在他屁股后头转，他领着他们放鞭炮玩儿。过了初二，阿姨就和悌忠上路回北京了。

进家门，见到离别了二十年的我爸，阿姨说："李同志，你受苦了。"

爸爸说了声："蔡嫂，多少年不见了，你还好吧？"

阿姨老泪纵横。

万没想到的是，悌忠和阿姨前脚离了河南，我妈妈拿着她给阿姨办好的落实政策的进京户口后腿进了大洛村。李云成知道老太太的厉害，打死也不敢说实话，只好说阿姨过年串亲戚，要过几日才能回来。心想这就可以把老太太打发了。怎么也料不到，老太太居然住进县里的招待所等。云成今儿推明儿，明儿推后儿，我妈就是见不着阿姨的人影。她只道阿姨不愿意和她走，让侄子搪塞她。住了几日，实在等不到，没办法只好留下进京户口手续，说："蔡嫂回来，让她来北京找我，我会好好待她的。"泱泱地走了。她绝没想到阿姨已经在我爸家了。

老太太一离村，云成赶紧把户口手续寄给我，信中说："快想想办法吧，范同志要是再来，纸里总包不住火，她要闹起来，我们可实在害怕。"

这消息实在是太意外了，我们做梦也想不到我妈会亲自到乡下去接阿姨，还办了进京户口，老太太知道事情真相后的怒火是绝对不难想象的。阿姨吓坏了，我爸也紧张："你妈那人什么事都干得出来，她万一打上门来可怎么办？"

我想了想："有办法，俗话说'横的怕不要命的'。我妈一直觉得悌忠是个工人子弟，而工人家的孩子都是会动粗的，让悌忠给我妈写封信吧。她知道悌忠也在这儿，就不会闹上门了。"

悌忠说："看来只好我做恶人了。"

他就按我妈对他的要求——以同志相称，不能称伯母，那是资产阶级的叫法；不能称阿姨，那是革命队伍的特权，工人子弟不配；写了大意如下的 一封信：

老范同志：

蔡阿姨已经到了我们这里，她不愿意去你那儿再做了，你过去对她太不好了，请不要再去她老家打扰。

此致，

敬礼！

巴悌忠

我大姨知道了此事，对我说："现在办进京户口有多难！你妈能费这么大的力气给蔡嫂落实政策，还自己亲自跑到农村去接蔡嫂，她一定是太需要她了。你这是对你妈釜底抽薪，这事做得太绝了。即使蔡嫂不愿意给你妈做，你也不应该把她弄到你爸那儿。"

我说："我们接蔡阿姨在先，这没有成心跟我妈作对的意思。再说我这算什么'绝'，我妈这辈子对别人做绝的事才多呢，我不觉得这样做有什么过分。再说阿姨有选择给谁干的权利。"

虽然我们接阿姨时完全对我妈的想法不知情，但是我妈永远把这当成我和阿姨对她的合伙报复，更认为巴悌忠用心歹毒，因为她当年没有同意他和我的婚事，就用"如此下流"的手段报复。由她说，由她想吧，我从来没为自己做的这件事后悔过，因为阿姨在我爸家过得十分快活。她有了自己独住的房间，我爸的衣服都是玉珍妈妈洗，饭也是玉珍妈妈和她一起做，吃饭是大家在同一桌上吃，特别是又见到了我爸五十年代时的老人和常客，大家都记得她，都记得她做饭的手艺，见到阿姨，都是那么兴奋。

我爸五十年代的司机老乐伯伯说："蔡嫂，没想到我们还能在部长家里见面啊！我老了，不能给部长开车了，你还能做事，好好照顾部长，他受苦了。"

当年的小陆、小张秘书都已成了老陆、老张了。陆秘书问："蔡嫂，你还认得我吗？"

阿姨笑得合不拢嘴："认得，认得。模样一点没变，就是老了，没想到还能再见。"说着说着又抹开了眼泪。

周末玉珍妈妈的儿女来，他们都下厨房，帮阿姨干这儿、干那儿。我回家，阿姨还是老习惯，什么都不让我干，总是说："跟你爸去聊天吧，不用你做事。"

阿姨在我家干到七十八岁，死活要回老家，怎么说都不成。玉珍妈妈说："我们再请一个人，你什么都不用干了，我们给你养老送终。"这样阿姨还是不同意，阿姨一辈子没有这么认过死理儿。那天爸爸的司机开车把阿姨送到车站，阿姨坐了一次部长专车。我陪着阿姨直到火车开。那是 1990 年 6 月 18 日。

我说："阿姨，你可要回来看我们呀。"

阿姨说："一定要来。"

阿姨在大洛村住了一阵，就被锡友大哥接到平顶山矿。后来阿姨把她在那儿的生活录了像，作成磁带，托人捎到北京，说要留给我拿到美国给忙忙和悌忠看。阿姨在那里种了很大一片菜园，吃自己种的新鲜菜。一大家子在一起做饭。阿姨不再动手，站在一边指挥。吃饭时，七、八口子围坐在一张地桌上，阿姨坐首席，还有一只欢蹦乱跳的大黑狗，整日围着阿姨转。阿姨说她晚年很幸福，她在锡友大哥家是一家之主，全家人敬着她，大事由她做主。

看了录像，我懂了阿姨为什么一定要回乡下养老。她在我家做了一辈子，我们再怎么对她好，她根深蒂固地觉得自己是做"仆人"的，是"下人"，这个位置再怎么也不能变，她得守着这个位置，其实就是守着她理解的做仆人的规矩。只有到了乡下，到了过继给自己的女儿家，她才能成为真正意义上的长辈，是可以发号施令的家长。她这辈子最后能享受到这种做"上人"的尊严，她满意了、知足了。

我最后一次见到阿姨是 1994 年，我和女儿离开大陆后第一次回国。爸爸特意让玉珍妈妈的儿子胜利到河南把阿姨接到北京和我们见面。阿姨那次说要和我换美元，我问她要多少，她从贴身的裤兜里掏出一个手绢包，拿出 500 元人民币，说是要给自己凑土葬费。如果她给家里人留下美元，他们就不会把她火化了。我说："阿姨我可不跟你换钱，你要用钱，我给你就是了。"这以前我每年的春节都给阿姨寄点美元，那其中总有几块女儿给别人弹琴伴奏攒的钱。钱不多，但我知道国外寄到乡下的钱，会给她在家里挣足面子。阿姨拿着美元高兴地笑了。

阿姨最后是中风瘫在床上的。玉珍妈妈打电话给她，她只是哭，说不出一句话。阿姨原来就有血压高的毛病，老好说："我不怕死，怎么死都好，就是别让我瘫在床上。"可偏偏让她赶上了，所幸拖得并不长。阿姨瘫在床上以后，锡友大哥试探着问她："死后葬在哪儿？"要土葬是阿姨早就交代了的，这大概也是她坚决回乡下的另一个原因。可是葬在哪儿，却从来没有说过。阿姨一直对锡友大哥的问题保持沉默，没有人知道她想些什么。直到临去世的前两个星期，她最后一次清醒过来，突然清清楚楚地说出了自己第二个丈夫的名字和婆家所在的村名，说死后要葬在丈夫坟边。锡友大哥赶紧找到那个村子，可是已没有人知道冯茶英这个人，也没有人听说过她的丈夫。几经打听，见到了村里的老人，说："是有这么个人，后来去了武汉。不过是埋在村里的。"锡友大哥居然还真找到了坟头。就这么，阿姨人生最后的愿望得以实现，与丈夫同床长眠了。她是作为锡友大哥一家的长辈，妇人"蔡氏"离开这个世界的，那一天是 1996 年 6 月 27 日。

阿姨这辈子只做了"保姆"，可我敬重她胜于自己的母亲。没有她，我的童年不会那样欢乐；没有她，女儿忙忙小学的那两年不会无忧无虑。谁又能说，我爸爸晚年丰硕的成果中没有蔡嫂的功劳！就连我妈那么个厉害人，也离不开她。阿姨实在是很了不起的。

阿姨在带给我的录像带里，多次对着镜头说："可惜老了，走不动了，要不真想到美国去看看你们。"

我一定要带着女儿回去给阿姨上坟，给阿姨供上我做的菜。我要跪在坟前对阿姨说："阿姨你去不了美国看我们，我们回来看你了。我是你带大的，你疼我、爱我，你比我的母亲待我亲，你是我可敬的长辈。你生病后，我虽然托朋友给你寄过好多次钱，可是钱不能弥补我没有孝敬过你的过失，阿姨我对不起你。我以后只要有机会，一定再来看你。一定来……"

2001 年 5 月

后记

2003 年的 12 月 26 日，我和丈夫还有女儿到了新乡，陈锡友大哥领着我们去给阿姨上了坟。因为不能占耕地，阿姨的坟没有坟头，就在一片庄稼地的中间，墓碑躺放在地上。我们给阿姨献

上了在美国做好的花圈，三个人一起给阿姨跪了下去。

就在那一刻我失声痛哭，我才知道我是多么地想念她，她给我的温暖从来没有离开我须臾，我一直把她给我的那份爱当成了母亲的爱。那一刻我记起了阿姨拉着我的手上街，给我买烫糖人儿，哄我；恍惚地看到阿姨在东郊小学的操场向我亲切地招手，给我摸出她为自己准备的午饭：一块葱油饼，怜惜地看着我狼吞虎咽；泪眼模糊地看见阿姨坐在马凯餐厅的饭桌旁，为了买那一斤不要粮票的米饭，用自己的钱买了一盘菜，自己不吃，疼爱地看着我心满意足地叭嗒着吃完。

我给阿姨连着磕头，几乎站不起来，我心里后悔呵，悔我不曾将阿姨接到自己家让她享享我的福。女儿抹着眼泪将我扶起，悌忠也是满眶的泪水。我感谢他和女儿对我的理解，对阿姨的敬重。真希望阿姨在天之灵知道我们来看她了，能够高兴……

2001 年 5 月初稿

2007 年 3 月 2 日修改

2020 年 4 月 6 日再次修改

难以忘却的两天

巴悌忠

虽说我是范元甄的女婿，但我只在和李南央结婚之前见过她两次。那时南央和我同在陕西一家三线工厂当工人。1975 年底，我俩由陕西回北京探亲，并见对方的家长。

南央的爸爸自"文革"起便与家人失去了联系，所以我所要面对的家长就是南央的妈妈。我出身于一个普通工人的家庭，对于能否被南央的妈妈所接受，心里是没有底的。

那是回北京的第二天晚上。吃晚饭时，我妈妈说："第一次登门，得带点东西去。"那些年亲戚朋友串门儿，兴带点心盒。盒里装上桃酥、萨其玛、"自来红"等等，捆绑时盒上盖一张粉色有图案的纸，透着喜兴儿。我妈妈建议买一盒带上，算是一种礼节。我没完全照办。一是觉得吃不准这位老干部是否认可这种北京人的时尚；二是觉得还是实实在在为好。于是买了一斤桃酥，一斤"自来红"，也没用什么特殊的包装，就是那个年代典型的黄褐色点心包装纸。

由于是晚饭后才出发的，天已经完全黑了下来。找到所在楼房，在漆黑的楼道里摸索着上了楼。到了门口，一边敲门，一边心里琢磨已经想过不知多少遍的问题：该怎么称呼？待南央开了门，引我进了房间，我还没琢磨好，但未来的岳母大人已在面前。她坐在一张藤椅里，手里拿着毛线团，脸上带着矜持的笑容，两眼透过眼镜片儿，一眨不眨地看着我，分明在等着我叫她。情急之中，自上中学起见到同学家长时的习惯称呼便脱口而出："伯母，您好！"

"来啦，坐吧。"一边答话，一边用眼神示意要继续缠毛线团。南央赶快拿起了毛线，母女俩便接荐缠了起来。此时，我便随手把点心放在了桌上。

看到房间不大，也没有多余的凳子，我便坐在了床沿。为了能面对老太太，只好将身体向左拧着，手撑在床上。

"缠毛线哪，"我坐下来开始找话说。

"我把旧毛衣拆了，添点儿线重新再织一件。"

就这样我们聊了起来。尽管是闲聊，我心里明白她是在观察分析我。虽然不久前，她曾在给南央的信中针对与我交友之事说："根据已知的情况，此事是很值得进行的。"但第一次见面之重要，却是不容置疑的。

那个年代，政治条件是一定要讲的。尽管那时李锐是"反党分子"，南央也被认为是出身不好，但眼前这位未来的岳母仍然是个老干部，她早与李锐离了婚，政治上划清了界限。

我们的话题包括我自己，我的家庭，包括曾当过联保主任的爷爷。我当时的感觉是：我是在接受政审，也不知是否能过关。由于干了多年的炉前工，腰部受过伤，坐在床沿又扭着腰，我不时地变换姿式，并左右手轮换着支撑在床上。这些细微的动作都被老太太捕捉到。于是我说起是如何在抬铸铁时腰部扭伤。

老太太马上说："应该上医院检查一下。"

并表示可以去 301 医院，她有熟人，能找好大夫。我听了心里一阵热乎。我的腰伤有好几年了，但仗着年轻，不太在乎。有时痛起来，过几天就挺过去了。由于从来没想过上医院看看，特别是一般老百姓难以求诊的 301 医院（解放军总医院，中央领导大多在那里就医），一下子把"受政审"的感觉冲走了。

"你们俩都去检查一下。"老太太接着说。

由于是晚饭后才去的，又不能呆太晚，聊了一阵，我便起身告辞。并顺便指了一下桌上的点心说："给您买了点儿点心。"

出乎意料的是，老太太站了起来，把点心推向我这一边，边推边说："我们不吃这个，你拿回去！"

语气之硬，没有一点回旋的余地。我那热了没多久的脑袋马上又凉了下来。我别无选择，拎起那两包点心，下楼蹬上自行车，懵头懵脑地回了家。

一进家门，我妈妈就看见了我手里拎的东西，便问："怎么回事儿？人家没收？"

我如实告之。我妈妈打开了包装纸，托着沉甸甸的"自来红"说："这么硬，难怪人家说不吃这个。"

"她连包儿都没打开，怎么知道硬？"我不服气地说。

心里明白有麻烦了。按常理，这种见面礼被拒收，是关系不被认可的一种表示。我对父母讲了见面过程中的谈话内容及我的感受，并提到了要去医院看病的事儿。

我妈妈插话说："看来不光是政审，还要体检呢！"

要说当时我还真没有想到这一层，回过头来琢磨琢磨，或许还真有这一层意思。谁知道呢？

头一次见面后没几天，南央便告诉我，已约好了去 301 医院的日子。记得是同一个星期之内的一天上午。我先到南央母亲家，然后一起乘公共汽车去医院。由于"点心"问题的阴影，我一路话不多。大部分时间眼睛看着窗外，看街景。离开北京五年多了，每次回来都发现变化。于是这些变化就成了没话找话的话题。

到医院先验了尿，一切正常。其他项目亦没问题。医生检查结论是腰肌劳损，可以理疗，但主要靠自己慢慢养。出医院返家的路上，老太太似乎很高兴，大概是因为我的身体除了腰肌劳损以外没有大毛病。她兴致很高地告诉我，做蜡疗可以缓解腰痛，她自己就常在家里做。并详细地讲了如何化蜡，如何敷在帆布上，然后再把帆布捆在腰间。讲的过程中，由于三人并排而行，南央夹在中间，老太太还特意说："你靠我近一点儿。"

我赶紧和南央换了个位置，挨在她身边。由于距离近了，我清楚地看到她的额头上冒着汗珠，说话时还有些喘。心里不禁又热乎起来。就这样谈着聊着，公共汽车站等车，上车，一起回到老太太家。稍事休息，老太太便亲自动手和起面来，包一种湖北人吃的小糖包。我试着要帮着干，老太太笑道："你不会，这面要和牛奶的。"

于是我又试着在一旁打下手儿，老太太又说："你们玩儿去吧，有我和阿姨呢。"（阿姨系家里的老保姆）

午饭席间，又就着桌上的饭菜谈了起来。比如多吃海带以补充体内所需要的碘等等。

又是上医院，又是教蜡疗，又是给海带吃以补碘，我还真有点儿"丈母娘疼女婿"的感觉。为表示回报，饭后我主动问："有什么我可以干的活儿吗？我们一年才回北京一次，有什么您尽管说。"

在我的一再坚持下，老太太说："阳台上晾衣服不方便，你可以做一个晾衣架，家里有竹杆儿。"

我一口答应："没问题。"心里想："进工厂当工人八年了，这点儿活儿，小菜儿一碟儿。"

老太太和一家人都午睡去了，阿姨在厨房洗碗，我就在阳台上搭起了晾衣架。阳台不大，且堆放着东西，要想多晾衣服就得向阳台外空间发展。我把两根竹竿固定在阳台两块侧面板上，成45度角斜伸向阳台正面板之外。然后在上面又横着搭上两根竹竿，这样不仅可以把衣服都晾在阳台外，而且上下两竿的衣服还不互相"打架"。完成后，老阿姨连声说好，我也为自己的巧妙设计而小得意一番。

老太太午睡起床后，我告她晾衣架已搭好，请她看看行不行。不知是何缘故，她的情绪与上午比判若两人。她到阳台匆匆看了一眼，很不高兴地说："这不是我想要的！"

我马上说："哪儿而不合适？我可以改。"

"算了，算了，就这样吧。"老太太边说边离开了阳台。

弄得我一扫几分钟之前的得意劲儿，悻悻地不知说什么好。由于干活出了点儿汗，而且阳台上风挺大，脸上脖子里都有点儿粘几几的。加之多少天没洗澡了，于是我就提出要去洗个澡，但不知附近哪儿有澡堂子。

南央的哥哥接碴说："我知道去哪儿，咱俩一块儿去吧，我也该洗了。"

那个年代北京人大多十天半个月去一次澡堂子。还不如我在工厂里，当炉前工可以天天洗澡。

洗澡回来，进门看见老太太在看报纸，于是也坐下来，随手拿起床上的报纸，也看了起来。那正是"四人帮"横行的年代，"批邓"，"反击右倾翻案风"。我心里明白，不能在报纸上找话题和老太太聊天儿，一聊准出麻烦。早就听说老太太要自己的孩子们学黄帅，学张铁生，提高"路线斗争觉悟"。若把我们私下对时局的看法谈出来，不光这桩婚事得不到认可，还会有更大的麻烦。老太太曾写信给自己女儿单位的党支部书记，状告女儿在家的"言行"，要党支部加强教育。幸好那位党支部书记不是

"左派"，人也比较好，不但没有借机整人，反而劝告南央："你要从正面理解你妈妈的信。"

报纸看得差不多了，老太太起了话头儿："讲讲你们工厂的故事吧。"

听了这个话题，我不禁有些轻松的感觉：不必再接受个人及家庭情况的"政审"了。于是我便讲起工厂里的"故事"。从在渭河南岸的沙滩上艰苦创业，临时工棚炼第一炉铁，到渭河发洪水时的抗洪抢险，保卫国家财产；从青年突击队挑灯夜战挖厂房基础坑，到野营拉练爬石头山，登上最高峰南天门，等等。我小心翼翼地回避任何政治，形势，路线斗争等话题。在谈话的间隙中，我心里暗暗想："跟这位老干部丈母娘聊天可真够不容易的，得动多少脑子啊！"用眼下流行的话来说："真够累的！"好在既然是讲故事，时间可长可短。没有了探讨所需要的交流意见，交换想法，也就避免了"话不投机半句多"。这大概是老太太要我讲故事的初衷也未尽可知。

闲聊之中，老阿姨告知晚饭准备好了。几道菜中的蕃茄酱炖牛肉极好吃。虽明知回到陕西工厂所在的山沟里既无牛肉，又无蕃茄酱，我还是详细请教了火候，佐料等等细节。那个年代难得吃上一顿牛肉，所以我至今忘不了那被酱汁浸炖，又鲜又嫩，色香味俱佳的美味。另一道我至今不忘的菜，是那烧海参。上菜时老保姆就说："这是给你妈妈补养身子的。"我马上就明白这道菜我是不能吃的，而且很快就发现，除了老太太没有任何一个人把筷子伸向这道菜。当时我真是惊讶不已。我来自一个普通百姓家庭，平时家里有什么好吃的，从来都是紧着给孩子吃。我到不少朋友、同学家吃过饭，从没见过大人吃独份儿。三年困难时期吃不饱，我和弟妹又在长身体时期，我妈妈常把自己碗里的饭拨出一点儿给我们。那时我爸爸自制了一个小秤，每顿饭都按定量做。我们多吃一口，妈妈就少吃一口。这一口饭菜之中渗透着多少母爱，我们当时是不甚了解的，直至自己做了父母。

看着老太太一个人就着红葡萄酒（酒也是她一人喝，不曾问过我是否也来一点儿）独享着海参，脑海里浮现着我妈妈，强烈的反差使我惊讶，诧异不已。近些年来，陆陆续续读了一些回忆领袖，领导干部的文章，才了解到大干部们这样做还有个冠冕堂皇的理由（或是借口？）：孩子们不能享受干部的吃饭标准。这种标准在中南海就是高级干部吃小灶，孩子们吃大灶，以严格教育子女不脱离群众。可那是中南海内，而且领导干部们甚至不和孩子们同桌吃饭。中南海外的干部，与自己的孩子同桌吃饭，还要分清哪些是孩子们不能吃的，孩子们会怎么想？教育孩子们不要脱离群众，自己却在饭桌上脱离了孩子们，这种教育的逻辑何在？效果何在？

尽管脑子里翻滚着由海参所引起的浪头，但美味的牛肉平衡着我的心理。我想老太太觉察到了我的惊异。虽然我极力掩饰，但以她的阅历与经历，多半逃不出她的观察。即使在她全神贯注地品尝海参时，隔三差五眼光会扫向我这一边，尽管只是迅速地一扫。

晚饭后稍坐片刻，我便起身告辞了。骑车回家的路上，怎么也扫不掉她吃海参时的情景：右手持筷，左手持勺，夹一块海参，放入勺中，再夹一些菜中的佐料，放入勺中，然后用勺倒入口中，咀嚼后，咽下。这种"左右开弓"的吃法，作为副产品，也被记忆下来。人的一生中可能总有难忘的一天。我的这一天，可以算得上终生难忘。从这一天起，我再也没有见过范元甄。因为，事隔几天后，老太太就向女儿摊牌了：要么断绝男朋友关系，要么断绝母女关系。

南央没有与我绝交，而我从此就再也没有登过老太太的家门。丈母娘不疼女婿，女婿或许还可以尽孝道。把女婿贬为"不是好东西"，以断绝母女关系要挟女儿，丈母娘与女婿的关系也就在事实上断绝了。

要说我一点儿被丈母娘疼过的感觉都不曾有过，也不准确。在短短的两次见面中，讲蜡疗法治腰伤，上医院体检，这种感受曾划过我的脑海。但最终还是被淹没了。真正体会到这种人间宝贵的感情，却是在与南央的大姨范元坤的交往之中。

七十年代，我们在陕西生活条件比较艰苦。最困难时挖野菜吃。一回北京探亲，大姨就给我们做她拿手的红烧肉，还要放上煮过的鸡蛋。要知道那时肉蛋是凭票、凭购货本限量供应的。她那是省下来做给我们吃的。她和陈忠介叔叔（大姨夫）从各方面关心，帮助我们，可谓无微不至。我们结婚时，她以娘家的长辈的身份主持操办。我女儿出生后，她由衷地喜欢，疼爱有加。我女儿则一直叫她姥姥，而不是叫姨姥姥。移居海外后，每次做红烧肉，一定要按大姨的做法烧，而我女儿最爱吃的，就是那被卤汁浸透的鸡蛋。此时的话题，便是当年的往事，和大姨对我们的一片深情。虽然我们做的红烧肉的味道远不如大姨烧的香，但它已成为我们的家传菜谱之一，因为它包含着温馨的回忆。至于蕃茄酱牛肉，则从未动手烧过，当年请教过的菜谱也早已遗忘。

南央文章中提及的大舅范元吉，自五十年代初被亲姐姐范元甄"阶级斗争"过后，生活一直非常贫困。在我和南央结婚时，他写了一封祝贺信。信中一句话，"书生情意一张纸"，令我铭记至今。我从这一句话中读出了他的深情，也读出了他的辛酸。然而更令人感动的是，信发出后他后悔不已，觉得自己的大侄女结婚，再困难也要有所表示。于是买了一张床单寄给我们。他上有岳母，下有四个儿子，收入有限，这张床单实在是超出了他的经济能力。他临终前，时逢我岳父李锐平反回北京，亲戚们告诉他这个消息，并说有可能把南央办回北京，以使李锐身边有子女照顾。他听后问了一句："悌忠呢？"听到也一起办回北京，他欣慰地点了点头。这临终前的一问，一点头，蕴含着多少深情！

南央的小舅范元乾，"文革"中夫妇俩下放到安徽六安农村。过度劳累与营养不良使两人先后患上肝炎。落实政策回北京后，两人在北京商学院任教。我在北京工作期间，逢年过节必去拜访。1984 年考研究生前，小舅尽全力帮我找资料，讲要点，押考题。他帮助的那科，我的考分远高于其他各科。在接受辅导期间，我还捎带向小舅学了如何保存和利用老汁卤肉。小舅搬家时我曾去帮忙，还给请人打制的书柜上过清漆。小舅不幸患癌症，五十多岁就去世了。他的身材与我相仿，小舅妈把小舅最喜欢的一套咖啡色便装送给我了。这套便装小舅生前没穿过几次，就病倒住院。在以后的若干年中，每当我穿上这套衣服，眼前就浮现出小舅清瘦的身影与炯炯有神的眼睛，为小舅的英年早逝而痛惜不已！

　　与范元甄一母所生的五个兄弟姐妹中，还有一个家在武汉的南央的小姨范元玳，未及与之相见。她死于心脏病，时年不到五十岁。小姨曾向她的大姐范元甄借过 200 元钱以治病，后又被迫退回。听说她死前有话："我死后绝对不许通知大姐！"小姨是想避免范元甄收到退回的 200 元后得知自己病死而自责，还是在说："我没有这个大姐"！？

左起：南央的小姨、小舅、大舅、大姨

　　人世间感情中，夫妻之情，母女之情，姐弟之情，姐妹之情，我很难在范元甄身上找到。相反，她的这些至亲之人中，活着的至今提起她来，都有如回忆残留于脑海里的恶梦一般。我的岳父李锐八十年代初平反后，有了新的老伴儿，但仍有数次半夜惊叫而醒。我后来的岳母曾告诉我，那是他梦见范元甄了，惊叫之中甚至流着眼泪，浑身冒冷汗。自己老婆的揭发往往是最致命的。李锐先是被赶到北大荒，几乎饿死。后又流放大别山，罹患哮喘。"文革"中秦城监禁了八年。前前后后二十年的折磨，时至今日还留下了挥之不去的梦魇。

　　有人对我说过，去看范元甄一次，回来要难受好几天。"她这个人简直是岂有此理，说骂就骂，不可理喻。"还有两个人在不同时间，不同地点，分别对我说过简直一模一样的话："她这个人就像曹操，'宁可我负天下人，决不可天下人负我！'"

　　过去五十年间的政治运动中，出现了不少夫妻反目，父母子女成仇，旧友同窗大打出手的残酷甚至于惨烈的情景。可是如范元甄这样对待自己的亲人们如此之绝，仍然是罕见的。在那扭曲心灵，摧残人情，破坏家庭的"大环境"已成为过去的今天，不少人开始认识到人世间的亲情是多么可贵。其实，出身于普通人家的我，就是在这亲情中长大的，即使在那种年代，这种亲情亦从未中断。像范元甄这样的人，一生大都在政治斗争的漩涡之中力图紧跟，或"六亲不认"，或"大义灭亲"，心灵与人性异化到如此之地步，实在是令人叹为观止！

顺带提一下，在仅有的那两次与范元甄见面后，她曾写过一信给我。信中提到我该怎样称呼她："革命干部子女叫阿姨，工农子女叫大妈，旧知识分子家庭叫伯母。你以后就叫我老范。"其意思非常清楚：一是划请了"阶级"界限，缘于我叫她"伯母"，属于"资产阶级"旧知识分子一类，"你我不属于同一个阶级"；二是划清了"家庭"界限，你我没有家庭关系，亦即"我不认你这个女婿"；三是你不是来自旧知识分子家庭，"叫伯母也不配"。而且这封信的署名就是"老范"。我曾想，要是我再与她见面，并以"老范"相称，她会是一种什么反应呢？

我现在已过"知天命"之年，在海外最想念的便是国内的家人，亲戚和朋友。回国休假，总是被包围在亲情之中。至于能否再与我的岳母范元甄相见，则是一个难解的未知数了。或许这仅有的两次见面已经划上了句号？

2001 年 9 月

两个相反的典型

——谈李锐并范元甄

李普

一、

李锐与范元甄这对早已分手的夫妻，在他们结婚前后，其人其性格都曾给我留下深刻的印象。他们 1939 年婚后去了延安，被普遍称赞为非常美满的一对。读了南央的文章《我有这样一个母亲》，我才知道他们两人生活和离异的一些细节，大大印证和加深了我对这两个人的理解。

我认为这是思想改造的两个截然相反的典型，两个人各处一极。对知识分子的思想改造是从延安开始的。可以说，范元甄在延安经过整风运动就改造好了，而且改造得出奇地好，出奇地彻底，因此，思想言行"左"得出奇，越来越"左"得不可思议。李锐恰恰相反，几十年间无论用什么办法都没能改造他，批斗也罢、撤职也罢、开除党籍也罢、流放也罢，李锐还是李锐。他一生中越来越自觉地反"左"，老来反"左"更坚决、更积极。李锐晚年回顾，说延安整风运动奠定了他一生反"左"的基础。范元甄总说李锐太"右"，两人对比，不能说这话没有道理。不过，我觉得这两顶帽子对他们两人都不适合。范元甄在延安的丑闻和以后的恶行，能说是"左"吗？"大跃进"时期李锐向毛泽东说真实情况、将真话，能说是右吗？所以，我想从思想改造这方面来说。范元甄是思想改造完全成功的典型。李锐恰恰相反，是思想改造彻底失败的典型。

思想改造的对象是知识分子。抗日战争时期投奔延安和其他抗日民主根据地的知识青年，当年被称为小资产阶级知识分子。新中国成立以后，知识分子渐渐地属于资产阶级了。思想工作的理论根据，应当是这句话：牛都可以改造得能耕田，为农夫所用，人当然也可以改造，为党和革命所用。思想改造的要求是叫这些人成为"党驯服的工具"，成为"革命的螺丝钉"。总而言之必须听党的话。我亲耳听胡乔木说的是大家必须做"棋子"，他说，如果棋子不听话，这盘棋怎么下呢。

思想改造是我们的一大发明、一大创造，古今中外都没有过。从前国民党抓到共产党人，开始很快杀了，后来投入感化院，也叫反省院，其实还是监狱，暂时留着不杀，你的活路是投降。希特勒对犹太人、斯大林对他认为的异己分子和可能的异己分子，都是一杀了之，不要他们改造思想。思想改造发展到"文化大革命"，是二十世纪中国的大悲剧，也是人类历史的大悲剧。

现在不提思想改造了，这是改革开放以来不知不觉地改掉的事物之一，是我国政治生活中的一大进步。但是我在这里所说的这两个各自代表一极的典型，他们的出现和发展，很值得我们深思。何况这两人曾经是夫妻，而李锐之被开除党籍、被流放，又同范元甄下毒手揭发分不开呢。

我想，如果没有范元甄，李锐将少受许多罪；不过既已有了范元甄，就更衬托出李锐的光彩。这两个人反差太大了。我这篇文章不打算多说范元甄，所以曾经想标题为《李锐和他的陪衬》，觉得有点费解，便用了现在这个题目。

二、

我认识李锐是 1938 年在长沙，我在湖南文化界抗敌后援会，他是中共湖南地下省委的青委负责人。我们这些后进很崇敬他们那些"老干家"，李锐是其中的一个。有一次大概是在《观察日报》，许多人一起谈天，李锐高谈阔论，他说："现在领导学生运动，如果要闹次把学潮，那是绝对有把握，毫无问题的。"那样地坦率和豪迈很少见。也许有人要说他狂妄，所以我至今记忆犹新。以后四十年间，我同他极少接触。只记得是 1946 年，我在北平，他在承德，我给他寄过有关国民党地区民不聊生的新闻通讯。1979 年初，他得到平反，从流放地回京。那天大概是于刚夫妇作东，请李锐和南央吃饭，黎澍和我两对夫妇在座。不用说大家十分高兴，谈笑间李锐大声说："帮我找个老婆啊，我要个家啊！"那样坦率和豪爽，还是四十年前的李锐，一点也没变。

后来我想，他受了二十年的种种苦难，那年六十一岁了，除了有个已经成年的女儿南央，便是子然一身。释放回来了，却无家可归，只能住招待所，岂不叫人掉眼泪。但是李锐却正如他《八十自寿》诗中所说："不发牢骚不自怜，楚狂本色总依然。"他那几首诗蕴涵者大，不限于做人，不过我想做人这方面也包括在内。

那时我不知道他同范元甄离婚的详细经过，更不知道他们离了又结，结了又离，离过两次婚。那天便接口说："同范元甄复婚嘛。"

于刚立即拦住我："那不行。你不了解情况。范元甄在关键时刻揭发李锐，把他往死里整。"黎澍还谈到，"文革"之初，他也被范元甄揭发过。（后来还听说，同李锐关系比较好的电力部部长刘澜波，也被这位范元甄揭发过！）

不久以后，我们成了近邻。我搬到了三里河。李锐住到了木樨地二十二号楼。他成了家，妻子张玉珍十分贤惠。她曾经是个"小八路"，来自出美女的陕西米脂，那地方果然名不虚传，她年轻的时候必定很漂亮。"文革"中她非常讨厌江青那一套，凭她出身于贫农家庭的身份，她在建设部尽力保护老干部。她一心关注李锐，照顾他无微不至，使他能全心全意思考大事，著书立说。她早年当过护士，对老年人的医疗保健很内行，更是李锐的福气。我曾经对他们两口子说，这是上天在李锐晚年对他的补偿。他一辈子受苦受难，上天该当向他赔罪。后来黎澍也搬来了，住在二十四号楼。我同他们相隔一条马路。三人连同三家往来十分密切。他们两位是我的良师益友。那几年同他们住得那么近，交往那么深，受益很大，应当说是我一生中最大的幸运。

我们常常在一起谈天说地，上下古今，无所顾忌。有一天我说："我曾经认为我很懂政治。我给年轻人讲课，诚心诚意讲新闻记者应当是个政治家。我现在才知道这是自作多情，其实我一点也不懂。"黎澍说道："何况你呢？我懂吗，我也不懂！"李锐以他惯常那十分自信又十分潇洒的神情，这时还故意带点儿卖弄的口气说道："对不起，我可早就懂了。不过我有我的办法。"

我在《黎澍老夫子》一文中讲了这件事。这个话题当时一笑而罢，又谈起别的来了。后来我想，李锐也不是瞎说的。他很早就研究毛泽东。他在兼任毛泽东秘书的时候获罪遭遣。他在狱中思考了他半生的经历，作了几百首诗。许多诗是关于毛泽东的思考，还有一些是有关历史、人物和为人处世的思考；出狱以后出版了《龙胆紫》诗集。后来他写了《庐山会议实录》，一时洛阳纸贵，再后来成了研究毛泽东的权威。要想弄懂中国的现代政治，不钻研毛泽东的书，不懂毛泽东其人其事及其思想和心态，是根本不可能的。

这些话对不对呢，是对的。但是太简略了。他两次坐牢，作诗是在第二次。第一次坐牢是在延安整风的"抢救运动"中。两次坐牢之间，还有 1959 年因庐山一案被批斗半年，然后开除党籍、流放。流放中饥饿和劳累差一点儿要了他的命。

这三次大磨难都没能改造他什么。真是既锻又炼，好像孙悟空被推入了太上老君的八卦炉。他比孙悟空还多烧了两次，不仅没有被烧成灰烬，却像孙悟空那样在炉中炼出了"火眼金睛"。

三、

先说第一次。这次坐牢是在延安，从 1943 年 4 月到 1944 年 6 月，受罪虽然不小，但关押的时间比其他要犯短，只有一年又两个月。但是这次经历对李锐的一生意义十分重大。去年（2000年）他在《世纪之交感言：还是要防"左"》一文中说：

延安的抢救运动，使我头脑更冷静，较能在复杂的环境中坚持自己的看法。

当时的情形，他曾写道：

1941 年，整风运动先在上层进行，主要是整王明的"左"倾教条主义，清算他在内战时期对党造成的危害与损失；也听说批评了周恩来的经验主义。……随后整风从上层转到全党来进行，就涉及到广大知识分子，当时把知识分子的什么缺点都归结为"小资产阶级思想"。这跟解放以后的知识分子思想改造运动，归结为"资产阶级思想"是类似的。关于延安整风运动的历史意义，似已经有了定论；但知识分子从而把自己贬得一钱不值的副作用，很少有人谈及。整风运动随即转入了可怕的"抢救运动"，至今没有看到对此事的全面论述，境外倒是有了这种书。我就是在这次运动中被捕坐牢的。

他何以被捕呢？有两三个人在逼迫之下，承认自己是特务，诬陷李锐是他的上级。这当然是主要原因，除此之外，他那样放言无忌地高谈阔论，恐怕也早已引起了康生的注意。康生是毛泽东领导整风运动的主要助手。他 1937 年从苏联回来，把苏联肃反那一套也带了回来。这个在党内身居高位的"肃反"专家有一句名言，说延安党政军各机关"特务如麻"。他说李锐对共产党有杀父之仇，他的父亲是红军杀掉的。事实是他父亲 1922 年病故，那时候还没有红军。父亲的朋友 1921 年的党员李六如曾经前往吊唁，在延安澄清了这件事，可是到 1959 年康生照旧那么说。

李锐对他自己那关心时政又直言无隐的习性，到老无怨无悔。他的名句"关怀莫过朝中事，袖手难为壁上观"，已经由一位书法家写成对联挂在他的客厅里。他《七十自寿》中还有这样的句子："多年习惯探闲事"，"依然一副热心肠"。"探闲事"是我们湖南的土话，意思是管得宽，与己无关的事也要管。诗中还说："书生议论曾何补，世事沧桑佐乱谈。"但是，"应借覆车追往事，仍须放胆写文章"。1981 年我夫妇俩请廖沫沙、黎澍等几位老友夫妇来寒舍小聚，李锐即席口占一首，也是这个意思，诗曰："举杯难得竹林欢，都是古稀花甲年。海内久经文字狱，人间本好自由谈。"

遥想当年，国民党统治区的茶馆饭店普遍张贴着"莫谈国事"的大字告白。那些满怀革命激情的青年知识分子来到革命圣地延安，怎么能不兴高采烈，高谈阔论，何况李锐呢？他们这样谈着谈着，就谈出一张墙报《轻骑队》来。

延安 1941 年前后的这张墙报，一出现就轰动一时。它大约有三块门扇板那么大，竖立在延安北门外中央青委所在地的大砭沟口。延安及其附近七八里路甚至更远的各个单位大大小小的干部，包括其时已经调任毛泽东秘书的胡乔木，每期必定专程来看，因此后来每期又刻蜡版油印出来。它的内容多涉及到延安的"阴暗面"，有一期也集中批评了文化界萧军等人士的一些短处。据说从前线回来的王震将军，看到一篇批评时弊的文章后拍桌子大骂，这些小资产阶级搞什么名堂！

关于创办《轻骑队》的缘起，据《李锐其人》这本传记记载，当年负责把每篇文章用毛笔抄成大字报的童大林说得很有意思：

> 说实在的，要光是像我这样的一些中学生，就闹腾不起这个事儿来，因为我们都比较老实、听话，领导让怎么就怎么。这些大后方的大学生一来，中央青委机关立刻成了当时延安青年中文化层次最高、最活跃的一个单位。这些人原来都是各省抗日青年团体的头头，能说能写，又会组织活动。
>
> 过了一段时间，他们对延安好些事情看不惯，每天晚饭后，就聚在窑洞前聊天儿，谈的尽是这类话题。于是有人提议：办个墙报，将这些意见写上去。大家赞成，事情就是这么定的。

李锐那时是中共青委的宣传科长，正是童大林所说的从大后方来的那种大学生，当然是《轻骑队》的积极分子。

《轻骑队》引起了老红军中王震这样一些大人物的不满。整风开始以后，当时的中共中央宣传部长、以"左"倾著称的凯丰，两次找有关的一些人谈话，包括李锐在内。凯丰批评他们不该在革命如此紧张和困难的时候，尽讲些饮食男女，小资产阶级清谈。这张墙报就停刊了。

《李锐其人》中说，《轻骑队》停刊，毛泽东似乎不大以为然，他说：让他们把屁股转过来就行了嘛。

整风运动改造知识分子，目的正是要让他们把屁股转过来，从小资产阶级方面转到无产阶级方面来，从错误路线转到毛泽东的正确路线上来，从自己用脑子统一到以毛泽东思想为思想这方面来。而李锐的屁股偏偏转不过来。他是个爱独立思考的人，又不是个独善其身的人，而是个"好事之徒"。这是一位老前辈对我说的。他曾经是李锐的上级，后来是我的上级。九十年代有一年我们三人在青岛碰到了，多次在一起谈天。他对我说起李锐，给了他这四个字的评语。这四个字通常含有贬义，如果从褒义来用，我认为李锐恰恰是这样一个人。

李锐那次在延安被关起来，他是怎样对付的呢？他说：

这样突然而来的打击当然毫无思想准备。不过我是湖南平江人，那个地方红白斗争极其剧烈，老家中有好些老弱妇孺被红军移民而死去，也有党员亲属被国民党杀害，从小也知道一点党内斗争残酷的情况。1940 年到延安，我就去看望过父亲的老朋友李六如，在后来的接触中，他谈过自己受屈的经历。

可见，八十年代那次他在黎澍和我的闲谈中说，他对中国现代的政治早就懂了，确实不是瞎说的，他有从小到老那许多亲身的经历。关于那次在狱中，他说：

> 在枣园，保安处等地共关了几百上千人。……当时逼供很厉害，我经历过五天五夜不给睡觉，不准眨眼睛，认为这样就可能失去控制讲出真话。我当时挺住了，没有乱讲。这种办法有长到半个月的。

> 受审时，通常是长时间立正站着（以至腿肿）和坐板凳；有时加戴手铐，时间长短不定。我手上的伤痕，几年才消去。也挨过耳光之类。

在那样的逼供之下，李锐挺住了，没有乱讲，这是很不容易的。整风运动中乱讲乱咬的人很多，这一点尤其非常触目地照映出他这个人不同一般。例如当时李锐所在的《解放日报》系统，百分之八十的人打成了"特务"，都是人们你咬我、我咬你、乱咬出来的。

李锐在"抢救运动"中进了监牢，他的妻子范元甄受牵连，也成了被"抢救"的对象，在监牢外面接受"抢救"。不料结果大出人们意外，这位"被抢救者"的女士跟那位"抢救者"的男士睡到一起去了。

四、

李锐《八十自寿六首》第一首的开头两句是"精神独立自由难，八十行吟气浩然"。自由虽说是天赋的，是与生俱来的，毕竟还决定于环境，自然环境和社会环境都可以剥夺你的自由。精神是否独立却完全由自己做主。李锐可以吹这个牛皮，他一辈子做到了独立思考，我佩服他的首先是这一条。

他独立思考，开头很顺利。武汉大学时期，参与组织自发的共产党小组，抗战前夕去北平，才正式接上了党组织关系。到延安不久，1941 年调到《解放日报》当编辑，第二年管评论，他还可以畅所欲言。他写了一篇社论《开展吴满有运动》，对推动大生产运动起了很大的作用。他写社论没人出题目，常常是他自作主张写的。那年《解放日报》改版的时候，毛泽东叫报社的人去谈话。李锐本来对毛泽东十分钦佩，这次毛泽东的许多话却令这个大后方来的大学生很不满。毛那次讲话，主要指责那些"小资产阶级知识分子"批评延安某些现象，是由于抱着平均主义思想。他说大家穿土布，他穿斜纹布，两个吊口袋（一般土布制服是扎口袋）；还伸出两个手指头强调地比划着说："大家点一盏小菜油灯，我就要点两根洋蜡烛！"李锐大不以为然。我没去过延安，抗日战争期间我在重庆新华日报。他对我说，你一定想得出，全不是那么回事，我们是对那种等级森严的制度看不惯。对这些老前辈，我们既尊敬又关爱，他们吃尽了千辛万苦，我们怎么会计较他穿斜纹布和点几根蜡烛呢。他这种反感，当时就对胡乔木说了。

李锐出狱以后继续在《解放日报》工作。以后主办过两张报纸，他在新闻工作岗位上八年之久。1952 年调任湖南省委宣传部长，1952 年就借口他在大学是学机械的，坚决请求"归队"。他的传记作者宋晓梦说李锐"这八年的新闻工作生涯是幸运的"，"在中国，不少很有思想、很有才华的新闻界老前辈，就没有李锐这种幸运了。"这话说得很对，我赞成。

关键是 1953 年，这是应当在新中国历史上大书特书的一年。这年六月毛泽东提出了党在过渡时期的总路线，否定了他自己和中共中央多年前提出、以后又再三庄严肯定的新民主主义道路。《毛选》第五卷 81 页《批判离开总路线的右倾观点》的题注说明，在这个讲话中，"毛泽东同志批判了刘少奇等人提出的'确立新民主主义社会秩序'右倾机会主义观点"。从此我国走上一条越来越"左"的错误之路，直到 1978 年十一届三中全会决定改革开放。这条错误历时二十五年，即四分之一个世纪。新闻工作是党的喉舌，它只能推波助澜。李锐恰恰在开头的 1953 年之前的 1952 年离开了，难道不是幸运吗？

李锐的另一幸事是他主持中共湖南省委机关报时候，他碰到了一位好上级——省委书记黄克诚。他是李锐第一位最敬仰和感情上最亲密的前辈。他曾这样写道：我"敢于没遮拦，随便交心，明明知道对方不会同意，也敢于表达、敢于坚持己见的，黄老是头一个。"果然如此。抗美援朝之初，报纸社论涉及一些国际评论，黄克诚批评李锐的做法，李锐不服，省委便向中央请示。中宣部回电来了，同意报社的做法。黄克诚把回电给李锐，笑着说："你胜利了。"

这是李锐敢于坚持己见的光荣纪录之一。但是，从另一方面看，这却正是这个知识分子没有改造好的证明。改造好最主要的标准是服从组织、听上级的话，不要有什么独立思考。李锐恰恰相反。他这样一个人，在那样的年月早晚还要吃大亏、倒大霉。那好像是命中已经注定，逃不掉的。

那时黄克诚也奉命调离湖南，到北京担任中央军委总参谋长，邀李锐同车赴京。他在车上再次告诫李锐，要懂得中国的人情世故，尤其是对上不要硬顶，实际上多数上级是受不了下级硬顶的，所以有时候反而误大事，反而因小失大。他向李锐强调："批评权不要太大。"我同李锐谈起黄老这些话，他特别记得关于批评权那一句。这些话依然是金玉良言，但是，如果李锐照此实行，也许李锐还是李锐，也可能李锐就不是李锐了。这个假设的问题我想不清；问他自己，他略带几分苦涩，微笑不答。

五、

李锐如愿以偿归了队，离开了意识形态领域的工作，到燃料工业部当了水电建设总局局长，后来当了水电部副部长。水电建设是他一生工作最长的岗位，前后十一年。他成了这一行的一名大专家，是那个冒天下之大险的长江三峡工程的永远的反对派。他出版了三本水电问题的专著，在国内外影响很大。但是这项工作也给他带来了毕生的遗憾，他《八十自寿》中第六首专叹这件事，首联说："耋矣无穷遗恨篇，至今水电未优先。"关于水电工作本身，我这篇文章就说到这里为止。

往下要说的是，在与水电有关的长江三峡问题的争论中，他意外地得到了毛泽东的赏识，毛当场任命他当秘书。胡乔木、田家英等许多人为他庆幸，周小舟祝贺他"中了状元"。他从此卷入了政治漩涡，然后在庐山会议的狂风恶浪中遭到灭顶之灾。

三峡问题的公开争论早在 1956 年就开始了。长江水利委员会的负责人林一山发表了一篇长文，极力主张兴建三峡防洪水库，鼓吹这项工程赶快上马。李锐也发表了一篇长文针锋相对，认为根本不应当兴建。毛泽东最初接受了林一山的意见，很想让三峡尽快上马。直到 1958 年 1 月在南宁举行中央会议，才知道在这个问题上有尖锐的争论。他便命令双方到南宁当面辩论。这场交锋在毛泽东面前进行，人称"御前辩论"。

许多人为李锐担心，因为整个南宁会议的主旨是"大跃进"，周恩来、陈云在实际工作中反"冒进"，在会上被毛泽东指责为"离右派只差五十步"。这场"廷辩"先是口头讲，林一山讲了两个小时。李锐接着讲，只讲了半个小时，却使听者为之动容，显然占了上风。最后，毛泽东说讲了还不算数，要两人各写一篇文章。第三天晚上继续开三峡的会，这时胜负已决，毛泽东讲话，说李锐文章写得好，大大表扬了一番。最后，毛泽东指着李锐说，你当我的秘书，我需要你这样的秀才。李回答说，当不了，水电业务忙得很。毛于是说，是兼职的嘛。事情就这么定了。

关于这场争论，李锐在回忆文章中说：

在当时那样紧张的批判反冒进的形势之下，三峡这样具体问题争论的结局，同这种形势是完全不协调的。由此可见，只要言之成理，毛主席那时还是很听得进反面意见的，尤其是小人物的反面意见。

其所以是反面意见，除了那时那越来越"左"的整个形势之外，毛泽东两年之前还曾为他预期中的三峡大坝，写过一首豪情遄飞的词，其中说："更立西江石壁，截断巫山云雨，高峡出平湖。神女应无恙，当惊世界殊。"

李锐这个看法，我不完全赞成。"言之成理"固然十分重要，更关键的是，这件事无损于毛泽东那条"左"的政治路线，因此无害于他那领袖的地位、权威和尊严。历史事实已经再三证明，毛泽东不是宽宏大量、听得进反面意见的。李锐这个有欠准确的判断，我认为恰好反过来表明他自己豁达大度，不是个心胸狭窄、鸡肠小肚的人。

那天毛泽东在会上称赞李锐的文章写得好，一再说"我们要有这样的秀才"，"大家都要注意培养秀才"。这次南宁会议产生了一个《工作方法六十条》草案，大部分是毛泽东写的，其中就专门有一条"要培养秀才"。李锐不以为然，认为那不是写文章的问题。他在回忆文章里说：

> 在三峡之争中，我是从自己的工作水电建设同国家经济发展规律的关系，作了较全面的了解，才得出比较切合实际的看法，从而坚持了自己的观点，毫不动摇。如果要对优胜者赞扬的话，首先应当是义理和经济，并非词章；而且这是在脱离了坐而论道的宣传岗位之后，才能做到的。

六、

李锐在完全意外的情况下当了毛泽东的兼职秘书，不能说他不高兴，但更多的是忧心忡忡。他深知自己心中藏不住东西，心直口快，尤其没有应付高层人事关系的本事，恐怕容易惹祸。而且，他早已从他的好朋友田家英和周小舟等人口中知道毛泽东一些习性。田是毛现任的秘书之一，周从前当过毛的秘书。他们说毛任性多变，高深莫测，当他的秘书很难适应，也许今天跟上了，明天他变了，你反而因此受批评。李锐回到北京，向当时的电力部长刘澜波讲了这种心情，说他自己会"碰鬼"的。这两个字也是我们湖南的土话，可以作多种解释，用在这里的意思是前途未卜，大概会倒霉；不料真成了谶语。

他开始当这个兼职秘书是在"大跃进"高潮期间，他先后给毛泽东写了三封信反映他对"大跃进"的观感，措辞虽然委婉，意见却是尖锐的。例如说：1958 年制订国家经济发展计划，"几上几下，大上大下"，其中"也有个思想问题，就是对一些问题不敢大胆怀疑，否则会有对于离开总路线和产生立场问题的担心。"又说："去年一年的思想解放运动，确带来某些负作用。"这些，毛泽东似乎都听进去了。

特别是 1959 年 4 月在八届七中全会上，毛泽东在三个多小时的讲话中多次点李锐的名，说他写了三封信给我，我看这人算是好人，有点头脑，就是胆小，给我的信先给李富春看，怕你的顶头上司，不怕我；我这里不是正统，是插野鸡毛的。又大声问，李锐来了没有？你坐到后面干什么？你坐到前面来嘛。又说我感谢你，共产党感谢共产党。毛那次讲话涉及党内上层许多历史纠葛，讲得疾言厉色。而正是在那满篇气话中再三夸奖李锐，难怪会后有人跟李锐开玩笑说："你真是红得发紫了。"

他自己在回忆文章中，说受到如此殊荣，自然也感到安慰；但又怀着一种惶恐，今后这个"秘书"怎样当下去？能否再这样"若即若离"下去呢？

没想到作为"秘书"，他的好运到头了，三个多月以后他就翻了船。他的《八十自寿》中有一句话说，"六不怕唯头尚在"，可以看做他此后二十年受罪生涯的概况。

所谓"六不怕"，就是戴机会主义帽子、记过、撤职、开除党籍、老婆离婚、杀头，这六项都不要怕。这六不怕恰恰是毛泽东在这次三个多小时的讲话中再三讲解和强调的。毛泽东这些话对于理解李锐其人其事和理解中国现代政治都十分重要，两者是不可分的。因此请允许我从李锐的回忆文章里抄下这两段：

在讲到第十五个问题即要解放思想时，毛又点我的名说：李锐怕鬼，要改。要解放思想，不要怕鬼。现在我们同志中有一种空气很不健康，怕挨整，以为总不知道有哪一天要整到他头上来，所以谨小慎微。好嘛，公事公办，怕什么？只要不杀头就行，其他都可以，戴机会主义帽子、记过、撤职、开除党籍、老婆离婚。"舍得一身剐，敢把皇帝拉下马"，王熙凤乃是治世之能臣，乱世之奸雄。舍不得砍掉头，就下不了最后的决心。岳飞不是砍了头，比干不是挖了心吗？明朝有廷杖制，顶皇帝就打，廷杖打死者几百人、千把人，至于推出午门斩首者更多。但是那些人敢讲，冒死上谏。我们共产党干部很不勇敢，不肯尖锐。无非是怕穿小鞋，怕失掉职务，怕失掉选票。我就讲透这些人的心事。我跟陈伯达讲过，你不尖锐，无非怕丢掉选票。连封建时代的人物都不如。无非是开除党籍、撤职、记过、老婆离婚，砍头也只有一分钟的痛苦。风波亭的戏还要唱，岳飞砍了头，有什么不好？

接着讲第十六个问题即党内批评时，毛又借海瑞敢于冒死上谏的历史故事作了发挥。毛说：现在搞成一种形势，不大批评我的缺点。你用旁敲侧击的办法来批评也可以嘛。我送了《明史·海瑞传》给彭德怀同志看了。你看海瑞那么尖锐，他给皇帝的那封信，那是很不客气，非常不客气，皇帝看了这封信丢在地下，然后又捡起来，想一想觉得这个人还是好人，但是终归把他捉到班房里头，恨透了，准备把他杀掉。嘉靖皇帝炼丹修道啊，昏庸老朽，坐了四十几年天下，就是不办事。有一天皇帝死了，班房里的人告诉海瑞，恭喜你了，你要出班房了，要升官了。他听了这话以为是假的，他就拼命吃饭吃肉，准备杀头，以为是要杀头了。班房里的人告诉他，不是要杀他，是皇帝死了。他听了以后哇哇大哭，把所吃的东西统统吐出来。我们的同志哪有海瑞那样勇敢。海瑞比包文正不知要高明多少。有一个戏叫《三女抢牌》，有海瑞出场。我把这个《明史》给彭德怀同志看，同时我也劝你（指周恩来）看，你看了没有？周恩来当场回答：看了。

当晚李锐见到田家英，两人都感到突然和费解，毛这样讲到海瑞，似乎是鼓励人们学海瑞，敢于讲真话，不要今不如昔，连明朝廷谏之风都赶不上。田家英向李锐谈了胡乔木的看法，胡认为毛引出海瑞的说法不止这一次，实际上是要求不要出海瑞。田李两人都认为乔这个看法很深刻。后来的事实证明果然如此。中国再也没有嘉靖皇帝了，海瑞却是有的，不过太少太少。三个多月以后庐山会议上的彭黄张周和李锐，活该倒霉，谁叫他们像海瑞那样呢！

对于这"六不怕"，张闻天在庐山会议上的长篇发言中说："主席常说，要敢于提不同意见，要舍得一身剐，不怕杀头等等。这是对的。但是光要不怕杀头还不行。人总是怕杀头的，被国民党杀头不要紧，被共产党杀头还要遗臭万年。所以问题的另一面，是要领导上造成一种空气、环境，使得下面敢于发表不同意见，形成生动活泼，能够自由交换意见的局面。"今天谁会说这些话不对呢？但是当时不行，因为毛泽东是批评不得的，是不允许对毛泽东提不同意见的。

七、

1959 年庐山会议，从 7 月 2 日起，开了一个多月。最初是开中共中央政治局扩大会议，本来是为了总结 1958 年"大跃进"以来的经验教训。毛泽东接受了湖南周小舟的说法，对国内形势概括了三句话："成绩伟大，问题不少，前途光明。"与会者认识不一。彭德怀感到会议对"左"的错误认识尚有不足，7月14日送给毛泽东一封信，陈述了自己的看法。7月16日毛泽东加了《彭德怀同志的意见书》的标题，批示印发到会同志讨论。到后来看，种种迹象表明，毛泽东已经下定决心，要彻底收拾彭德怀了。

小组讨论中许多人赞同或者基本赞同彭德怀信中的观点，也有些人表示反对。"左派"开始进攻，说彭的信中刺很多，许多话都是影射毛主席的。黄克诚、周小舟、李锐发言同意彭德怀信中的精神。张闻天的长篇发言，尤其明确赞成彭德怀的意见，而且讲得更深刻、更尖锐。那是7月21日。

7月23日召开全体大会，看来毛泽东感到大事不好，紧急摊牌。他指责彭德怀和赞成彭德怀的人表现了"资产阶级的动摇性"，"离右派三十公里"。他讲得声色俱厉，虽然没点彭德怀的名。他说："我这些话是在大庭广众当中讲的，有些伤人。但现在不讲，对这些同志不利。"从此庐山会议由纠"左"变为反右。

7月31日、8月1日中央常委开会，认定彭德怀是要夺毛泽东的权。

为了彻底解决彭德怀的"问题"，8月2日至16日，举行了八届八中全会，对彭德怀、黄克诚、张闻天、周小舟、李锐进行批判处理，把前头四个人称为"反党集团"、"军事俱乐部"。从张闻天发言的质量和力度来看，以及从他在党内历史上的地位来看，他应当排名第二才对。但是军队太重要，军权不可旁落，必须定名为"军事俱乐部"才够分量；张闻天不是军人，便排成第三位。李锐呢，在批判中大体上享受了同等待遇，但是排起名来，只好把他称为"追随者"，因为他不是中央委员。本来，倘若不是作为毛泽东的秘书，凭他水电部副部长的身份，他根本没资格上山来开会。

随后在全国打了三百八十万名右倾机会主义分子。二十年后，这个全国性的特大冤假错案，从彭德怀起得到了彻底的平反。

八、

　　李锐回到北京，在水利电力部接受批判和"帮助"，为时半年之久。首先在水电部打出一个"李锐反党小集团"。然后从全国水利系统调了许多人来深入批斗，"李锐反党小集团"影响到二百多人。他的传记作者找到了幸存的一本《批判斗争李锐反党集团发言选编》，从中可以看出，他对建国以来的历次政治运动都不赞成，都零零碎碎表示过不同的意见。他对毛泽东是崇敬的，只是不肯盲从，保留着一点独立思考。

　　这种批斗和"帮助"，使他对党完全绝望了。中直机关党委负责人找他谈话，告诉他已经决定开除他的党籍，问他的意见。他回答说："赞成开除，没有意见。"李锐对我回忆起那个场景说："当时完全绝望了，我觉得党已经没有希望，自己又报国无门，悲哀极了。"

　　李锐白天在机关挨批斗，晚上回到家里，又一场批斗在等着他。自从李锐出事，当时还是他妻子的范元甄就同他划清界限，晚上在家里对他批斗。怎样批斗的，外人不知其详，李锐只有一句话："那简直不是人过的日子！"

　　据我所知，在历次政治运动中自我了断的人，大多数是由于回到家里还要挨批斗。家是一个人的窝，是他或她的避风港，是这个人最后的退路。如果回到家里也被当成敌人，就真是走头无路，只有死路一条了。我的一位好朋友，就是这样投水自尽的。他在外面挨了斗，被人打了一记耳光，回到家里，他的妻子又率领儿女斗他，他就走上了绝路。李锐呢，却只感到每天昏昏沉沉，精疲力竭，而没有想到去死。他的传记作者宋晓梦对李锐说："你一辈子的经历，够你死好几回的了。"李锐回答道："叫我自杀吗？我可不是那样的人。"宋晓梦这一笔写得实在好。

　　事有凑巧，范元甄这样对待李锐，引起了李锐的秘书出来打抱不平。李锐从庐山下来，再没有回过他的办公室。办公桌的抽屉里放着范元甄前不久给他的一封信，李锐完全忘记了。那位秘书发现了这封信，看到原来范元甄对大跃进也怀疑，对报纸上放卫星的报道也觉得难以置信。这同李锐的观点相差不远，那么她何以要这样对待李锐呢？那位秘书气不过，便把这封信交给了组织。有这个真凭实据的罪证，范元甄也没有好日子过了，她也成了被审查的对象，并且调离了总工程师的职位，下放到车间当一名工人。范元甄一不做二不休，进一步揭发李锐。最要命的是平日李锐有关毛泽东的一些私房话，范元甄全都揭发了。二十年后刘澜波才告诉李锐，范元甄写了两个笔记本，邓小平看了之后说，太恶劣了，烧掉！

本来，水电部的党组织准备在李锐经过批斗以后，保留党籍，降为司局级干部使用。庐山那个"反党小集团"的头头彭黄张周都是按这个规格处理的，唯独李锐被开除党籍、开除公职，一抹到底，下放劳改。由于范元甄的揭发，李锐被他从大学时代以来一意寻找和追随的党彻底抹掉了。当时水利电力部不能对他说那么多，不能把事情说明白；只能含含糊糊告诉他，这不是部里的意思，是上面决定的。

李锐被送到北大荒，同右派分子一样过劳改生活，过分的饥饿和劳累差一点儿要了他的命。后来那里死了许多人的事为上面所知，活下来的右派蒙恩撤走了。照说李锐是右倾机会主义分子，比右派分子罪轻一等，但是这次恩泽却没有他的份，因为他是单独在一个村子里劳改的。后来亏得田家英请李富春帮忙，他才捡了一条命回到北京。这一段人间地狱的生活长达五百七十天之久。

1961 年 11 月他回到北京，很快办了离婚手续。早在北大荒期间，范元甄就给李锐打过长达几百字的电报，声明非同他离婚不可。

他在北京两年，又被下放到安徽磨子潭水电站。说的是下放锻炼，当文化教员，实际上是继续劳改。这时候人们隐隐约约告诉他，是范元甄告的状，而且主要是涉及毛泽东。李锐才恍然大悟，原来是范元甄把他往死里整。

范元甄何以下得了这种毒手呢？

这是延安整风运动的成果。读了上引李锐那篇文章，细细想一想，我终于明白了这一点。李锐在那篇文章里说：

当年也还有某些值得回忆的民主生活。延安整风开始后，广泛填写

"小广播表"，即属十分异常的行动，以后就逐渐不敢随便说话了。建国之后，战争年代这些传统不仅继承下来，而且历次运动有所发展。党员要做驯服工具，人人以当螺丝钉为荣。

关于延安整风运动，最近许多年来我想过很多很多。听党的话，做党的驯服工具和螺丝钉，是延安整风运动和一路来对知识分子进行思想改造最根本的也是最直接的目的。但是在这件大事中，我不知道有填写"小广播表"这个细节，更不知道这个细节起了如此巨大的神奇的作用。我属于地下党，没有到过延安。这个细节是我从前不知道的，想必也大出许多人意料之外，所以我想值得我们探究一番。建国以后不填写这种表了，但是它的精神实质被继承了下来。我想，弄清了这件事，就更能了解整风运动，也就能了解范元甄。

我向李锐提出了一些疑问，这里把他的回答集中如下：

"要求填写的内容是对党不利的言论，还有一切你认为不正确或者不正常的言行。我填了，不填不行。我对人说过博古二十五岁当中共中央的总书记，还是个小青年，怎么行呢？现在只记得我填了这句话以及向谁说的。此外还填了自己说的什么以及别人说的什么，都记不得了。"

我又问只填自己说的不填别人说的行不行？他说："不行。你不填别人会填，你躲不过去的。厉害得很哪。"

这样，我逐渐明白了填"小广播表"，何以具有那么巨大和持久的威力。你自己或者别人说了什么应当注意的话，何时何地，何人在场，如此等等，所有这些，如果你填了，固然可能给你带来某些麻烦，严重的甚至可能如一句顺口溜所说："坦白从宽，牢底坐穿"。但是如果别人填了而你没填，你就更被动了。往轻里说，是你这个人嗅觉不灵、嘴巴不紧、警惕性不高、政治上不强。往重一点说，那就是你这个人不老实、不忠诚、对党有二心！再往前一步就是，你这样的人一定还有重大的隐瞒，你赶快交代吧，赶快坦白吧。你再不坦白交代，党就来"抢救"你。如果你再不听党的话，拒绝"抢救"，你又如何得了！

所以，人们只能和盘托出，实行"无事不可对党言"。性格软弱的人经不起胁迫，就乱说乱咬。乱咬的人对运动的开展有功，立即得到解放，戴红花、吃小灶，并且有资格去帮助别人也就是斗争别人。这又给了那种为数不多而品质恶劣的败类一个邀功请赏的机会，于是乎延安果然"特务如麻"！面对这么许多"特务"，怎么办呢？毛泽东毕竟不同凡响，他决定"大部不抓，一个不杀"。这个不抓的"大部"，交由各单位继续发动群众去甄别。

填表是群众运动，甄别又是群众运动。群众运动的威力，今天我们大家特别是五十岁左右的人想必都不陌生。我们夫妇俩的好友陈适五，建国以后所谓"丁玲陈企霞反党集团"一案中的案犯之一，也是条硬汉子。他当年在延安没有被关起来，却经历过一两千人群众大会的"抢救"。这条硬汉子没有屈服。但是经过本单位的小会就被"挽救"过来的大有人在。有了党领导的这个群众运动，确实可以"大部不抓"，完全没有"抓"的必要。把少数人抓去关起来，不过是杀猴给鸡看或者杀鸡给猴看罢了。

这样我们就可以明白，何以自从填那张"小广播表"，"以后就不敢随便讲话了"。我想此外，填这张表还大有深意：

首先，党至高无上。在国民党和日寇的监牢里和法庭上，无数爱国者、革命者和共产党员，守口如瓶、坚不吐实，真正做到了威武不能屈、富贵不能淫、贫贱不能移。这是气节、是人格、是道德、是人的尊严所在，是做人的根本。现在到了延安，这个标准改变了。所有党员和所有愿意跟党走的人，必须做到无事不可对党言，必须听党的话，必须成为党的驯服的工具，这才是做人的根本，是最高尚的道德。再说，过去在敌人面前那种表现，固然也可以说是气节，但是更确切的表述，应当说是阶级觉悟高和党性强才对。所以，舍此再谈什么气节、人格、人的尊严等等，就是小资产阶级思想或资产阶级思想了。

其次，揭发别人的隐私，特别是拿人家无意之中的一言一行来告密，来入人于罪，从来被认为极其不道德、极其卑鄙，乃无耻之尤。中华民族从来鄙视告密者，历来谴责卖友求荣的卑劣行径。而填这张表却表明，这不是恶行而是美德，是党性强，是觉悟高。总而言之，不应以此为耻，相反而要以此为荣。

此外，乱说乱咬、造谣诬陷，总是罪行，虽然无法可依，总应当是党纪所不容的吧。不过就我所知而言，没有人因此受到什么处分。这样的人难免被人看不起，但是时间长些，人们也就忘记了。

总起来说，填这张表以及整风运动的主要目的是两条：一是消灭"自我"，不得有自己的思想、意志、尊严。正如前引李锐文章中所说的，知识分子必须"把自己贬得一文不值"，一切交给党，交给党的领袖毛泽东，这才是彻底革命。二是，为了党和保卫党的领袖，一个革命者没有什么事不可以做。

所有这些，本来只是一些泛泛的读后感，没有同任何具体的人和事联系起来。忽然心里一动，这些读后感，不是恰恰可以同范元甄挂上钩吗？

对于"大跃进"，范元甄本来有一些看法或者疑问，同李锐相差不大。但是当她一旦听到毛主席党中央定的调子，说这是反党思想，她立马醒悟过来，立马对李锐翻脸，立马占到了毛主席党中央一边。糟糕的是，当初，她一时不小心产生了自己的思想，而竟又被抓住了，这可如何得了。她只有赶快承认错误，表示坚决悔改。何以证明她认错的诚意和悔改的决心呢？最好的办法是揭发李锐。这方面，她早已在延安训练好了。揭发得越是淋漓尽致，越可以证明她革命彻底。她义无反顾地拿自己的丈夫来赎自己的罪，更足以证明她真正改造好了。

至于她在延安的那段婚外情，正好从事情的另一面说明：一切都是政治标准第一，生活方面的事无关紧要，有个理论叫做"小节无害论"。"抢救运动"是一场多么堂堂正正、大张旗鼓的政治运动，正是在这个运动中，而且一个是抢救者、一个是被抢救者，这一男一女竟发生了丑闻。这是顶风作案吗，绝对不是！虽然弄得沸沸扬扬，党组织不得不开了五次大会，对两个当事人进行教育，然后给以处分，这件事就此了结。李锐从监牢出来，得知这个丑闻，同范元甄离了婚。后来经过各方面的劝说，李锐同意复婚。一经复婚，对范元甄的处分也就结束了。而且此后，党组织对这件丑闻中的一男一女，照样使用、照样提拔，好像什么也没有发生过。

范元甄就是这样培养出来的，就是这样改造好的。她那样对待李锐，我们可以说她充满私心，只考虑自己。但是，她已经没有了自己了，她已经把自己完全交给党、交给毛主席了。直到 1994 年她还在真心诚意称颂"毛主席是中国人民的大救星"，这些话一出口，这位老太太的眼泪就落了下来。她对毛主席和党的那份感情和忠诚，真如俗话说的，深入到她的血液里去了，溶化到她骨髓里去了。所以，她把李锐往死里整，既是拯救自己的政治生命，也是拯救自己的灵魂。

九、

1939 年尾或 1940 年初，我在重庆《新华日报》当记者，范元甄刚刚离开，我用的恰恰是她用过的桌子和椅子。我记不得是否同她见过面，但是一进《新华日报》就听到她的芳名和轶事。我们采访部的副主任闵廉多年在德国做海员工作，他不采访，除了讲讲笑话写写杂文，不做别的事。他给我讲了一些故事，说范元甄大胆泼辣，不像个未婚的小姑娘。他说，这个范元甄是个"白虎星"。我从而得到一个深刻的印象，这是个有点儿不同寻常的年轻女革命。

现在我想，她那些"大胆泼辣，不像个未婚小姑娘"的举动，也许是故意做给人看的，是为了充分表现她的革命性。在那个时代，面临国家民族的危亡，作为一个青年知识分子，她要求革命。另一方面，位处高层的她的家庭日渐破落，她要找出路。所以，她确实很革命，又有必要表现很革命。但是那些表现很幼稚，她还远不成熟，虽然在社会上已经大出风头。我想我们不要忽略，她不过是个中学生，那年才十八岁。

到了延安，她进了马列学院，这是革命圣地的最高学府。这使她很骄傲，因为那些没有被承认具有一定革命经历和文化水平的女革命者，只能进"女大"——王明当校长的女子大学。

这些经历，对于这个有点儿不同寻常的革命女青年，真正如鱼得水。正是在她自己的这个基础上，思想改造的成效特别显著。阶级觉悟第一，党性至高无上，一辈子必须不断改造自己，如此等等，她全盘接受了。全国解放以后，对她的弟弟妹妹，她非抓住每一个机会踩一脚不可，否则，何以表现她阶级觉悟高、党性强呢，何以表现她同她那个旧家庭彻底决裂呢？她这样对待她的弟弟妹妹，太过分了。我们这样说，绝对没有冤枉她。不过，她那种家庭出身的人，要是骨头软一点、胆子小一点、琐琐碎碎的顾虑多一点，在那个年月是不大好混的。

如果说我们从范元甄其人看到的是一个卑微的、甚至是猥琐的形象，简直就是奴才；那么从李锐，我们看到的恰恰是另一种完全不同的人。

庐山会议后期，出现了一个"斯大林晚年"问题。这要从 7 月 23 日毛泽东开始批判"动摇分子"说起，李锐听了那些话很难受，晚饭后又到周小舟和周惠的住处去了。周小舟同样激动，说：毛泽东这样下去，很像晚年斯大林，这样个人专断，终将导致党的分裂。然后三人去了黄克诚住处，周小舟将"斯大林晚年"的话讲了。黄克诚再三劝他们不要激动，有意见还是当面去见主席谈谈。8 月 10 日，黄克诚正在小组里被追逼，人们说张闻天已经交代，说彭德怀对他讲过要避免斯大林晚年的危险。那天早晨，李锐接到通知到黄克诚那个组里去对证有关高岗的一件事。这时黄克诚正在被围攻追逼，突然看见李锐走进会场，而且后面还跟着罗瑞卿，以为李锐已经和盘托出，只好讲了几件事。其中黄克诚说，关于斯大林晚年的话，彭德怀没有同我说过，别的同志说过。人们纷纷追问是谁，黄克诚说是李锐。会场顿时哗然，真是是可忍孰不可忍。李锐总算沉住了气，将那天晚上的情况讲了一遍，特别强调了黄克诚如何批评他们。但是斯大林晚年，不是他李锐说的，肯定是他们三人中有人说了。然后马上有人到周小舟所在组，问周小舟：黄克诚已经交代，你说了没有？周小舟答：我说了。那人随即回来，说那话是周讲的。这时，薄一波为李锐解围："李锐的问题由我们工交几个部的同志来解决。"

这个爆炸性的"晚年"捅出来以后，再没有什么好追的了。这时李锐最担心的是他和田家英（也还有胡乔木）的往来。他觉得一方面不能再牵连他们，二则如果捅开毛主席的几个秘书都有这样的看法，对他老人家的威信也毫无好处。可是关于李锐和田家英之间也有活动，已经有人提了出来，而且上了《简报》。于时李锐单独对薄一波谈他的想法："'祸'是我闯的，一切由我承当，我作交代，我作检讨，但人事关系只能到周小舟、周惠、黄克诚为止，这已是众所周知的，无可隐讳，决不能再扯宽了。"薄一波表示同意，并且指点他先发制人。李锐随即写了一个自我揭发的检讨，把帽子戴得大大的。

后来李锐说：掌握"坦白交代"的分寸也是一种"艺术"。其中重要的一条是牵连的面不要扯宽，尽可能越窄越好，这是他从延安"抢救运动"中得来的经验。

不料周小舟极其不满，认为李锐"言不由衷，推卸责任"。他把田家英、胡乔木对李锐谈过的一些东西统统端了出来。其中最要命的是田家英说的三条，说他将来调离的时候，准备向毛主席进言三条：一是不要像斯大林那样，生前独断专行，百年之后有人作秘密报告；二是不要听不得批评；三是不要能治天下不能治左右。于是在大会上，刘少奇追问李锐这是怎么回事。李锐已经下定决心要撇开田家英，站起来大声答道：这三条意见是我自己的想法，跟田家英无关，大概是小舟听误会了。这事完全由我负责。刘少奇马上说：李锐不是中央委员会的人，他的问题另外解决。这个险情总算过去了。

这样，李锐过了关。田家英和胡乔木也侥幸没有被追究。

黄克诚十分赞赏李锐。庐山一案平反以后，他对人说："李锐这样的硬骨头，我们党内太少了。"

文化大革命中田家英自杀以后，北京专案组派人到李锐的流放地磨子潭，要李锐交代胡乔木、吴冷西和他同田家英的关系。李锐说：毛主席身边最危险的不是这两个人，而是陈伯达。当时陈伯达红得发紫，李锐不管那许多，他揭发了陈伯达一些情况，请来人转告周恩来，因为来人说周恩来是这个专案组的组长。过了不久，北京又来了人，退回了给周恩来的信，说不能转交。1967年11月10日，合肥来了部队的两辆吉普，说省革委会主任李德生要找他谈话，李锐意识到这是被捕了。他收拾好东西，把一个黑色的笔记本交给来人，说这个笔记本十分重要，请他们千万不要丢失。

不出李锐所料，一架专机把他运到北京，他进了秦城监狱。

他被关在单身牢房里八年之久。他千方百计锻炼身体，锻炼思维能力，终于活着出来了，带着四五百首格律诗。那是艰难地躲过看守的监视，用龙胆紫药水写在《列宁选集》里的。

他得到了平反，退还的东西里面唯独缺少了那个笔记本。他建议到陈伯达的档案里去找，果然找到了。看来，陈伯达深知这个笔记本的份量，不愿意别人见到它。后来李锐凭着这个笔记本，写了《庐山会议实录》这本珍贵的书。这件事够玄的，要是陈伯达把那个笔记本烧掉了呢？

我还想说，李锐在磨子潭揭发陈伯达，是做了一件大大的傻事，徒然换来了八年牢狱之灾。太傻了！然而这恰恰是李锐。

范元甄一心向党，表示忠顺无所不用其极，但是党没有领她那份情，文化大革命以后再没有给她个工作。李锐却再一次得到了陈云的赏识，当了中共中央组织部青干局局长，后来又升任常务副部长，当选为中共中央委员。

听说李锐还在位上的时候，范元甄曾经给中组部写信攻击李锐，我想那正是范元甄能做和必做之事。一则于私，李锐与她的际遇越来越天差地远，她怎能咽得下这口气；二则于公，她势必认为让李锐这样"右倾"的人居位掌权，对党的事业太危险。这两条，正是范元甄之所以为范元甄的特色。恕我直言，她到这世上来走一趟，也许仅仅是为了这样地做李锐的陪衬，她一生的意义和价值可能尽在于此。

李锐呢，他是个顶天立地的人，是个大写的人。1984 年离休以来，凭着满腔浩然之气，他放胆写文章、作诗词，呼唤民主、呼唤科学、呼唤法治、呼唤市场经济，比他当官的时候影响更大。

2001 年 9 月 8 日写完初稿，24 日改定

北京

是家务事　是大历史

朱正

2018 年 4 月朱正与到访的普林斯顿大学教授柯天慧合影

我有一个越来越深的感觉：在我们所处的这个时代里，几乎每个知识分子都是一个典型。他的经历，他的遭遇，他的作为，都从一个角度反映出了这一页历史。读了李南央的《我有这样一个母亲》，更印证了我的这个感觉。

这篇文章，作者是写她母亲的，同时也不能不写到她的父亲，写到她自己，还写到女儿，写到了某某某（即邓力群——编者注）。这里的每一个人，无不从一个侧面反映了这个时代。

作者的父亲李锐和母亲范元甄，是在"一二·九"运动中，因为一同参加武汉秘密学联的活动而相识、相爱的，又一同上了延安，属于"一二·九"那一代的革命家庭。当初，他们是有着相同的信念、相同的抱负，才走到一起来的。日本的侵略加紧，国民党的不抵抗，大多数中国的知识分子，特别是青年学生，都为一种忧时爱国之心所驱使，决心起来担负起天下的兴亡。其中的左翼走得更远，他们接受了共产党的宣传，不但看到了眼前的国难，还看到了未来的理想社会，于是成了马列主义和第三国际的信徒。许多"一二·九"运动的参加者，就是怀着这样的信念奔赴延安的。李锐和范元甄就是这中间的两人。

马列主义的真谛就是阶级斗争，就是无产阶级政治。这并不是我概括出来的。毛泽东就说过，他早年读《共产党宣言》、《社会主义史》这些书，"我只取了它四个字：'阶级斗争'"（《毛泽东文集》第二卷，第 379 页）。李南央在《答读者问》

185

中说的："夫妻可以为政治离异，子女与父母可以为政治反目，维系家庭的亲情可如粪土般随便抛弃，阶级关系是人与人之间唯一'健康'的纽带。"她认为这"这实在是太可怕了"，却不知道这正是马列主义毛泽东思想中应有之义。这并不是后来李南央看到她母亲待人处世的时候才有的。更早的不说，只说当年的延安，就已经是马列主义、毛泽东思想的实验区，阶级斗争的实验区了。

李锐和范元甄到了延安，就是到了阶级斗争的实验区。在这里，他们经历了整顿"三风"，经历了抢救运动。正是抢救运动，导致了这对年轻夫妇的婚变。这婚变，有个人感情和性格上的原因，有第三者介入的影响，但我想，这中间恐怕也包含有政治思想方面的原因。从他们两次离婚，特别是第二次离婚的情况来看，两人在政治思想方面的差异更是不能忽视的原因。

范元甄的思想，从李南央的文章看，至少从她公开表现出来的看，她自始至终服膺马列主义、毛泽东思想，服膺党的理论和党的教育，服膺阶级斗争学说，和主流思想完全合拍。如果不是因为丈夫出了问题的连累，她也许不会受到什么冲击。这就更增加了对丈夫的恼恨。李南央的文章说："妈妈后来告诉我，史良曾为她惋惜：'结婚太早了！'在我懂事后，母亲曾反复多次地向我提到此话，永远地后悔自己年轻时的选择，好像毁了她的一生。"她告诉女儿，是因为"觉得他思想太右，两人极合不来，才分手的。"

范元甄自己当然是一点也不右。如果说，是毛泽东发动文化大革命把阶级斗争引进党内，那么范元甄就是把阶级斗争引进家中的突出代表。在家里，和丈夫斗争，和女儿斗争，和雇请的老阿姨斗争。娘家也被她开辟为阶级斗争的战场：和大弟弟斗争，和小弟弟斗争，和大妹妹斗争，和小妹妹斗争。正像那些年接连不断的审干之类的运动，要把所有干部审得个个都有问题，人人自惭形秽一样，大弟弟被她那一些子虚乌有的事情告了一个黑状，弄得抄家、降级。小弟弟本来已经选拔去苏联留学深造的，可是她一句"小资产阶级意识较浓，不适于出国学习"，就给断送了。大妹妹本来是 1949 年 10 月 1 日以前参加工作，范元甄不甘心让她享受离休干部的待遇，就硬说是 10 月 1 日以后，幸好她所在单位还保存了原始档案，管这事的干部说："这回她可害不了你了！"本来，极左路线，就是害人的路线嘛。

范元甄说李锐思想太右，这要看怎么说法。当年在武汉大学的学生运动中，用后来的词句，他真可说是"响当当的左派"，不左，他会同学校里的复兴社作斗争吗？他会一片痴情地去找党吗？他会上延安吗？不左，那时你范元甄能够看上他愿意同他结婚吗？问题是，李锐跟范元甄不同的是，他是个喜欢独立思考的人，是个凡事都要问一个为什么、问一个对不对的人。到了延安这个阶级斗争的实验区，他既看见了积极的东西，也看见了消极的东西。对积极的，他当然是拥护，欢迎；对消极的，他就很难随声附和地加以赞颂了。这种对左倾的东西有所保留的态度，大约就是他在抢救运动中被关进保安处的远因（当然还有诬陷材料这个近因）。如果范元甄说李锐的"思想太右"，只是不肯盲目追随左倾错误的意思，那她并没有冤枉他，何况他自己也并不讳言这一点。他八十岁时，回顾过去自己走过的道路在《八十自寿》这诗中颇为自负地说："早知世事多波折，堪慰平生未左偏。"好一个"平生未左偏"！可是，这得要付出代价的。延安保安处是一回。后来，从一个正受到毛泽东眷顾的秀才一夜之间变成了彭德怀反党集团的追随者，从峰巅坠入了深谷，而且还要继续坠落下去，到了风雪弥漫的北大荒，一直到了叫人听了都毛骨悚然的秦城监狱。当然，这里面也有贤内助所助的一臂之力，她的落井下石。

范元甄为什么要这样做？为什么"那些最致命的'攻击'毛主席的话都是我妈妈揭发的"呢？李南央所作的解释是极有意思的。她说了："她已经不是迫不得已，不能不干揭发。她就像魔鬼附身，谁反对毛主席，就坚决打倒谁。"这就是说，她一直保留着对从青年时代开始的信仰的忠诚。假如真是这样，总还有点可敬之处。可是李南央又说："她和我爸离婚，揭发我爸根本不是因为他们思想不一致，而是她胆小，为保护自己出卖了丈夫……我的小舅，大姨，还有妈妈的好朋友都反对过我的看法。他们说，我妈妈那时没有办法，为了孩子，只有那么做。我至今不能同意。也许离婚是可以理解和原谅的，但是把我爸爸置之死地的揭发，却是用保护孩子无法说通的。"我们不要说作者自相矛盾。我看这两个解释都是对的，这正好反映了人的思想的复杂性。范元甄要坚持"左"的一套，当然看李锐太右，两人的思想当然是不一致。可是她也是生活在现实之中，对那些极左的东西造成的后果也不能毫无感触。李南央讲了一件这样的事情："'大跃进'时，我爸在外地出差，我妈给他写信，询问外地的真实情况，对报纸上放卫星的报道提出了质疑。我爸被隔离审查后，秘书清理他办公室的东西，在爸爸的抽屉深处发现了这封信，把它交给了当时三机部的党组。这位秘书对我爸一个字也没揭发过，之所以对我妈这么干，实在是对她气不过。我爸一出事，我妈就开始揭发他。秘书原以为我妈跟我爸观点完全不一样，没想到我妈也有'反党'思想。既然观点一致，怎么可以这么揭发呢？"你看她，感觉到了这里有问题，却不能像李锐那样由此深入想下去，弄明白其是非，更不敢像李锐那样把自己想到的公开说出来，她是多么可悲。不但如此，分明她自己也有这样的想法，却不说，还要去揭发李锐，把他往死里整，她又是多么可恶、可怕。

李南央的文章说，她这样做，是因为"她胆小，为保自己"。我看这还把她的动机说得消极了一点，她还有更积极的动机，就是希望以此获利。在共产党内，是有左比右好的传统的。《毛选》里说得明明白白，左，大都是忠心耿耿，为党为国的，就是看问题的方法有点片面性；而右呢，那就是资产阶级思想在党内的反映了（第五卷，第 423 页）。因此，搞极左那一套的人，也确实有不少获利。比如李南央写到某某某吧，也不过是参加过"一二·九"运动的中学生罢了；至于人品嘛，人们从李南央的文章里已经窥见一斑，用不着多说了。可是他为什么能够官运亨通、飞黄腾达呢？还不就靠了一个左字吗。左，确实是有利可图的。范元甄是从心里敬佩、崇拜某某某的。她一心以他为楷模，学他的左，学他的整人、害人，结果却为什么不能跟某某某一样获利呢？这是因为，在这害人、整人的左倾路线里，株连九族是运动的常规，你既然是右倾机会主义分子、反党分子的臭婆娘，自然也就在必须打击之列了。因此，她揭发得越彻底，在李锐罪状上钉的钉子越牢靠，最终转过来也就越加重了她自己肩上枷锁的重量，这不能不说是她失算的地方。这样说来，李锐是为他的"平生未左偏"付出代价，范元甄却是为她的努力去揭发付出代价了。这也是她悔恨终生的地方，不是悔不该揭发李锐，而是悔当初不该嫁给李锐。

李锐付出了吃二十年苦头的代价。过了二十年又是一条好汉。新的历史决议宣布，在庐山的那一场斗争中，错的不是彭、黄、张、周和李锐，而是整他们的人；李锐获得了比过去更高的地位。这还不是最重要的。正如马克思说的，思考使人受难，受难使人思考。正是二十年的受难带来的二十年的思考，使他对这一段历史有了深入的理解，能够写出像《庐山会议实录》这样传世的杰作，和其他一些清理极左路线很深度的文章，在国内外享有很高的声誉。

李锐和范元甄是典型人物。写了他们的李南央，也是典型人物。她已经很少有父母那一辈观念上的羁绊。特别是，这篇文章是她旅居美国十年之后写的，明显地流露出美国价值观的影响。别的不说，只说她对她母亲同某某某的关系这件事的看法，她说："平心而论，我觉得我妈和某某某确实般配。我妈一生从来没有服过什么人，但是对某某某确实是信服的……我真是觉得组织上多管闲事，剥夺了两人的婚姻自由，造成了我妈一生的悔恨……甭用管好人坏人，两个人在一起彼此觉得合适幸福，别人管得着吗？"在以三从四德为准则的传统观念看来，这当然是荒谬绝伦。李锐也不能接受这观点，并不是说要遵守三从四德，而是说"这样乱搞不是生活问题，而是政治问题，党当然要干涉"。如果问一声：这为什么是政治问题呢？答案也许是因为这损害了党的形象、党的声誉。再问：为什么这事会损害党的形象、党的声誉呢？答案也许是因为这违反了中国传统的道德观、伦理观，从来就认为这是坏事、丑事嘛。于是，绕一个圈，还是回到三从四德去了。

李南央在美国忙于自己的专业，我想未必有多少时间去读马列的。现在我想从马克思主义经典作家那里帮她找出一点根据来。恩格斯的《共产主义原理》的第二十一个问题：共产主义制度对家庭将产生什么影响？他的回答一开头就说了这样一句："两性间的关系将成为仅仅和当事人有关而社会无须干涉的私事。"（《马克思恩格斯选集》第一卷，1972 年版，第 224 页）恩格斯这里说的，岂不是和李南央说的意思差不多吗？随着社会的进步和中外交往的增多，三从四德那些观念，在年轻一代的头脑中将逐渐淡化吧。

　　李南央说，她写这一篇，"不光为我的妈妈，也为我舍弃不掉的'使命情结'。发生在我家的事是有悖人性的，是永远不该再在中国发生了"。这是一个崇高的愿望，一个崇高的使命。我作为一个也有一点历史癖的读者，感谢她写了这篇文章。

2001 年 5 月

老社长

——李锐识小

钟叔河

南下干部进城，写信写通知，往往随便找张白纸，写好后先折成一指宽的纸条，再折叠成方胜状，写上收件人名和地址，便成了。1949 年 8 月 30 日，我拿着往报社去报到的，便是这样一封介绍信，上面写的是：

2015 年 11 月我和悌忠拜访钟叔河先生

"经武路二六一号李朱社长"。

称谓姓氏连写，如"林罗"、"刘邓"，是解放区解放军带来的习惯，我则初见，所以到了传达室，便说：

"找李朱社长。"

"李社长还是朱社长？"

这才知道"李朱"原是二人。

经武路二六一号，原为国民党将军潘裕昆的公馆（还记得二楼大厅门首，木板上刻着的联语是："门有骅骝开道路，坐看鹰隼出风尘"）。当学生时从它前面走过几回，见有卫兵站岗，很是气派。（经过风雨苍黄五十年，比起我自己现在滥厕其中的这栋干部楼，则又大为逊色矣。）而这时在门房中接待我的，已是身穿解放军装的传达同志了。

传达同志领我去见的是朱（副）社长，当即叫我跟两位记者一同下乡采访，第二天便出发。

李社长就是李锐，当天并未见到。

下乡也就是去几十里外的榔梨市（后来又到望城坡），一两个月后便回报社了。一回来才知道，那时的李社长，真可以说是整个《新湖南报》的重心和中心，牢牢吸引着大家的关心和注意。报社里几乎每天都有人讲起他的故事，几乎无例外用的都是欣美的口气。这些故事，其实也就是他每天工作和生活中的一些小事。

比如说，院子里准备搭凉棚，一位几年后当了副社长的同志负责这件事。几天过去，不见动静，李锐问及，他说怎么搭棚架，用什么遮阳，还没考虑好。李锐便问："你自己会搭吗？""不会。""那就请搭凉棚的师傅来考虑嘛。你只会生小孩对不对？小孩倒是会生，也生得蛮好，这该不必请师傅吧。搭凉棚，自己不会，就要请师父，交给会做的人去做。当个区长，也要懂得领导方法嘛！老x，我看你，当个区长还要费力哩。"

又比如，一位女记者写了篇新闻稿，李锐到晚班编辑室看大样时（那时报社负责人天天看大样，有时还要送黄克诚、周小舟看过签字），觉得没有写好。上晚班的都是男同志，李锐便用过去长沙男学生开玩笑的"口标"说："xx 这条新闻，真是鸡巴没有抓到，只抓到一把鸡巴毛。"正好那位女记者想知道自己稿子的处理结果，推门进来，恰恰听到这一句，也听到了当场爆发的哄笑。李锐一抬头，马上觉得失了言，连忙说："xx 不要误会，我是说，鸡婆没有抓到，只抓到一把鸡婆毛。"大家更加笑得一塌糊涂。

又比如，某次吃饭的时候，有人议论没有在座的某人"抢菜"，大有灭此朝食的味道。（当时实行供给制，二六一号楼下楼上大厅都做饭堂，八人一桌，另有机动席；李锐吃小灶，但偶尔也在大厅和别人一道吃。）李锐听他说个没完，便笑着喊住他："xx！你说某人吃饭抢菜，他当然是抢菜，但别人认为你也抢菜呀。某人也抢菜，可却没有当你不在的时候背后说你抢菜，这大概就是你和他在抢菜这件事情上的优劣之分吧！"

这些故事，我多是事后听来的，可能会有些走样，越说越走样恐怕也不可避免。但说者眉飞色舞，听者津津有味，而说者听者当事者（如后来的副社长和那位女记者）都能持认同以至欣赏的态度，这就十分难得。盖 1949、1950 年间机关的气氛本来如此，拓李锐的个人魅力，更是能够如此的重要原因。他首先是才足以服众，又能将自己置于和员工水乳交融的状态中，故能坦荡直率，以赤子之心相待，使群众对之毫无反感，即使话说得有点过火，或者出之以戏谑，也都能够被善意地接受。

我之所以对李锐产生好感，也是由于事后听说的一桩小事，不过因其与自己有关，便不会像听别的故事那样，欣赏过后便高高挂起。

那是在我下乡期间发生的一件事。下乡一行四人，两"老"两新，先在椰梨市附近搞了个把月。后来一分为二，我跟"老"中之一到了河西望城坡。在那里，我写了一篇通讯稿寄回报社，几天后便登出来，在乡下也看到了。回报社后，才知道这篇通讯稿的见报经历过一点小曲折。据告知我的人说，情形大致是这样的：

李锐晚班看大样时，对一篇通讯稿不满意（这种情形是常有的），说："题目是好，文章却没写好；撤掉它吧，又舍不得这个题目。"旁边有人见他踌躇，便说："同样题目的稿子，倒还有一篇，是不是用它顶上？"李锐要去一看，说："就用这篇，赶快去排。"

这篇就是我从乡下寄回的那一篇（刘音其时还在新干班学习，见到登出的通讯后，高兴地给我写了一封信。这封信我一直保存着，直到1999年新干班五十周年纪念开会我们见面时，才复印了交还给她）。

上晚班时有什么意见，李锐常常用红笔批在大样上，第二天在食堂里贴出来。听说，关于这件事，李锐同志批了很长一段话，意思是选用稿件要看文章，不要看作者的名字；老同志的文章未必都好，新同志的文章未必不好，云云。

"文章自己的好，老婆别人的好"，对上半句话我一直表同情，虽为此受过讥讽，仍不想改口。文章除了被迫写的以外，总要自以为弄好了才会拿出来，别人认为好不好是别人的事，能够说好自己当然高兴，此亦人之常情，用不着矫情或故作不情吧。

在听了这个故事以后，我对李锐便有了一种个人的好感，也就是知己之感。但我却从未为此问过李锐，更未借此主动去接近他。

李锐在《新湖南报》大概只有一年多不到两年的时间，便调到省委去了。我只留下一本《毛泽东同志早期在湖南的革命活动》的"初印本"，可说是他的纪念物。这是一本只在报社工厂排印几十（？）本，未公开发行，是作为"征求意见稿"的书，牛皮纸封面，大十六开本，版心却是小三十二开的。作者在"前记"中写道，这是为了在上下左右多留空白，好让审读者批注；还开列了为写此书采访过的人的名单，其中有我父亲的朋友陈叔农（1958 年我被逐出报社后便租住在长沙市教育西街十七号他的院子里），还有两名"在押反革命犯"彭国钧和熊梦飞。书可惜在"文革"中被拿走了，不然倒是李锐著作的"珍本"，大约连他自己也未必还收得有。

反正从 1950 年冬最多 1951 年春天起，我便没再见过李锐。这一别便是三十年。三十年中，我和他都经历了太多的事故，但对他的这一点知己之感却始终存在我的心中。

三十年后，我从劳改队平反出来，第一件事是要找回流落到内蒙古达尔罕茂名联合旗去了的女儿，她在那边已结婚生子，一家人弄回湖南有很大的难度。做过许多努力，包括找到省委负责人陈情，但光在湖南仍无法彻底解决。之后，已经调北京的柳思为我去找李锐。柳思告诉我："谈起你，李锐同志还有印象。他说，这完全是反右派、文化大革命造成的问题，应该落实政策嘛。周惠现在在内蒙古，我给他打电话。钟叔河这个问题一定要解决，也是他应该还的一笔账。你叫钟叔河写份材料来，反正他又会写。能来北京的话，也可以到我这里来一趟。"

于是，1980 年初，我因往北京访书之便，由柳思带领，到木樨地"部长楼"重见了阔别三十年的李锐，此时他已调中组部，正管着落实干部政策等方面的工作。原来在经武路，十八岁的我看三十二岁的他，是后生仰望高明，企慕却无从亲近；如今五十岁的我看六十四岁的他，层次虽仍是悬隔，却因同历沧桑俱生白发，可谈的话反而多了。我正在策划《走向世界丛书》，高嵩焘、黄遵宪、曾纪泽等人的出国载记都在编述之列，这些人又都是湖南以至全中国近代思想启蒙的重要脚色，对此李锐和我都有说不完的话。还是柳思先提起我女儿的事，给周惠的电话便是当着我和柳思的面打的，总之问题便由此解决，我和妻对此当然感激。

上面谈到了李锐为我做的两件事。批发通讯稿，在他不过日常工作百忙之中一小事（我看过他批过的大样，四个版上密密麻麻好多条），也许他事后很快便忘记了，却给了我做文字工作的一点自信，本来没打算在报社呆好久的，这时却打定主意呆下来了（至于在李朱走后我连年挨整，那是别人手下的事）。找回流落到内蒙古的小孩，在他也许觉得是落实政策应该做的，对妻和我却医治了心头最深痛的创伤，使彻夜为之不能成眠、泪水为之湿透枕巾的悲哀得以稍息，实在难忘。

我不大能够旅行，近二十年中仅到过北京四五次，但只要李锐在京，必定要去看望。他到长沙，也总要着人通知我，设法相见，互相讨论，并请我吃过几回饭（我则对不起，没请过他一回），既畅且欢。这时的我，总不免忆及魏武《短行歌》"契阔谈宴，心念旧恩"的句子，诗中表现的这种感情总洋溢在心头，不过嘴上没有说出来罢了。

若要评说李锐其人，一下子反而好像无从说起。想来想去，只有借用李锐八十岁时那副见者无不称颂的寿联：

庐山雾瘴巫山雨

吏部文章水部诗

这样的联语打死我也做不出，但它既工且切，确实佩服，深表同意。

吏部和水部都是李锐做过的官，中委、中顾委按理说不是官，地位却更高；寿联的作者却不是因为这个官才念之敬之，而是因为吏部有文章，水部有诗。不然的话，历届委员、吏部、水部，名字多得记不清，数也数不全（至于在省里时所当的社长、局长、部长，则群"道"如毛，更无足数，虽然二十年来我们一直称他"老社长"）。说句不大恭敬的话，这文章和诗其实也未必写得如何特别好，可贵的是从庐山雾瘴中来，看破并揭穿了这重雾瘴；而巫山的雨汇成大水，泛滥成灾，滔滔者天下皆是也，却能挽狂澜于既倒，即使力有未逮，凭这份心志也就算得上中流砥柱，可敬可钦了。对于我这个不贤只能识其小的人来说，特别欣赏的还是诗文中有时捎带的一句半句"只抓到一把鸡婆毛"和

"功劳盖世，罪恶滔天"之类教人哭笑不得的警句，正所谓"善戏谑兮，不为虐兮"，于是我心目中的李锐何止可钦，简直可爱矣。

清人管同云："古之所谓三不朽者，首立德，次立功，又其次乃立言。"李锐以研究毛泽东尤其是研究毛泽东的晚年而树立了学术上的地位，世界上都承认他，历史上也会站得住，这是为中国和中国人做的大好事，也就是立了德；我却是个不研究政治，尤不喜欢谈政治的人，于此没资格评论。在事功上，李锐的大贡献是论三峡工程；我又是不学工程的，虽然从 1958 年到 1979 年整整画了二十一年工程图（若不如此折腾，真不知会多读好多书，多写好多字），但不过借以活命，故亦无评论的资格。所能够感知的，就只剩"又其次"了。

即使在立言方面，我也没有本事像作序跋写书评的人们那样讲出许多大道理。最为拜倒的文章，却是他最近发表在《同舟共进》上的一次"上书"（"上书"为昭明太子所定文体之一，《文选》编为第三十九卷，当然可以算是"言"），尤其是"上书"中那首"改唐诗"，刻画拼命争宠卖娇，力主大干快上的人，真是淋漓尽致，够得上《长恨歌》原作的大师级水平，读后不禁莞尔而笑，原来"老社长"尽管风云际会成了大政治人物——大政治学者，骨子里却依然同我们一样，还是个喜欢耍笔杆的书生，有那么单纯、有那么不怕祸隙，有时也还有那么一点子顽皮。

六宫粉黛无颜色
三峡工程有问题

作得出这样一首无情对，真是够损的了，此其所以为李锐欤，未可知已。

《我有这样一个母亲》中那位母亲和写母亲的女儿，我的所知却几乎等于零。1949 年至 1950 年在经武路二六一号，李锐住在楼上一套夹正房里。我从 1950 年 3 月起，即在楼上饭厅吃饭，在楼下一间后房中做事，吃饭前后见到李锐时不少。他很得意地从地主家书中发现了"买的买点，占的占点，骗的骗点"这段霸田霸产的自白，拿来作土改宣传的好材料，编发稿件的具体工作便是我做的。他对下属工作上要求极严，语气却不乏幽默诙谐，日常生活也不高高在上，我却从没有听他谈过自己的妻子和小孩。

那时范元甄也住在报社，但我极少见到她。偶尔碰面，亦未留下"美人"的印象，更没见过她和小孩在一起。"六指子"（李南央的哥哥）时约三四岁，倒常在楼下各处转悠，抱在通讯员手里时居多，有些同志喜欢抚弄他，虎头虎脑很懵懂的样子。我因素不喜"呵"小孩，更不喜"巴"领导（李锐姐姐是我两个姐姐的体育教师，要套近乎还是有话可说的），所以一次也没有去逗过"六指子"，更不要说小妹妹了。

在通讯员和部分南下女同志中，有时也悄悄传说"李社长怕老婆"之类的话。这和我心目中李锐的形象联系不起来，偶尔想想，也许是"一物降一物"吧。

李锐调北京后，有次在《人民日报》上看到一篇《大鱼网主义》，署名"甄元范"。我知道是李锐的笔名，"甄元范"兜一个头，不就是"范元甄"么？这时又想，李锐还是曾经很喜欢自己老婆的吧。

初读繁体字《六十年恩怨情仇》，议论很多。我的第一反应是，文字很好，李锐有后（人）了；至于"恩怨情仇"，则清官难断家务事，也懒得去断。及至细读到"这样一个母亲"说什么"现在像江青同志和我这样真心革命的人几乎没有了"，读到"这样一个母亲"和"某某某"（即邓力群——编者注）虽在一起被"某某某"老婆撞见，起身穿好衣服说声"对不起"出门，这才真正同情起写文章的女儿，同情起女儿的父亲来。

看来，虽然我只能"识其小"，虽然我欣赏的只是四言联、无情对，但在对待江青式的"革命"和在这种"革命"的名义下"大干快上"的"左"的丑恶，自己感情上的取向还是分明的。

"老社长"今年八十四，最近读到他的新作，自称耄耋，应该说他也真老了。我今年亦已满七十，过了可以称老的线，身体则远不如他，脑出血一两立方厘米的情形已发生过两回，医生说再发就性命难保，很可能先他而去；我又从来怯于旅行，即使不溢先朝霞，恐亦难再有相见时。这篇文章早就想写，总想写得像样些，便拖了下来；而毛血日益衰，志气日益微，只怕越拖越难

"进入状态"，故此次决心应周实之邀匆匆下笔。文章当然比不上高手，意思却是真诚的，刊出后"老社长"自己总会看一下，如有错讹，也好更正。

我为去世的友人唐荫荪写过《写挽联》，为健在的友人张志浩写过《卅七年前两首诗》，这回又写了这一篇。真希望还能为在这个世界上曾经存在过和现在还存在着的友谊再写点什么，趁彼此都还来得及的时候。

2001 年 2 月 7 日至 8 日

平江钟叔河写于长沙城北之念楼

并非家务事
——李南央《我有这样一个母亲》及《答读者问》读后

李冰封

一、

　　李南央的《我有这样一个母亲》一文，于 1999 年 5 月发表于《书屋》杂志后，经过不少报刊的转载，在广大读者中引发了一阵"冲击波"。据我所知，大多数人对此文持肯定态度，但也有人不大赞成这样的文章，或怀疑此文的真实性。一篇世间少有的非难自己母亲的文章，在各种各样的读者中，引发各种各样的评论，这自是必然的现象，不过有些问题确也需要解释清楚。针对读者的看法，李南央又写了一篇《答读者问》，发表于 2000 年 11 月《书屋》杂志上。《书屋》主编周实想找一些了解情况的人士，就这两篇文

2015 年 11 月李冰封夫妇与南央夫妇

章写些读后感，编出一本书，约稿于我。我答应了。其实，说我了解情况，也并不全面。我只比较了解李锐的情况。因为我年轻时，就在李锐直接领导下工作过。后来，除去那二十多年极不正常的岁月外，也一直有些来往。几十年来，我对他的人品、学识、才干、胸襟、抱负、道德、文章，都十分敬重，一直尊为师表。对范元甄则并不了解。1948 年，我调到冀察热辽《群众日报》社时，听说范早在 1946 年去了东北；李则刚刚离开报社，也去了东北。1949 年，南下到湖南后，我同范不在一个单位工作。虽然见过面，但好像没有说过几句话。她给我的印象：十分精明能干，却也有点高傲，不大爱搭理我们这些小青年。而李锐对我们则又从来不提他的家事。所以对李南央写的情况，可谓一无所

知。九十年代初，记者宋晓梦要写李锐的传记，到长沙采访时住在我家。她要了解李锐的家庭情况，是我两次陪她去访问李琬华大姐的。在大姐的谈话中，我听到一些情况，当时思想上颇为震动，不过事隔数年，有些细节也记不大清楚了。这一次，为了写这篇文章，我特地去访问了大姐，她虽已八十七岁高龄，但思维清晰，记忆准确，她提供的一些情况，有助于我写成这篇文章。

二、

由于熟知李锐，这篇文章还是要先从李锐写起。

我以为，作为一个饱经沧桑的中国共产党的高级干部，一个毕生追求民主和科学的老一辈高级知识分子，一个信仰马克思主义的知名学者，在李锐身上，铭刻着四个最重要的特征：

（一）他一生的言行，体现了中国知识分子的优良传统：以天下为己任，不论自己处境如何，对国家、民族的前途和命运，有一种强烈的责任感。这同范仲淹所写的"居庙堂之高，则忧其民；处江湖之远，则忧其君"的精神颇为相似。更可贵的，表达这种责任感的内容，又是不断地随着时代潮流的前进而前进；表达的方式，往往又是同他敢讲真话，不计个人得失的可贵品格结合在一起。这种品格同极权体制是相矛盾的。远在延安抢救运动中的遭遇，1959 年在庐山会议，以及以后一系列的灾难性遭遇，似乎都可以从这个根源中找到原因。在开放、改革的二十多年来，他对某些关系到我们国家、民族前途和命运的大事，仍然发表并坚持自己的看法从而遇到麻烦，似乎也可以从这个根源中找到原因。

以天下为己任，始终随着时代潮流前进而前进，敢讲真话且不计较个人的祸福得失，从理论上说，共产党员、特别是共产党的高级干部，都应该具备这种品格（这就是毛泽东常说的共产党员应当六不怕），但是真正具备这种品格的，能有几多？因此李锐身上铭刻着的这一特征（他的《八十自寿》诗有句"六不怕唯头尚在"），就显得特别重要。这个特征，使他赢得包括老、中、青三代许多人的尊敬。

（二）在中国革命和建设进程中，主要的、根深蒂固的危险来自"左"。所以几十年来他一直奋力反"左"。"曾探骊珠沧厄运，仍骑虎背进诤言。早知世事多波折，堪慰平生未左偏。"
这是他的六首《八十自寿》七律第一首中的两联。的确如此，几
十年来，尽管在惊涛骇浪中饱经风云变幻，他没有"左"过，有
的只是对"左"的抵制和反击。

1948 年，我进冀察热辽《群众日报》社时，他已离开那里，
还是经常听到同志们在平常言谈中，流露出对他的怀念。怀念的
内容之一，就是他最反对"左"。开始，我分在新闻部，部领导
是已故去的黄华。黄是燕京大学历史系的学生，抗战初期参加革
命的。当时，在解放区流行一种说法是："宁左勿右"，"左总
比右好，因为左只是方法问题，右则是立场问题"。而这种说
法，在《群众日报》却没有市场。黄华说："这是因为李锐同志
最反对'宁左勿右'。他说过，怎么能说'左'只是方法问题
呢？'左'还有严重的个人思想品质方面的问题呢！搞'左'的
人，往往动机不纯，如今，'左'对革命的危害，比什么都
大！"

那时，为了配合土改，根据中央和冀察热辽分局的指示，都
开展"三查三整"运动。有些单位很激烈，"搬石头"，批斗，
打人。干部中自杀事件也时有所闻。但报社的运动却进行得平
和，只过过"民主生活"，开展正常的批评与自我批评，有什么
问题，说清楚就行，同志之间也用不着彼此戒备。当年《群众日
报》社工作出色，不搞"左"的那一套，也是重要的原因之一。

《群众日报》社的老同志还告诉我，在"三查三整"刚刚开
始时，报社发生过一起自杀事件。电务科一个新参加工作的报务
员名叫韩志新，因土改时和地主的女儿谈恋爱，在电务科的会
上，有人上纲上线，批他"包庇地主"，"接受贿赂"很是激
烈，韩思想紧张，当晚用步枪自杀了。四十多年后，李锐在写
《群众日报》的报史回忆录时，还作为一个重要教训重提此事。
宋晓梦写《李锐其人》一书前，看到了李当时的日记，其中他还
提到立即去现场，"哀恸之至"，并自责"关心同志不够"。

南下到湖南后，从 1949 年 8 月到 1951 年初，李锐主管《新
湖南报》。这一段时间，虽然在干部中没有什么大的政治运动，
但"批判电影武训传"、"知识分子思想改造"等"小运动"，

还是连续不断。那时，在报社内部，都只是学习学习文件、谈谈自己的看法就行了。那些年，《新湖南报》办得较好，在全国省报中名列前茅，原因自然同领导得力，上下左右紧密团结，大家在和谐相处中能把潜力充分发挥分不开。

在《新湖南报》社时，还有一件事给我留下极深刻的印象。大约是 1950 年上半年，我编副刊，工作上的事要经常请示他，有时也闲谈一些事。那时有一种"和平土改"的主张。李锐明确地说过："依我看，在目前条件下，用和平方法去改变旧生产关系来发展生产力，这没有什么不好嘛。全国政权都在我们手上，怕什么。'和平土改'可以避免过去在北方土改时出现的'左'的弊端。"现在看来，当时能这样思考，实在很不容易。当年土改还是北方老一套，搞"复查"、"纠偏"，到处是杀气腾腾。

（三）他为人正直，嫉恶如仇，待人真诚，讲情义，且心地善良。凡是同他较长期接近的人，都可以品味到他性格上这些突出的特点。早几天，访问琬华大姐时，我们谈到他的这个特点，大姐说："他从小就是这样。据母亲说，这种性格，很像父亲。"

他不满五岁时，父亲就去世了。父亲李积芳 1905 年公费留学日本，在早稻田大学学政治经济，是同盟会第一批会员，民国初年的国会议员。袁世凯解散国会后，李积芳到广州参加孙中山的非常国会，支持护法运动。李锐是母亲抚养成人的，没有当年那样开明的母亲，三个子女不可能在长沙读书。后来李的夫妻生活中，在如何对待他的母亲问题上，可能产生了一些根本性的分歧。范元甄在这件事上的一些做法，使他母亲伤心，也不免使全家人伤心，当然也使他本人伤心。所以，在这里，要约略介绍母亲和儿子间的一些情况。

母亲李张淑，出身贫苦，由于父亲的支持，得以进 1907 年创办的平江启明女校读书。那时，大家庭里不给她读书的费用，是丈夫从留学的公费中省下一些钱，支持她读到简易师范毕业，并以第一名考取当时著名的长沙稻田女师。考取后未入学，民国二年即随丈夫来到北京。三个子女都是在北京生的。1922 年，在长沙，李积芳患心肌梗塞突然去世，李张淑刚三十出头。丈夫去世时，她跪在灵堂，剪去满头长发，发誓要继承夫志，克服万难，把几个儿女抚养成人（三女一男，小妹妹随即夭折）。安排好丈夫的丧葬后，李张淑向平江老家的婆母提出分家，好不容易分到每年约可收百担租谷的田产和街镇上一间铺面，委托老家亲属代为收租。

由于战争年代，收入的租金有限，母亲带着三个子女在省城读书，主要靠举债度日，很是艰难。李锐有五篇《童年琐忆》（刊于 1988 年 1 期《随笔》杂志），具体描述他童年生活——一个小康人家的子弟坠入困顿后，看到的世间面目，如何度过那些艰辛、清贫的日子。如全家一星期才吃一次肉，且只买四两（老秤十六两为一斤）。母亲家教极严，规定两个姐姐必须争取读公费学校，好让弟弟读办得好的私立学校。经过母亲的筹划，大姐在上海两江女子体专插班，一年毕业，1934 年后就在长沙的女子中学教体育，得以支持弟弟上大学读书。

这样一位母亲，在旧社会年轻守寡，忍辱负重，克勤克俭，把儿子抚养成人，真是大大不易。更为可贵的是，她还受丈夫的影响，同情共产党，支持儿女参加革命。李锐又重情义，重感情，对这样的母亲表示敬重，也是完全正常的。如果不敬重，那倒是不正常的了。而媳妇却处处要用"阶级斗争"的观点，用"左"的教条对待婆婆，婆媳之间形成尖锐的矛盾，自然就很难避免了。

（四）在革命和建设的每一个阶段，李锐都重视知识分子在其中起的重要作用，对于有才干、有见解、有专业知识或专门技能的知识分子，尤为重视。这就是许多人都说的，他"爱才"。他把知识分子称之为"社会的头脑"，强调要尊重知识分子的思想自由和人格独立，这在他的许多著作中，都作了深刻的阐述。但他对知识分子的缺点、弱点也毫不迁就、迎合。九十年代初，他曾给我写信，提到应该有些创作，鞭挞现代中国一部分知识分子"谄、软（软弱）、卑（卑下）、丑（丑恶）、贱"等性格上的缺点。

如果我没有理解、概括错的话，以上四个方面的特征，就构成了李锐生命历程中熠熠发光的亮点。沿着这四个亮点，去观察、理解、思索，人们就懂得了他生命的火炬能不断熊熊燃烧着的原因。

三、

现在，就要谈到范元甄了。前面提到，我对范的情况并不了解，以下写的一些零星情况，来源有三：一、某些了解情况的老同志早年的判断；二、琬华大姐提供的情况；三、李南央文章中提到的思考线索。这些零星情况，我无法进一步归纳整理成为系统的看法，只按上列来源次序叙述如下：

（一）八十年代中期，我到北京开会时，为出版方面的事到刘祖春家里拜访过。五十年代初，刘在中南地区工作过，当过中南局宣传部副部长，但过去我们不认识。这次到他家访问前不久，只在长沙见过一次面。虽然他是长辈，我是晚辈，但我们一见如故，谈得十分投合。他是李锐在延安《解放日报》时的老朋友，知道我是李的老部属，谈话也就比较随便。那天，谈到延安的抢救运动，谈到李锐关在保安处 1944 年被释放后，跟范元甄离婚，以后又复婚的事。刘说："那时，好几位朋友就劝李锐不要和范元甄复婚。我也是其中之一（当然也有人劝他们复婚）。倒不是杨尚昆公开批评的那个审干时，审查者同被审查者男女关系不正常的事，而是李、范两人的性格、志趣、想事和待人接物之道完全不同。这样，还在一起怎么能弄得好？现在证明，那次复婚，是很大的错误。"刘祖春这个早年的判断当然是对的。1949年 8 月到湖南后，我就听说他们经常吵架，范元甄还经常在家里摔东西。

（二）琬华大姐最近对我说："范元甄有些事，做得太不近人情。"1949 年 11 月范到长沙后，由李锐陪着，第一次去看望李的母亲。当时，老太太住在大女儿琬华家里。第一次见面，就因为一些鸡毛蒜皮的小事，范和琬华大姐就斗起嘴，唇枪舌剑，弄得大家都不愉快，很煞风景。

以后，有一件事使老太太和全家人都极其伤心。那是五十年代中期，李锐调到北京电力部后，老太太想去儿子家里住一住。老太太当然有旧思想在作怪：认为住在儿子家里，那才是自己的家。住在女儿、女婿家里，那是住别人的家。虽然女儿、女婿对她都好，都很孝顺。此事使李锐很为难，这一对婆媳绝无可能住在一起。于是最后说服母亲住到沈阳二女儿李英华的家中去了。整个抗战时期，李英华夫妇在湖南地下党工作时，一直得到大姐和母亲的照顾，包括生活与职业，以及抚养他们的儿女。1959 年初，母亲不愿再在沈阳住下去了，准备仍回长沙，要求过北京时，在儿子家住几天，"给个面子"，好回去同熟人有个交待，在儿子家住过。李锐当时正好出差去了。范元甄坚决"划清界限"，不让"地主婆婆"进门。水电部老领导刘澜波看不过去了，就接老太太到他家住了几天，才送回长沙。

（三）从李南央文章中写到她的母亲的一些情况看，我以为，那多半是她母亲在政治和思想上极左的表现，也就是思想异化的结果。比如，按照马克思主义的观点，人民的领袖和官吏都应该是人民的公仆，人民才是至高无上的。强调个人崇拜、强调领袖高于一切、是人民大救星之类的观点，无疑是政治和思想上的异化。又如，在"文革"后期，还在强调"江青同志才是真心革命的"之类的观点，也是异化。江青的作为，早已表现出她已从革命方面变到革命对立方面去了，她怎么是真心的革命呢？再如，"凡是"的观点、关于阶级斗争的左倾教条主义的观点，当然也是异化。因为这些错误观点早已从表面的所谓革命异化成为阻碍着革命前进的事物了。如此等等。至于范在庐山会议以后，对李锐上纲上线的检举揭发，那除了是非不分之外，还可能有希图洗刷自己、掩饰自己的十分自私的目的在内。难怪有人这样打抱不平："你过去也有和李锐完全一样的看法，你干嘛不揭发你自己呢？你干嘛要在你的丈夫落井的时候，去向他抛石头呢？"

上述范元甄同志的这些零星的情况，和上述李锐同志一生性格、观点上的特征，明显表现出水火不容、格格不入，这种思想上的鸿沟是无法填补修复的。因此，他们分道扬镳自是理所当然的事。这可能还不是一个家庭中偶然的悲剧，而是一种刻着病态社会烙印的社会性的悲剧。

四、

五十年代中期以后，大小政治运动接连不断。因为指导思想左倾，底下形形色色的左倾表现，也就花样翻新了。我从自己的受难，也从别人的痛苦遭遇中，对左倾的表现进行了一些观察。据我多年观察，凡在政治运动中表现得特别"左"的人，几乎没有一个是为了革命的。讲要革命什么的，大半都是打着这幌子，弄一些把戏而已。且左倾的表现，纯属于思想方法的成份有一些，但也不多，绝大部分是为了"谋私"。在思想深层，这些人情况各异，但大约可分如下几种思想类型（有的人则是若干类型混合在一起）：

（一）把阶级斗争绝对化了，只用阶级斗争的观点来处理、衡量一切。

在阶级社会中当然有阶级斗争。不过有些事，是否完全可以归结为阶级斗争的表现，也要依事物的性质，依时间、条件、地点为转移。把人与人之间的关系，甚至把父母子女、兄弟姐妹、夫妇、好友等之间的关系，统统归结为阶级关系，而且统统要用斗争的形式来解决，这就把它绝对化了。且只讲对立，不讲统一，更加深了这种绝对化。这种绝对化的观点，当然违反了马克思主义基本原理，阻碍着社会发展所需要的人与人之间和谐的相处。这种斗争，实际上不是"社会发展的动力"，而是在阻碍着社会的进步。

（二）在左倾思想占领导地位时，有些人想利用这个机会，尽量使自己表现得"左"一些，表现得"革命"一些，把别人踩下去，好让自己爬上去，攫取官位，攫取权力。在以"官本位"为主导的、受封建思想严重影响的社会里，当了官就有条件捞到一切。许多人看到了这一点，就想以此作为晋升的捷径。

（三）有些家庭成份不好、社会关系复杂的人，平常思想深处十分自卑，因而有所"自卫"，往往也就利用政治运动这个机会，把自己装扮得"左"一些，"革命"一些，用"划清界限"等方法来掩饰自己，洗刷自己，为自己寻找出路（这种人遭遇往往也十分可怜。被人利用过了，"掩饰"了自己，"洗刷"了自己，出路不但没有找到，反而使自己落入"泥坑"者，也并非个别）。

（四）有严重"左"倾表现的人，大半缺乏民主思想，倾向于专制主义。本来，民主主义应该是社会主义的基础，没有民主主义充分的发展，就不可能有同民主充分结合起来的、真正的社会主义。在民主革命时期，在《论联合政府》等若干著作中，毛泽东也十分强调这一点。现在，这真理是被抛到一边了。那些老"左"们多半都看到，只有专制主义，才使他们不受监督和制约，才有利于他们自己的生存和发展。（有人说：近年来，有不少什么正常的理想也没有，什么专业本事也没有，只靠拍马屁、吹牛皮、靠一些关系、靠因缘际会、甚至靠买官卖官而坐火箭上升的素质很差的干部，往往成为政治上极左势力的社会基础，原因在此。在政治上，扼杀自由、扼杀民主、不讲真正的法治，才真正有利于这些新贵们的胡作非为嘛！）

我的这些观察，虽然不一定完全准确，但也是用许多痛苦的代价换来的。这些年，读到李锐一些有份量的反"左"文章（这些文章，大都收进今年中国出版社出版的《直言》和中央编译出版社出版的《李锐反"左"文选》两书中），觉得他早就把这些"左"的表现的思想根源，从理论高度作了概括，因而深得我心，钦佩不已。

所以，我建议，应该从真正的马克思主义革命学说的角度、从社会学的角度、伦理学的角度、政治学的角度，也从异化理论的角度、人道主义理论的角度，把李南央两篇文章所阐述的情况和问题，以及隐藏在它的背后的社会性，从理论上分析、研究透彻，这样，当有助于人们进一步思考，如何在我们社会中，克服一些病态的心理和观念，让人们都学做一个有明确的社会责任感的人，有崇高的道德观念的人，学做一个堂堂正正的人。从而有助于建立和谐的人际关系，有助于建立协调的家庭关系。希望周实兄编的这本书，有助于人们作这种分析和研究。

二十世纪到二十一世纪之交，写成初稿

思想异化的悲剧

苏绍智

读李南央女士所著《我有这样一个母亲》，为之感慨系之。

南央的母亲范元甄女士才华卓著，入党很早。青年时代即崭露头角，也曾担任过比较重要的职务，是一位知识型的老干部。

在中共统治下，知识分子命运多舛，知识分子出身的党员干部也莫能外。1959 年庐山会议，李锐被错误地打倒，去北大荒劳动。作为李的妻子，范女士被株连。她从青云仪器厂的总工程师一降到底，被发配到热处理车间当炉前工。中共在政治斗争中实行株连，本是中共继承封建专制王朝的衣钵，推行专制独裁的表现。范女士不能认识这一点，把李锐看作是自己和家庭一切不幸的根源，竭力揭发李锐，不惜欲置之死地以表示自己对党的忠诚和自己之真心革命。于是范女士就变成了一个南央所说的"奇特"的人。

范女士的"奇特"之处在于她的一切不近人情和乖张狠毒的言行都是以"革命"的名义、脑子里绷紧阶级斗争的弦，怀着对伟大领袖毛主席的无比热爱而做出来的。文革以后，形势变迁，真相大白，毛主席被请下了神坛，极左思想和极左路线受到了批判。可惜范女士本人依然故我，与世隔绝，自我禁锢在虚妄的"革命"精神牢笼里，听不得任何劝告。她表面上坚持革命立场，实际上使自己陷于极大的痛苦而不能自拔。

南央的文章本意也是在于既不能当面劝告，希望母亲看到此文，回首平生，有所醒悟。

范女士陷于困境，是谁人为之，孰令致之的呢？

就思想根源来讲，在于思想的异化。

异化一辞，简括地说，就是人创造的东西成为一种凌驾于人之上的力量，倒过来支配人、控制人。

各种宗教中的神就是人创造出来的。而人又把神看成高于自己的力量，认为神法力无边，而对之顶礼膜拜。宗教就是思想异化的产物。

共产主义和共产党实际上与此类似。共产党一直要人们相信共产主义是绝对真理，阶级斗争无所不在，党的领袖至高无上而且永远正确。柯庆施曾经说过，"相信毛主席要相信到迷信的程度。"人们如果相信共产党的宣传到迷信的程度，那种宣传就成为异己的力量，反过来支配人、控制人。这就是思想异化。

文革以后，极左思潮和毛泽东的极左路线受到了批判，对毛泽东和共产党的迷信被揭穿，这种思想异化才逐渐淡化。

社会是多元的、复杂的，就是有那样一些人，由于种种原因，限于迷思而不能自拔，不能摆脱思想异化。这就是范元甄女士的悲剧所在。

2001 年

左倾心理病

—— 范元甄社会性格机制的探索

王若水

李南央的文章《我有这样一个母亲》具有一种震撼力，这是因为她如实地生动地描述了一个过去了的时代的某种典型。这种典型曾在文学作品中出现过，最早是刘心武的《班主任》中的谢惠敏，后来是谌容的《人到中年》中的那位"马列主义老太太"；当然还有其他。不过只有这一次（政治人物的传记除外）才作为真人真事出现在李南央的文章中，而且有了淋漓尽致的刻画。范元甄的性格提供了一个极好的例证，表明左的思想斗争的方法可以把人性压抑和扭曲到什么程度。在当年那种政治气氛和政治教育下，一个

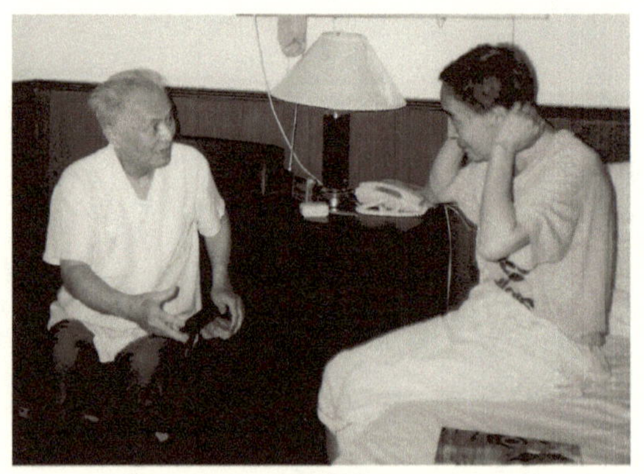

2001 年 10 月 2 日李锐探望罹患癌症
住在协和医院的王若水

党员受左的影响本是自然的；问题在于范元甄不是一般的左，而是左得出奇，左得难以理解。列宁用过"左倾幼稚病"这个名称；范元甄的个案却不是幼稚问题，而恐怕是心理上的不正常。但是，这又不是纯粹心理学的问题，必须联系产生这种性格的社会政治、经济和文化情况来了解，所以我采用了 E·佛洛姆的"社会性格"这个概念。

女儿是最了解母亲的；李南央已经对她的妈妈的性格形成做了很中肯的解剖。我这篇文章只是在她的文章的基础上做一些进一步的探索。

没有温暖的革命者家庭

打从记事起，小南央就看到母亲折磨父亲是家常便饭。五十年代，范元甄和李锐吵架，很多时候是为婆媳矛盾。在传统的社会，婆媳矛盾本是平常事，但在建国后相当长的时期里却往往会带上政治色彩，变成"阶级斗争"，处理这种事如果心软就会变成政治立场问题。范元甄认为李锐不该对他的妈妈有温情，因为她是地主。李南央说不是；即使不是，范元甄也一定要说她是。人们很难弄清，到底范元甄是因为婆婆是地主而不喜欢她，还是因为不喜欢她而一定要说她是地主。即使是地主，难道就一定是坏人和恶人吗？李锐母亲三十二岁时守寡，一人含辛茹苦，供养子女读书。李锐是独子，十七岁时离家上大学，倾向革命。为了寻找共产党，李锐在 1937 年 5 月不辞而别，悄悄北上北平，从此杳无音信。老人急得几乎发疯。十二年后，故乡解放，老人才见到儿子。这也确不容易。李南央长到二十七岁时才第一次见到奶奶。原来听妈妈灌输的一套，奶奶是个又刁又狠的"恶霸地主婆"，见面以后才知道她是一个瘦弱善良的老人，成天想念着儿子。奶奶一辈子想在儿子家住一阵，由于媳妇反对，至死未能如愿。

李南央九岁时，爸爸去北大荒劳改农场，妈妈失去了发泄对象，就拿女儿出气。一骂起来就是一整晚，不许睡觉，骂得最多的是："你这个小李锐！你跟你爸爸一模一样！""文革"中，范元甄骑在女儿身上，揪住头发往水泥地上死撞。

范元甄爱讲大道理，很注意对孩子的"思想教育"。她给李南央的信里永远充满革命词汇。每年放暑假时给孩子买书，大多是所谓有教育意义的。但这种"革命"的思想教育，是没有爱的。妈妈对孩子没有爱，孩子对她也没有爱，只有把满腹苦闷写到日记里。这日记被范元甄偷看了，讥讽地说："你小小年纪，还母爱、母爱的，满脑子令人作呕的资产阶级思想。"

"文革"开始后，李南央在学校挨斗，回家一言不发。范元甄看出女儿神色不对，和蔼地盘问，这是难得的。李南央有些受宠若惊，感到了一丝母爱的温暖，不觉流下了眼泪，告诉妈妈，自己因为爸爸的问题，也有她的因素，在学校里挨了同学的批斗。

没想到的是，还没有等她说完，妈妈的嘴角向下一撇，露出了幸灾乐祸的冷笑："啊哈！你不是一向标榜自己不要母爱，自己最坚强吗？哭什么？跟我说什么？你在学校挨不挨斗，跟我无关，不要往我身上扯。那是你自己在学校一定有问题。以后，你不要再跟我讲这些事情。你自以为了不起，自以为坚强，就不要以为还有妈妈。我在机关挨斗，又向谁去哭？"

那时李南央还不到十六岁。"看到妈妈那狠毒得近乎狰狞的面孔，只觉得自己向一个大冰窟里沉下去。"从此以后，不管遇到什么事，都绝不向母亲诉说了。

"文革"开始时，范元甄的确挨过斗。她过去的下属还有人跳到台上抽了她的耳光。1968 年 3 月，范元甄家被抄，范元甄被造反派抓走，关在机关里。可这根本改变不了范元甄对党和毛主席的忠心。李南央回家探亲，范元甄领着三个孩子天天对着毛主席像早请示、晚汇报。李南央不在家时，妈妈还不时给女儿寄剪报，要她学习"天津火车站工人批林批孔的先进经验"，让她学习王洪文。有一次李南央流露出对国家前途悲观的情绪。范元甄教训女儿，女儿听不进，范元甄竟一封信写到女儿的工作车间的党支部书记那儿，告发她的"反动思想"。

李南央最后一次见到妈妈是 1994 年的圣诞节，那是她离开大陆四年后第一次回国探亲，她还带上自己的女儿。开始寒暄几句还好，慢慢地，老太太就骂开了，从大姨开始，骂到李锐头上，又骂到女儿头上。对外孙女儿，却破例地表示了一点人情味，掏出一块纪念毛主席诞辰一百周年的怀表，要送给孩子，顺便考考她："毛主席是谁？"接着就进行思想教育课了："毛泽东是中国人民的大救星，领导中国人民推翻了三座大山。没有毛主席，就没有中国革命的胜利，就没有我们的幸福生活。"

这话在九十年代初听起来就已经像是背书了，可老太太是掉着眼泪说的。"这年头还有什么人真能这么记着他老人家的恩情啊！小孩子都不知道谁是毛主席了。我们永远不能忘记他老人家，要世世代代记着他的恩情。"

异化了的自我

范元甄真的对党和毛主席从来没有过丝毫怀疑吗？不是的。她在延安整风时期之所以受到审查，固然是受李锐牵连，但同她自己的"自由言论"也有关系。1949 年，范元甄刚进城时，曾经同李锐议论过毛泽东："毛泽东不就是个师范生？"反右斗争时，她正在航空学院学习，曾经很同情一个名叫马云凤的右派学生，认为他无非是小资产阶级的狂热，说不上是反党、反人民。大跃进时，她写信给李锐，询问外地情况，对报纸上放卫星的报道也表示了怀疑。这封信后来被搜查出来，引起了麻烦。

这才是真正的范元甄。不管她的怀疑和议论对不对，那是她真实的思想，她是在说真话。这样想是她的自由，说出她的想法是她的权利。在这样想和这样说时，她是她自己。别人可以不同意她的意见，可以同她讨论或争论，但无权禁止她这样想。然而在毛泽东的时代，这种思想是极端危险的。从延安整风到以后的历次运动，范元甄看到的和自己受到的教训还少吗？

1943 年春，延安搞"抢救运动"，李锐作为特务嫌疑被关在保安处，范元甄也受审查。政治研究室派某某某（即邓力群——编者注）去"抢救"范元甄，结果两人产生了婚外情。这事导致李、范二人的离婚。此后李锐大病一场，差点没了命。事情闹得满城风雨，组织上只好出面干涉，一个月开了五次批判会。最后作结论的是杨尚昆，认为双方都有责任，主要责任在某某某。范元甄受批判后，主动表示愿意和李锐复婚。后来范元甄认为这次复婚是自己一辈子最后悔的大错。

这是范元甄第一次挨整。以后是反右派斗争。范元甄曾告诉南央：那一次，由于同情马云凤的缘故，被撤职并受到审查。她这才猛然醒悟："自己怎么能够怀疑到毛主席的头上？才认识到自己问题的严重性。要好好认识错误，重新做人。"

毛主席不能怀疑！"重新做人"就是做一个永远不怀疑毛主席的人。不然的话，就会走上反党反社会主义甚至反革命的道路，这还不严重吗？

那么范元甄是否从此以后真的改变了想法，认为反右斗争没有冤枉好人，认为报纸上关于大跃进的宣传都是事实，认为毛主席是永不犯错误的神人？恐怕未必。从心理学的观点看，她之所以表现得出奇的左，这本身就不正常。这并不是因为她信仰得虔诚；恰恰相反，是因为她在内心深处还有怀疑。她被自己的真实想法吓坏了，但她又无法真正认识到自己的错误所在，于是拼命把它压制下去，不让这种思想冒出来。她之所以会对任何细微的"异端"言行表现出强烈的"义愤"，正因为她对这些东西怀着恐惧；而她之所以感到恐惧，正因为她感到虚弱，感到这种"异端"是难以抵抗的。为了安全，她把党教导给她的东西，报纸上宣传的东西，不经过自己的考察和鉴别就通通无保留地塞进自己的头脑，按照这个口径来讲话，甚至按照这个口径来思想。这是一种自我保护机制，只有这样，她才感到放心。但是这样一来，那个范元甄的本来的自我就隐没了，代替出现的是一个"假我"。我在这里用"假我"这个术语，并不是说范元甄有意骗人。她对这一点很可能是不自觉的，甚至还以为自己是真正相信这些思想的，她自己从来就是这样"革命"的。所以，这也是一种自我欺骗。

这个"假我"也是一个异化了的我。它是按照组织的政治需要塑造出来的，它在自我的名义下扮演着符合左的要求的角色。正像演员按照导演的要求背诵台词，而这个演员在说这些话时还带着感情，好像这就是她自己想说的话。这个"假我"扮演得越好，范元甄就越不是她自己。久而久之，假就成了真；范元甄就会相信，她不是扮演角色的演员，而是角色本身。

这样，范元甄就失去了自我，失去了独立思想的能力；她像一架机器，只知道重复别人灌输给她的东西。如果人变得像机器，那么人就异化了。这个异化了的"我"统治了她，扭曲了她，奴役了她，使范元甄不再是她自己，但她还坚决认为，这就是真正的自己，她应该是这样的人。她已经按照组织的要求和标准，脱胎换骨地改造了自己，成了真正的无产阶级，因而，她可以自豪。

李南央谈到她妈妈对毛主席的感情时说："对毛主席，我是从心底里相信她的绝对忠诚。她对主席的忠诚是现在唯一可骄傲的资本。那是她精神上的唯一支柱。""她就像魔鬼附身，谁反对毛主席，就坚决打倒谁。""文革"后期，范元甄还说："现在像江青同志和我这样真心革命的是几乎没有了。"老太太哽噎地说不下去了。她说话时，李南央始终直视着她的脸，那是一脸的虔诚，没有半点的虚伪和做戏的表情。

为什么"宁左勿右"？

范元甄也曾有她的辉煌时期，不过这是很遥远的事了。

范元甄的心理经历了两次大转折。

李南央叙述她妈妈的经历说："她早年富裕的家庭的娇惯，养成了她任性的大小姐脾气。当年我姥爷家有车夫，有厨子，有不止一个老妈子。她又是第六胎，第一个活下来的孩子。"这肯定养成了范元甄的自我中心意识。

这个家庭不知道是属于什么阶级，反正不会是革命阶级或劳动阶级。

那时中国的政治和社会都在经历着剧烈的动荡。日本帝国主义大军压境，中华民族面临生死存亡关头，许多知识分子和青年学生纷纷要求参加抗日、参加革命。范元甄也被卷在这个浪潮中，"在革命最风头的时候，一半是因了革命的热血，一半是逃避开始没落的家庭的窘迫和尴尬而投身了革命"。

抗战前夕，范元甄参加了"一二·九"运动。抗战初期，她担任郭沫若领导的政治部第三厅所属演剧九队负责人，后任重庆《新华日报》记者。王明赏识过她，周恩来夫妇视她为女儿。1939 年范元甄与李锐在重庆结婚，不久同去延安。她进了马列学院，并成为延安有名的四大美女之一。1941 年到中央政治研究室工作；当时主任是任弼时，实际负责的是陈伯达。那时的范元甄，可以说是相当出风头的了。

这样家庭出身的青年投身到革命队伍，肯定要来一个脱胎换骨的变化才能适应新的环境。不过范元甄还很顺利，没有遇到什么考验。"没有打过仗，没有下过乡，没有参加过土改，没有受过艰苦生活的锻炼。"唯一的一次磨难只是延安整风时受到审查，不过这一次肯定给了她极大的教训。

1949 年，武汉解放，范元甄找到了一个显示她的革命性的机会。她有一个大弟在武汉长江航运局工作。这个大弟的岳父在解放前夕抛掉了老婆、女儿和女婿，带着小老婆去了台湾。范元甄一到武汉就领着两个年轻、崇拜共产党、一心向往革命的妹妹斗争大弟，要他交代是如何帮助老丈人逃跑的，家里帮他藏了哪些财产。"这真是子虚乌有的事，大舅当然不承认。为了表示革命干部不能包庇亲人，我妈一状告到舅舅的单位。单位来人抄了家，还给舅舅连降两级。文革期间更是全家被下放到农村。"

李南央的大舅本是个"很有才华，非常能干"的人（这是李锐的评语），被赶到农村后，生活很苦。李南央去农村看过舅舅一家，觉得他们都是那么善良的人，使她在那些日子尝到了真正的亲情。可惜坎坷的生活摧毁了大舅的健康，五十岁的壮年就病死了。

范元甄这种态度，是真正对革命负责吗？如果她的大弟没有受到这种打击，而能够充分施展他的才干，并且多活一些年，这不是对革命多作贡献吗？范元甄对她的大弟不可能连这种基本了解都没有，为什么要采取那种态度呢？

用李南央的话说，这是"为了表示革命干部不能包庇亲人"。范元甄需要证明自己的"革命性"，而要证明这一点，"大义灭亲"当然是最有力的行动。这样，她的大弟就成了证明姐姐的"革命性"的牺牲品了。我并不是说不要大义灭亲，而是说这种"大义灭亲"是要加引号的。我也不是说范元甄本人明确地意识到她的行为的不合理处。这种真实的动机可能隐藏在她的潜意识深处，而被她自己用冠冕堂皇的革命词句掩盖起来了。

范元甄对婆婆和自己的大弟如此，对自己的小弟也差不多。这个小弟"五十年代在北京大学读政治经济学专业。学校领导本准备送他去苏联留学。因为我妈既是小舅的监护人，又是老革命，就征求她的意见。结果我妈一句好话也没说，反说我舅舅思想比较落后，小资产阶级意识较浓，不适于出国学习。断送了舅舅出国深造的机会"。

我知道在土改时期，有些表现很左的干部恰恰是家庭出身不好的。他们知道，让他们参加土改是对他们的考验。他们最害怕的就是被批评为"立场不稳"，于是他们采取"宁左勿右"的立场，以表明自己的革命坚定性。实际上，在内心深处，他们未必觉得那种做法是合适的，但对他们来说，"表现"得革命才是最重要的，而要做到这一点，最简单的办法就是要"斗争性"强，要显得左一些。这样，即使挨批评，上级也还是觉得这个同志的革命性是没有问题的，说不定还觉得自己"左得可爱"哩。

这种"宁左勿右"的思想之所以能泛滥，因为党的领导就觉得"左比右好"。毛泽东不是说过吗："真正的教条主义分子觉得'左'比右好是有原因的，因为他们要革命。""这些人大都是忠心耿耿，为党为国的，就是看问题的方法有'左'的片面性。"总之，虽然有错误，还是自己人。有右倾机会主义思想的人就不同了。"这些人比较危险，因为他们的思想是资产阶级思想在党内的反映"（《毛泽东选集》第五卷，423-424页）。照此说来，左是方法问题，右是立场问题。那就难怪许多党员和干部要"宁左勿右"了。

那是革命的年代，"革命"是最有魅力，最使人向往的字眼。"革命"是和"真理"、"光明"、"进步"、"伟大"、"崇高"、"英勇"、"壮丽"、"辉煌"这些字眼连在一起的（保尔·柯察金不就是这样的英雄吗）。革命——这是那个时代的最强音。革命——这是当时现实的主旋律。哪一个有进步倾向的青年不以革命为荣呢？既然革命的领导者和代表是共产党，又有哪一个进步青年不以作为这个党的一员而自豪呢？我想范元甄属于这种情况：她要争当革命先锋。对不革命的人来说，她是革命的；在革命的队伍中，她又是最革命的。她如此迫切地渴望表现出自己的革命性，以致这种行为是否真对革命有利反而顾不得了。

这就是范元甄的心情：她的家庭行将没落，她必须改换门庭，另寻出路，在新兴的革命阵营中找到自己的位置。她是渺小的，可党是伟大的；她是软弱的，可党是强大的；她是无足轻重的，可党是在创造历史。既然她把自己融入了党，她就提升了自己，分享了党的光荣和伟大。可这要付出代价，要经受考验，要作出牺牲。本来，革命者是应该有这种准备的，可是有些对党员提出的要求，却是不合理的、过左的。于是，范元甄就有那种铁石心肠的表现。这对她大概并不是难事，因为她本来就是自我为中心的。

表现过左的人有好几种情况。一种人是野心家阴谋家，用伪装的革命来骗人；这种人是极少数。另一种人是真诚相信自己是正确的，并不是过左；这种人一旦认识到自己的错误，是容易改正的。多数有左的表现的人是要革命的，但他们参加革命的动机总可能夹杂着或多或少不纯的成分。

看来范元甄的"革命"表现并没有白费：她得到了信任。建国后的五十年代，范元甄被送进北京航空学院的调干班学习，毕业后在航空工业部所属的一个大型仪表厂任总工程师。那时她不到三十几岁。这是她一生的顶点。

制度的牺牲者

转折点在 1959 年。李锐因在庐山会议上同情彭德怀而被贬斥，范元甄也遭株连，被发配到一个车间当炉前工，身体又有了病，精神似乎垮掉了。

1962 年七千人大会后，李锐和范元甄再度离婚。本来组织上是准备给李锐恢复党籍，降为局级使用。范元甄写了长篇材料送上去，揭发李锐的反毛言论，连邓小平也看到了。

李南央说："她和我爸离婚，揭发我爸，根本不是他们思想不一致，而是她胆小，为保自己出卖了丈夫。"

1979 年李锐平反出狱，范元甄曾萌生过再次复婚的念头，未果。范元甄在"文革"后没有工作，李锐却在陈云提名下进了中组部，并升格至中央委员。范元甄对此切齿痛恨，到处扬言不把李锐弄下台誓不罢休。后来果然抓住生活费问题大闹特闹，到处告状。

范元甄认为自己比李锐革命，可是党组织偏偏欣赏李锐而冷落了她，这使她心理不平衡。这种心理表现在行为上，就是拼命贬低李锐、折磨李锐。正如李南央所说，她的父亲李锐"越到晚年越加晚霞般绚丽，学术名气和社会地位越见升高"。相比之下的范元甄却一蹶不振。"她曾经年轻过，漂亮过，出过大风头，有过名，可惜昙花一现般短暂。她的大半生都不得志，将一生积怨横加于父亲，化作永远刻骨铭心的恨。我想我妈现在活着的唯一的念头就是'一定要看着李锐先死'。"

还有家里的老阿姨，更不知受了她多少气。这个阿姨晚年落了个毛病，不能提范元甄，一提就失声痛哭。

这种折磨人的性格可以追溯到范元甄的儿童时代。那时在家里，她就是小霸王，脾气很大，一切都得依着她。"听阿姨说，我姥姥当年听到大小姐回来了，会吓得浑身发抖。"我在前面说范元甄失去了自我，是就她的独立思考能力和自主判断能力这一方面说的。左的统治要摧毁个人的独立性，把每个人变成俯首帖耳的驯服工具，这是一个方面；但另一方面，左的统治又需要利用一些人去整另一些人，所以它又强调斗争。这后一方面不是和范元甄原来的性格不谋而合吗？于是在很多场合下，这种好斗的、折磨人的性格就会以"革命"的形式出现，不但用不着改造，而且具有正当性，应当发扬。毛泽东不就是喜欢那种"头上长角，身上长刺"的造反派吗？

可叹的是后来不管范元甄如何表现得"革命"，党却再也没有认可她。随着改革开放，随着市场经济大潮的冲击，现在她这种人已经过时了，不吃香了。范元甄一定越来越感到孤独，她只好生活在幻想中。

1994 年李南央最后见妈妈那一次以老太太的大打出手而告终，只因为李南央看到姥姥对孩子发急了，说了一句"要平等讨论"，这一下引爆了："我今天就是对你不平等了。你给我滚！"接着就暴风雨似的对女儿和孙女狠狠乱打一通，打得李南央满脸是血，拉着女儿狼狈而逃。

为什么会表现得这样歇斯底里呢？因为范元甄被刺痛了。为什么这样容易被刺痛呢？这不是有自信的表现；恰恰相反，是虚弱的表现。在这种过度反应的背后，是深深的自卑。

这种自卑，范元甄可能自己也没有意识到，那是深埋在她的潜意识里面的，但我们可以通过种种迹象察觉出来。比如，范元甄数落女儿到了美国，以为了不起了，每年春节寄一百多美元回来是"打发叫花子"，骂女儿是"美国狗"，可是女儿给她的美国货（西洋参、不粘锅等）却照收不误，而且要女儿替她买这买那。所以，我们有理由认为，她对女儿的辱骂其实是嫉妒的表现。

李南央说，早在妈妈下放干校时，"我一个人在北京要给她寄那没完没了的包裹。她的每件东西在哪家商店买，什么颜色，什么牌子，在来信中都是严格规定的，我永远做不到一次就买对。"到美国后，李南央托朋友去看看妈妈，这位朋友买了一个大果篮作礼品，没料到表面的好水果下面是一层烂橘子。这当然是上了奸商的当，但也不是什么大不了的事。可是过了快一年，范元甄见到李南央时，还大骂一通。可见，她对送的东西是很在乎、很计较的。这和艰苦朴素的"革命传统"相去甚远。范元甄挖苦那个朋友说："还给我一张名片，经理头衔一大串儿！坐在这里，腰里的 BP 机'哔！哔！哔！'地一会儿一叫，一会儿一叫，什么样子！那个俗气！"

李南央评论得很好："这个人是完完全全地与世隔绝了。真的，如今这世道，是个谁都想当个经理，腰上的 BP 机乱叫……还有谁会记住老人呀？"

然而，既然范元甄对物质的生活用品那样重视，那么她在内心深处对这种人没有嫉妒吗？BP 机现在不稀罕了，可在九十年代初，名片上的经理头衔和腰上的 BP 机，都是身份和财富的标志，都是可以炫耀的东西。有了这些东西就说明有钱，就会拥有范元甄想要而得不到的一切。

范元甄批评过"令人作呕的资产阶级思想"，那么她自己对金钱是什么态度呢？下面这个例子最能说明问题了。范元甄的小妹妹有心脏病，不到五十就死了。最后一次犯病时，想向姐姐借点钱。这位姐姐当时倒是寄了二百元去，可是没过几天，就一封长信追过去，大骂小妹妹没有良心，只知向她要钱，却对她漠不关心，殊不知她的身体也很坏，就因为给小妹妹寄了钱，这个月没有买补药。小妹妹看了信，气得马上把钱退回，几天后就咽气了。临死前嘱咐：绝对不许通知大姐。

看着妹妹病危也不肯解囊相助，这种行为像是守财奴而不像是无产阶级。由此可见，范元甄并不是真的憎恶"资产阶级生活方式"；她对在改革开放中富裕起来的人的反感，不过是一种失落感的表现，因为现在这些都没有她的份了。

　　范元甄的性格有个人因素，又是制度的产物。某种制度塑造出某种社会性格的人，这种社会性格的人又成为该制度的维护者。这是有普遍性的。凡是从那个左倾思想猖獗的年代过来的人，恐怕谁都或多或少地受到过左的影响吧。当然，这不是说范元甄就没有自己的责任了。在那个时候，范元甄这种人是正面人物，是受到鼓励的。改革开放开辟了一个新时期，经济体制起变化了，人们的思想逐渐解放，接受了新的观念、新的思维方式；过去不敢想的问题现在开始敢想了，过去不敢说的话现在开始敢说了。左的东西已被人们厌弃了。虽然左的东西仍存在，但也要变换一些花样，才能有市场了。可悲的是，范元甄却依然故我。外在的政治压力放松了，可是她仍然带着旧的精神镣铐，自己束缚自己，因为她已经把外在的束缚内在化了，以致于不能意识到那是镣铐。她仍然忠于那个改变前的体制，于是，她终于被体制抛弃。归根结底，范元甄也是一个制度的牺牲者。

2000 年 9 月

中国亲情文化个案研究
——解读李南央《我有这样一个母亲》

单少杰

读李南央回忆文章《我有这样一个母亲》，受双重震动：一是受震动于"这样一个母亲"竟做出那样一些事情，二是受震动于"我"竟写出"这样一个母亲"。母奇女亦奇。

2018 年 10 月北京合影。左起：吴迪、单少杰、张丽娜、
唐少杰、李南央、巴惕忠、叶维丽、叶冰冰

一、

在世间各种人物中，角色差异最小者就数母亲了，以至于可以说：天底下的家庭是千差万别的，天底下的母亲是十分相似的。

蒋介石的母亲的舔犊之情与毛泽东母亲的舔犊之情是十分相似的。蒋母心中的"中正儿"与毛母心中的"石三伢子"都是她们的命根子。

与此相应，蒋介石对母亲的怀恩之情与毛泽东对母亲的怀恩之情也是十分相似的。在母亲墓前，蒋长袍马褂，长跪不起；

毛虽碍于无产阶级伟大领袖形象而不便作跪拜大礼，但也神情穆穆，鞠躬不已。

正由于母亲角色具有相似性，在中国文章中写到母亲时，大多直书"母亲"或"妈妈"，而很少使用所有格或特指格（定摹状词）。可是，在李南央文章标题中的"母亲"，既被置于所有格中："我有……"，也被置于特指格中："这样一个……"。

对于大多数人来说，母亲身上最富有的东西，就是亲情，就是对于家庭成员尤其对于子女的发自深心的关爱之情。李南央文章则告诉我们，在"这样一个母亲"的身上，最匮乏的东西恰恰是亲情：

一是匮乏舔犊之情，视亲生女儿为仇敌，为出气筒，"这个小李锐！你和你爸一模一样！"女儿多年后回忆道：挨骂成了家常便饭，"那真不是人过的日子"（文中凡有不加注引文，均引自李南央《我有这样一个母亲》）。

二是匮乏手足之情，以致四个弟弟妹妹对她"都有一肚子苦水"。大舅因她"一纸状告"而被抄了家并连降两级。小舅因她"一句好话也没说"而被断送了"出国深造的机会"。小姨因她先借钱后辱骂而"差点没气死"。大姨也被她说成是不能享受离休待遇的人。所幸大姨档案后来被找到了，管事干部对大姨说："这回她可害不了你了。"

三是匮乏夫妻之情，既曾在婚姻关系上背叛过丈夫，投入他人怀抱；又曾在政治问题上揭发过丈夫，致使丈夫"罪"上加"罪"，几度濒临绝境。

她虽没有把丈夫推下井口，但在丈夫落井后扔下了最重的石头；虽没有把丈夫打成"特嫌"和"右机"，但在丈夫落难后抛弃了并检举了丈夫，对落难者作了十分绝情的事。

读《我有这样一个母亲》，无论是赞成者，还是反对者，都会承认这篇文章是很能打动人的。其动人之处：

不仅在于使读者惊异地看到"是什么"——李南央母亲竟是这样一个人格扭曲的人！而且在于使读者惊异地想问"为什么"——李南央母亲为什么竟是这样一个人格扭曲的人？

二、

李南央母亲今年八十高龄。在老太太漫长人生中，至少有过两个高峰期和两个低谷期，并且是每个高峰期都连着一个低谷期，故为两个高峰——低谷期。

第一个高峰——低谷期在"延安整风"前后。

前为高峰：她不仅成了中国精英青年——延安青年一员，而且成了延安尖端青年——从最高学府马列学院调入中央政治研究室。

后为低谷：她先因政治问题而成了被抢救者，继因生活问题而成了被处分者，以致"名声很坏，没人理她"。

第二个高峰——低谷期在"庐山会议"前后。

前为高峰：她既有着老干部专业工交系统的身份，又有着航空工业部直属大厂的总工程师身份，又红又专。

后为低谷：她先因李锐问题而被罚做热处理车间的炉前工，后为保全自己而充当检举李锐的告密者。自此，更加使"我们这个家是没有欢乐的！"她本人则沉浸在"对周围一切人的恨"中。

每次高峰与低谷都相连得太近，以致成断崖状，百丈断崖状。也就是说，李南央母亲每次从高峰到低谷，都不是走下来的，而是摔下来的，摔得身心俱伤。

她每次摔崖都与李锐有关，第一次是因李锐被打成"特嫌"而受连累，第二次是因李锐被打成"右机"而被株连。她也正因此而怨恨李锐，如其女儿所说，"她的大半生都不得志，将一切积怨都归罪于父亲，化作永远的恨。"

不过，她的这种"恨"是有可议之处的。

一是恨得不明白。

李南央母亲范元甄受连累而摔崖是冤枉，李锐本人挨整也是冤枉，并且是更大的冤枉。

李锐第一次落难，是因为在延安整风中"有人咬他"（博古语），即他的一位大学同学诬告他是"特务"。不过，他的这位大学同学之所以诬告他，是因为受到严刑逼供而"屈打成招"的。

因此，范元甄若要恨得明白的话，就不应只恨其然而不恨所以然，就不应恨李锐，甚至不应恨"咬"李锐的人，而应恨那种历史遗传下来的审干的方法，准确地说那种黑道的方法；还应恨那些热衷使用这种方法的人，以及那些默许使用这种方法的人。

审干负责人之一康生曾直接插手过李锐案，诬称李锐因父亲为红军所杀而"同共产党有杀父之仇"。可是，李锐父亲早在1922年就去世了，中共红军则要到1927年才得以出现。康生所言纯属"关公战秦琼"之谈。（参见宋晓梦《李锐其人》第三章第三节，香港版书名为《党内有个李锐》，所引章节为港版。）

在中共高层众生相中，康生最像黑道中人，最像黑道中那种专门负责对内部成员进行秘密监控并实行严酷家法的人。他先是在"延安整风"中大显过这方面身手，后又在"文化大革命"中大显过这方面身手，并因此而深受毛泽东的信任和赏识，最终成了中共高层中几乎是唯一未被毛整治过并安然老死于毛身边的人。

李锐第二次落难，是因为在庐山会议上讲真话而遭迫害的。他说"大跃进"搞"左"了，说彭老总意见是有许多根据的，都被事实证明是十分正确的；但被毛泽东说成是"右倾机会主义"的，是反党反社会主义的，故应予以严厉批判。李锐为此而蒙冤二十年。因此，范元甄若要恨的话，就不应恨原本就受冤枉的李锐，而应恨冤枉李锐的那些事和那些人。可是，她不恨其他，只恨李锐，并恨了大半辈子，直至今日。

所以，笔者说她恨得不明白。

二是恨得不公平。

诚然，李南央母亲对于自己被摔到崖底这件事，是没有责任的。因为，这对于她来说，是无法选择的，是不可抗拒地被摔下去的，故不应为这一无法由自己作出决定的行为而负责。但是，李南央母亲对于自己在被摔到崖底后所作的那些事情，是要负责任的。因为，这是她可以选择的，可以选择做，也可以选择不做，可以选择这么做，也可以选择那么做，故应为其选择而承担相应后果。

她在被摔到崖底后，至少可作三种选择：

一是奋而向上爬，积极申辩，自己拯救自己，并保护他人；

二是就呆在那里，等待他人拯救；

三是继续向下滑，胡言乱语，自己作践自己，并伤害他人。

第二种选择，是大多数处于这一境况的人所作的选择。第一种选择和第三种选择，是极少数处于这一境况的人所作的选择；

因为，前者做起来太艰难了，后者做起来太卑劣了。不幸的是，李南央母亲所作出的正是这第三种选择。

她在第一次被摔落崖底后，便背叛了自己的夫君，以"被抢救"身份与那个"抢救者"缠绵上了，上演了一幕女囚与狱卒的爱情剧。

她在第二次被摔落崖底后，又出卖了自己的夫君，写检举信揭发李锐一贯思想右倾，说过这样和那样的坏话，并在揭发中殃及其他人，如揭发毛泽东秘书田家英与李锐在一起说过什么话等，结果使得李锐"罪"加一等，成了"庐山右倾机会主义集团"中的特例人物：

唯一一个下山后即被开除出党的人。

唯一一个被流放北大荒而差点被饿死的人。

"文化大革命"开始后，她更进一步揭发李锐的朋友黎澍、刘澜波（水电部负责人）等人。她这样做，就不止是滑下了崖底，还滑下了地平线——人性的地平线。

因此，李南央母亲除了恨别人连累自己外，还应恨自己，恨自己也有负别人。可是，她只恨李锐，不恨自己。所以，笔者说她恨得不公平。

三、

一个人从人生高峰骤然跌落至人生低谷，自是会生出强烈的失落感，并可能导致某种心理突变，形成某种特殊性格。

李南央母亲就是这方面突出例证。她的摔崖经历导致了她的某种心理突变，即那种向恶性方面发展的心理突变，形成了她的那种充满孤独感和仇恨感的特殊性格。比较而言，她的第一次摔崖摔得最惨烈，所造成的心理后果也最严重。

刚到延安那几年，李南央母亲范元甄最是风光。

据王怀安老人回忆：她与夫君李锐，"那真是郎才女貌！不！是郎、女全都才貌双全；在延安时，说到他俩，没有不称赞的！"（引自宋著第 252 页）。

他们都很突出，郎是郎才郎貌，女是女才女貌。若作进一步比较，女方似乎更突出些。

范元甄一到延安就进了马列学院。这个马列学院可以说是中共翰林院，属中共顶级理论学府，既高又尊。所以她的女儿说："这是妈妈一辈子觉得比别人高出一头的资本。"

范元甄还因相貌出众而被人们誉为"四大美女"之一。当时延安，男女比例为 19 比 1，青年女性自属尤物，而名列"四大美女"者更属尤物中的尤物。可以想见，延水河畔那个轻盈灵动的身影，吸引过多少双眼睛，多少双熟悉范元甄而范元甄不熟悉的眼睛。据范自己回忆，她在延安两次与毛泽东见面都是老人家先向她打招呼的。

当然，在这些跟踪她的目光中，有健康的，流露出羡慕或怜爱；也有不健康的，流露出嫉妒或某种非份欲望。

可是，一到整风运动中，范元甄风光顿失，接连遭逢厄运：

先是因历史问题即所谓"特嫌"问题而被"抢救"，后是因现行问题即所谓"生活作风"问题而受处分。前者受李锐案牵连，纯属冤案，终获平反；后者则与自身不洁有关，当然也与第三者插足有关。党组织为此给他们做了处分结论：

"双方都有责任，主要责任在某某某（即邓力群——编者注）。"

这个结论用老百姓话说，就是这档子事，既有通奸性质，尤有诱奸性质。关于后一性质，当时中共中央机关负责人杨尚昆有过权威性断言：

利用自己负责审查的机会，"进行个人活动，以党的秘密去讨好自己追求的目的。"（引自宋著第 281-282 页）

范元甄本来就阅世不深，此时又突遭不幸，自是内心非常脆弱，渴望有人扶持，有人关爱，因而很容易被人乘虚而入，很容易吞食那种虽有怪味但能充饥的东西。她也正由于是在自己一生中最感饥饿的时候吞食这种怪味东西的，故而一辈子忘不了它，以至于晚年在与老友谈起此事时，仍是"激动得难以自已"。

不过，范元甄为偷食这种怪味东西而付出的代价是沉重的：

其一，因在革命队伍中做了这苟且的事，而犯了人伦道德所讲求的"耻"字。于是，她成了不耻不义之人，成了延安整风运动中最不幸的人：在整风高潮中，包括范元甄在内的许多人都被整治；到整风收尾时，在被整治的人中，绝大多数人都是平反了则完事了，范元甄却是平反了还没完事，还要接着整风，整"生活作风"。对于那些未被整治过的人来说，范元甄无疑属另类；对于绝大多数已被整治过的人来说，范元甄又无疑属另类，属另类中的另类。

可以想见，这时范元甄仍会吸引许多眼睛，但这些眼睛已与先前不同了，健康者流露的是鄙薄，不健康者流露的是幸灾乐祸或其他莫名邪念。

范本是才女，聪明而敏感，既能准确地解读众人的目光，也能最深切地感受自身的失落。

综观李南央母亲一生轨迹，最高点当数她二十二岁前那几年，最低点则数她二十二岁后那几年，此后就再也没有到达过先前那个最高点的高度，甚至很少到达过地平线以上的地方。这似乎印证了一句老话：少年得志是人生一大不幸。正是在这种由人生最高点向人生最低点急剧坠落过程中，范元甄心理也在发生急剧变化：

先由极度荣耀急转为极度失落，又由极度失落急转为极度怨恨——首当其冲者，就是那个先她落难并连带她也落难的人。她怨恨李锐，怨恨与李锐有关的许多人和许多事，甚至怨恨那个长得最像李锐的亲生女儿——"小妹"（南央）。

四、

平心而论，范元甄本人也是受害者，是那条极左路线的受害者，是那个乘人之危的人的受害者。她遭逢厄运的年龄是二十二岁，也就是今天大三大四女生的年龄，属于那种蹦蹦跳跳而不知人生道路坎坷的年龄。由于太年轻，范元甄不仅很难承受这突如其来的打击，而且很难弄清这突如其来的打击的真正原因是什么。

比如，她很难弄清延安整风运动隐有一个深刻矛盾：

一方面，在政治路线上大反"左"的东西；另一方面，在组织路线上又大搞"左"的东西，其间又分两个方面，一是大搞毛的个人迷信，二是大整毛的政治异己，以致整出"扩大化"问题来。这条极"左"的组织路线，后来又上升为一条极"左"的政治路线，一条唯毛泽东是准的政治路线：凡是毛主张的就是正确的，就应坚决予以实行；凡是毛反对的就是错误的，就应彻底予以否定。

从这里可以看出，毛的施政方式是实用主义的：不管是左倾路线还是右倾路线，为我所用就是正确路线；不管是黑道手段还是白道手段，为我所用就是革命手段。他的实用主义不仅表现在手段上——为了达到一定目的，什么事都能做得出来；而且表现在目的上——1949年前主要是为了他的党能够夺取全国政权，1949年后主要是为了他个人能够保持至上权威。

不过，毛的实用主义因常常掺和着理想主义颜料而使人很难一眼看穿它。他爱唱高调，爱发乐观主义言论，还爱作崇高状，有时还爱写一些浪漫主义诗词，尤其是还爱讲一些诸如"五斗米道"和"大同书"之类的故事。

毛毕竟出身读书人，有过读书人的抱负，发过诸如"修身齐家治国平天下"之类的宏愿，应该说是有他的理想境界的。对于这一点，笔者没有多少疑义。问题是，当他的理想境界与他的现实利害发生冲突时，他就会让前者屈从于后者，让崇高让位于鄙俗，致使理想主义蜕变为赤裸裸的实用主义。这一点在他搞"大跃进"中表现得最明显：

在"庐山会议"前，可以说，他是为了实现他的理想、他的乌托邦梦而决意搞"大跃进"的；在"庐山会议"后，只能说，他是为了维护他的威信、他的权力地位而执意搞"大跃进"的，以致搞出旷古未有的人为大饥荒。

也正因此，他一直记恨着彭德怀，一直不放过彭德怀，直至把彭德怀囚死狱中。说是囚死狱中，实是慢性处死狱中，实是让这个毛曾经恭称为"彭大将军"而此时必欲除去的人，在受尽各种精神凌辱和各种肉体折磨后慢慢死去。据监视哨兵记述，这位"彭大将军"在去世前，已是数度精神失常，已是数度因癌痛难忍而恳求拘押者即刻处死他："你帮我打一枪吧"，好让他一了百了。

毛泽东在其施政过程中，既高唱过理想主义，激扬云天；也大行过实用主义，无所不为。两者比较，前者更为夺目，更容易造势，以致造出一片红彤彤的大势；后者更为根本，更能反映出他内心深处的东西，尤其是他晚年内心深处的东西。毋庸置疑，随着各种历史材料逐渐披露，毛的这一本质方面将日益凸显。

如今，仍有许多共产党人，甚至仍有一些人文学者，只看重毛的前一方面而忽视毛的后一方面，只看重其浪漫的一面而忽视其鄙俗的一面，即什么事都能做得出来的一面。当然，要认清毛的施政哲学的两重性，特别是他的实用主义的本质方面，是需要时间的，尤其对于毛的许多党人来说是需要很长时间的。不要说许多中共普通党员很难认清这一点，就连一些中共元勋人物也很难认清这一点，甚至到死都未能认清这一点。至于范元甄，就更是如此了。

总之，年轻的范元甄也是受害者，也是毛泽东所采取的实用主义施政方式的受害者，也是延安审干所使用的黑道手段的受害者。并且，年轻的范元甄还认识不清自己受害的真实原因，还认识不清那些深藏在革命名义下的东西，以致作出许多错误的判断，形成一些怪异的行为方式。不过，范元甄也有自己的问题，即在自己受到伤害的同时也伤害了他人，尤其是伤害了夫君李锐，青年时如此，中年后（直到老年）又如此。

五、

如果说"这样一个母亲"十分罕见，那么，写出"这样一个母亲"的这个"我"也十分罕见，甚至更为罕见。

在这世上，无情母亲虽然很少，但总还能看到一些，而敢于将无情母亲之无情以如此方式公诸于世的女儿就少而又少了，至少在笔者有限阅读范围内是绝无仅有的，故而也可说是一个"另类女儿"。也正因此，一些熟悉并爱护李南央的人，在为这篇文章打动而表示赞许的同时，也为作者本人担着一点心，担心她很难为一些人理解。

《论语》第十三篇第十八章，记有孔子与叶公一段对话。

叶公说，我们这里有个正直的人，他父亲偷了羊，他就告发他父亲（吾党有直躬者，其父攘羊，其子证之）。

孔子说，我们那里也有正直的人，但与你说的不同，父亲为儿子隐瞒，儿子为父亲隐瞒，正直也就体现在其中了（吾党之直者异于是：父为子隐，子为父隐。——直在其中矣）。

笔者愚见，这段对话可能是整个《论语》中最重要的一段对话：一是，其间凸显了传统中国人在社会生活中所常常遭遇的一个重大的价值冲突；二是，其间凸显了孔夫子在应对这一价值冲突时所持有的两个基本的价值取向。在这段对话中，叶公赞成儿子告发老子恶行，孔子则赞成父子之间互相隐瞒。两者观点都隐含了一个很难调和的价值冲突，即一个很难将维系社会法治秩序与维系家庭人伦关系予以调和的价值冲突。

叶公观点的实质，在于为维系社会法治秩序而不必太顾及家庭人伦关系；孔子观点的实质，则在于为维系家庭人伦关系而不必太顾及社会法治秩序。孔子这一观点透出了两个相互叠加的价值取向：一是家庭伦理主义取向，二是功利主义取向。孔子这段谈话的一个要义，就是家庭伦理高于社会法规或社会公正，即父子相隐或父子相亲高于大义灭亲。

孔子整个学说的核心概念，就是"仁"；而"仁"的根本点，就在于"孝"和"悌"（《论语》第一篇第二章），即孝顺父母和敬爱兄弟，属家庭伦理范畴；而"孝"和"悌"又可衍生出其他伦理范畴，如可衍生出"忠"和"义"来，即敬忠上司和行义友人，属社会伦理范畴。简言之，在孔夫子看来，家庭伦理是整个道德架构的拱心石，家庭行为规范是其他一切社会行为规范的出发点。孔子这一思想，影响了毋宁说适应了传统中国社会生活方式。

就社会基本规范形式来说，传统中国，既不是一个以宗教戒条为本位的国家，也不是一个以普遍法理为本位的国家，而主要是一个以世俗伦理为本位的国家。这种世俗伦理具有复合性质，即整体性质取决于要素性质，即社会伦理性质取决与家庭伦理性质。对于传统中国人来说，最基本的道德实践，就是如何处理好家庭人伦关系，并由此而形成一种最基本的行为模式，一种由此而可以衍化为社会伦理行为模式的家庭伦理行为模式。比如，人们可以像在家庭中孝顺父母和慈爱子女那样，来处理在社会中遇到的上下垂直关系；又比如，人们可以像在家庭中敬重兄长和爱护幼弟那样，来处理在社会中遇到的左右平行关系。

孔子在应对上述家庭伦理与社会法规冲突时所采取的态度，

也是功利主义的，是两害相衡取其轻而舍其重的，或是两利相衡取其重而舍其轻的。

无论是叶公所赞成的儿子告发老子偷羊，还是孔子所赞成的儿子老子相互隐瞒，都是有一定弊害的：前者虽能维护社会法治秩序，但会伤及家庭人伦关系，如会导致父子为仇的后果；后者虽能维系家庭人伦关系，但会伤及社会法治秩序，如会造成徇私枉法的风气。因此可以说，叶公和孔子都是在权衡两种行为弊害大小后而作出他们的判断的。他们所赞成的，都是他们自己认为其间弊害较少的一种行为，而不是他们真的以为其间没有弊害的一种行为。

必须指出，孔子对儿子告发老子偷羊事持保留态度，并不意味着他对其他人告发此老子偷羊事也持保留态度，否则，他就是在倡导包庇坏人之风。换而言之，孔子赞成儿子隐瞒老子行恶，并不意味着他赞成老子行恶，否则，他就是在倡导纵容坏事之风。显然，孔子既不赞成破坏家庭人伦关系，也不赞成破坏社会法治秩序，只是认为，破坏家庭人伦关系的危害性要大于破坏社会法治秩序的危害性，故而作了两害相衡取其轻而舍其重的判断，即功利主义的判断。

当然，这里所说的"功利"，指的不是一己利益，不是私益，而是群体利益，就是公益。这种公益在孔子这里，既指家族公益，也指社会公益。两者之间是一种递进关系：只有首先实现家庭公益，即后来儒家所说的"修身齐家"，才能进而实现社会公益，即后来儒家所说的"治国平天下"。强调家族公益是价值基点，是孔子学说与其他价值学说"殊途"之处；肯定社会公益是最终价值目标或最大功利所在，则是孔子学说与其他价值学说"同归"之处。

李南央写《我有这样一个母亲》，当属"其父攘羊，其子证之"之举。李本人也属叶公所称道的"吾党直躬者"。不过，李南央此举不大会为孔夫子所称道，不大会为中国人的世故人情所接受，也正因此而使一些国人对她有"另类女儿"的观感。

六、

孔子关于"父子相隐"的观点，仅属于相对性道德判断，不属于康德所说的"绝对命令"，不具有普适性。它仅适用于家庭伦理行为范围，而不适用于其他伦理行为范围。即便是仅适用于家庭伦理行为范围，它也是相对的：如果那位父亲不是偷羊，而是杀人，并是已杀数人，且欲再杀数人；那么，这时孔子还会坚持"子为父隐"吗？还会对敢于告发这种父亲的"直躬者"持保留态度吗？

若将宗教伦理与儒家伦理进行比较，就会发现：前者"绝对命令"（诸如"不准杀生"之类戒条）较多，故较为原则；后者相对性道德判断（诸如"父子相隐"之类教喻）较多，故较为策略，较为灵活。之所以如此，就在于两者价值取向不同：前者取向出世，取向较为单纯的人神关系；后者取向入世，取向较为复杂的人际关系，故而更合人性，也更为世故。

说到底，儒家伦理是一种世俗伦理，是完全植根于世俗生活中的，毋宁说是完全浸泡在世俗生活中的，因此，需要应对其间各种利害关系，权衡轻重，或取或舍。并且，这些利害关系，既错综复杂地交织在一起，又不断发生变化，此时此处为利，彼时彼处为害；因此，上述权衡轻重也必须随情况变化而变化，此时此处为取，彼时彼处为舍。所以，儒家伦理爱讲相对性，爱讲辩证法，爱讲具体情况具体分析。这就不难理解，在儒家这座大熔炉里，既造就刚直耿介之士，如明季东林党人；也造就圆熟练达之士，即能适应各种生存境况之士，如近世鸿儒冯友兰先生。世道诡谲或世风萎靡时，后者出炉量要远大于前者出炉量。汉唐以后，尤为如此。

简而言之，与宗教伦理相比较，儒家伦理所面对的问题更为复杂多变，所担负的任务更为紧迫和繁重，所表现的风貌也更为实际、更为圆通。基于这一点，或许容易理解中国历史上常有这样一种现象：许多士人虽为儒家，却喜欢"佛老"，尤其喜欢庄子，喜欢禅宗。

庄子生于乱世弱国，"处昏上乱相之间"。他去世的那一年也是他的母国（宋国）灭亡的那一年（公元前 286 年）。他居于敝巷陋室，曾靠打草鞋过日子，曾穿破衣裳见魏王。但是，他穷而不潦倒，仍能于困厄之中获得精神愉悦，写出了许多十分风雅的辞章。

禅宗是中国化的宗教，是被中国温情文化打磨了的宗教。宗教大多很沉重，教规苛察沉重，教徒践履沉重。印度佛教原本也如此，但到了中国这方水土便渐渐发生变异了，变得多少有些轻松了，尤其到了禅宗这里竟变得轻松"异常"了：竟能从劈柴挑水的平常生活中，觉出不平常的"理"来；竟能从清心寡欲的拘谨生活中，悟出不拘谨的"道"来；并匠心独运，搞出了许多十分风趣的公案。

中国佛教的突出处毋宁说是具有革命意义处，就是在一定程度上把印度佛教所强调的来世幸福今世化，使信徒在今世就能感受到生命的欢娱和人生的情趣，竟将本是十分拘谨寂寞的宗教生活拨弄出许多生意来。当然这种欢娱是很有节制的，这种情趣也是很为澹泊的。中国佛教在讲苦海无边的同时，竟讲出了一种生活美感，一种人生艺术——已成为中国审美文化谱系中的一个巨大分枝。

无论是庄子，还是禅宗，都能够在窘困中显出一脸恬适的微笑，都能够在尴尬境遇中露出一副陶然自得的神情。这微笑、这神情，不只是洋溢在庄子和禅师的脸上，还洋溢在许多儒家的脸上，许多动辄就爱摆弄"庄禅"情趣的儒家的脸上。这微笑、这神情，尽脱风雅且风趣的外衣，尽显其赤裸裸的"尴尬却自娱"之本相，则还洋溢在许许多多中国凡夫俗子的脸上，洋溢在那个叫做"阿Q"的脸上。

七、

中国人善于从苦中取乐，善于从尴尬中开发出笑意来。在中国人中，鲁迅先生无疑是一位搞笑大师。不过，鲁迅先生搞出的笑大多是苦笑，是让灵魂痛苦的笑；不像那些搞笑艺人搞出的笑大多是傻笑，是让皮肉松弛的笑。鲁迅先生搞出的笑，是许多饱经沧桑的中国人的本真的笑，也是汉唐以后尤其宋明以后的中国文化的本真的笑。

不要过于小看"阿Q"精神。因为，"阿Q"精神与中国历史上最风雅的美学和最风趣的宗教，有着谱系上的连结。他们长在同一棵大树上，是这同一棵大树上的不同分枝。只是"阿Q"这一分枝有些异样：因叶片凋零而直裸其多有疤痕的节节杈杈。那些凋零叶片也可以说是鲁迅先生一把抹去的。鲁迅先生眼光敏锐且又看不惯那些遮遮掩掩的东西。他在看破了许多中国人精神中的这一"尴尬却自娱"之精髓后，便伸手扯去了覆盖在上面的那层风雅且温情的面纱，还他个本真面貌，尽显出"阿Q"那副模样。

不要过于贬斥"阿Q"精神。因为，"阿Q"精神曾陪伴着许多中国人度过了许多艰难岁月，使得他们在心理上所感受到的苦难要多多少少好于他们在实际中所遭遇到的苦难，有着能够减缓他们心灵痛感的效用，从而能够增强他们忍受苦难的耐力。在有"阿Q"的日子里，他们过的虽是十分艰辛但不十分沉闷，故还能活下去。在没有"阿Q"的日子里，他们就过得既是十分艰辛又十分沉闷，故很容易感到绝望。

不说一千年、一百年，就说毛泽东执政这几十年，"阿Q"精神就曾慰藉过许多国人的心灵，尤其是慰藉过许多中国知识分子备受羞辱的心灵。他们中许多人曾以能拥有知识而相当自负，此时却被视为"四肢不勤，五谷不分"的书呆子，故需要接受再教育，拜识字不多者为师，向文化不高者看齐，一身泥土，两手老茧。他们中许多人还曾以能坚守气节而相当自尊，此时却被要求必须虚心接受政治领导，必须尽情歌颂伟大领袖，歌颂那位不时挖苦他们的伟大领袖；即便蒙冤受屈，也要强颜欢笑，既要向那些专横跋扈的领导强颜欢笑，也要向那些蛮横无知的群氓强颜欢笑。他们还被要求必须勇于检查自己，袒裸私处；必须敢于攻讦他人，或贴大字报，或打小字报，作诛心之论，发违心之言。结果，他们还真的按照这些要求去做，做得很努力，甚至做得很虔诚。可到头来，他们中大多数人还是被认作"未改造好"且"不时翘翘尾巴"的"资产阶级知识分子"或"小资产阶级知识分子"，还是被戴上"臭老九"的帽子，犹如被耍的猴，难堪至极。

不过，他们中绝大多数人还是挺过来了，还是忍着活过那段很难活过的岁月。因为，他们除了拥有坚韧的生存意志外，还多多少少有点"阿Q"精神，使得心灵剧痛能够得到一定缓解。当然，他们中也有一些人没能挺过来，如邓拓、田家英、老舍、傅雷等人就没有活过那段岁月。究其原因，他们除了受辱过重外，还多少缺点"阿Q"精神，还未能服下或未能服足这一颇有疗效的精神止痛药。就老舍先生来说，如果要多有一点"阿Q"精神，就很有可能活过那段极其耻辱的日子，特别是 1966 年 8 月 23 日晚至 24 日晨那一初秋夜；并因此而很有可能在不太长时间里为中国人捧回诺贝尔文学奖来，从而免得今天某些国人一谈起这个奖来就抱着一种复杂的心情，一种既想得慌又怨得慌的心情，一种酸溜溜的心情。

在此，我们应该持一种历史同情态度来看待前人的历史遭遇，应该试图设身处地去感受前人所遭遇的那些艰难时世，去体悟前人所作出的那些应对举措。并且，从理论上说，当代中国知识分子应该能很好地感悟前人，如能很好地感悟古代儒家，感悟近代学人。因为，在这一百年尤其是这几十年里，中国知识分子尤其是中国大陆知识分子经历了太多的事，既经历了史上儒家已经历的许多事，也经历了史上儒家未经历的许多事，甚至还经历了中国知识分子有史以来所经历的最黑暗时期，即"文化大革命"时期，特别是其中的 1966 至 1970 年间。中国知识分子的心灵也正因为受到如此磨练，而获得相当敏感的识别能力，犹如那些中医药师因遍尝百草而舌头练得非常灵敏；并拥有相当开阔的感悟空间，犹如那些负重老牛因常常饱食各种草料而将腹腔撑得滚圆硕大。

柯林伍德曾指出：一切历史都是心灵重演史。（《历史的观念》第五篇）笔者则想说，并不是每一个心灵都能重演历史，即便是某一些心灵能够重演历史，也未必都能很好地重演历史，尤其是很好地重演那些异常复杂多变的历史。心灵若要能很好地重演历史，就必须具有一定的识别能力，即能抓住那些确实属于历史的东西，尤其属于历史关键的东西；就必须具有一定的感悟空间，即能在方寸之间容得下广宇万里的世界，并任其来回倒腾。

当代中国知识分子的心灵无疑经历了这方面的磨练，至于磨练出什么样的识别能力和什么样的感悟空间，现在还看得不太清楚，若仅就大陆方面来看，有时还看出一些相反情形。所以，笔者仅仅"从理论上说"，他们是能够很好地感悟历史的，很好地

"在心灵中重演历史"，很好地做到"一切历史都是现代史"。

八、

若作进一步比较，李家故事与《论语》故事有异，李南央写母亲之举与那位"直躬者"告父亲之举不完全相像，既有相似处，也有不相似处。李南央不只是在血亲与公道之间作出选择：痛曝家丑，诉诸公道——其间似无亲情；而且是在血亲与血亲之间作出选择：痛说母亲，欲还父亲公道——其间仍有亲情，仍有女儿眷爱父亲的亲情。

细读李文，不难发现其间有两条线、两条相互交织的线：

一条是明线，主要谈及李家母女关系，倾诉了李家血亲之间的怨情；一条是隐线，主要涉及李家父女关系，浸透着李家血亲之间的亲情。也就是说，李南央在对母亲作述评的同时，也多多少少地在为父亲鸣不平，为父亲那异常苦难的人生鸣不平。

其父亲一生坎坷，十年寒窗，九年铁窗[6]，六十余年共产党人生涯，二十余年共产党人另类，其间至少四次濒临绝境：

第一次，1944 年，他在延安保安处坐了一年多大牢后，又遭遇婚变，加上工作劳累过度，终于被击倒在病床上，长时间高烧，几度昏迷。后经同志献血和医护人员精心照料，他才得以脱险。（参见宋著第三章第三节）

第二次，1960 年，他在被打成"右倾机会主义分子"后，又被流放北大荒，初到乍食豆渣，导致严重腹泻和无法进食，但不

---

6 李锐在监时间以及流放时间：

1. 1943 年 4 月初入延安保安处，1944 年 6 月中旬释放，在监时间一年两个多月。

2. 1967 年 11 月 11 日由磨子潭关入秦城监狱，1975 年 5 月 30 日出秦城监狱返磨子潭，在监时间七年六个月二十天。

3. 1960 年 4 月 21 日由北京去北大荒，1961 年 11 月 20 日由北大荒返北京，流放时间一年七个月。

4. 1963 年 12 月 11 日由北京去磨子潭，1967 年 11 月 11 日由磨子潭去秦城监狱，流放时间三年十一个月。

5. 1975 年 5 月 30 日由秦城监狱返磨子潭，1979 年 1 月 6 日由安徽合肥返北京，流放时间三年七个月。

计：在监时间八年九个月，流放时间九年一个月；自 1959 年 7 月下旬在庐山开始挨批斗始，至 1979 年 1 月回京复职，其他时间在北京挨批斗和闲居。

获病假，仍每天下地劳动十来小时，以致几度虚脱；入秋陷入饥馑，饿得受不了了就在地里拣吃生土豆、生玉米，"亦如野人也"，"亦如六畜矣"，最后全身浮肿，"两只眼睛成了两条线"。后因田家英等人暗中援手，他才得以调动流放地点，不致饿死。（参见宋著第二章第二节）

第三次，1967 年至 1975 年，他在秦城监狱被单身监禁达七年半之久，度过了他一生最难度过的一段时间。

他曾对笔者谈过这段日子：

在这两千七百五十余天里，除了被提审外，就没有同任何人谈过话。每天，两眼痴痴地望着牢墙，一望就是半天。那真叫寂寞，寂寞得很啦！可是，两耳并不清净，有时听到关在附近号子里的一些难友发出各种声音：或喊"毛主席我好冤枉啊"，或骂"林彪是个大坏蛋啊"，或呼"毛主席万岁"，或因病痛而呼叫，无人理睬，或放风时唱"苏武牧羊"……最要命的是，有时半夜睡得正熟时，突然被一阵撕心裂肺的尖叫声惊醒，惊得胸口怦怦跳，半天喘不过气来恐惧莫名，不知哪位老兄又犯病了……那七八年，我过的日子真不是人过的日子。

整个"文革"期间，秦城监狱总共关押 501 人，其中二百多人为司局长以上干部，有老红军，有老地下党员，最多者恐是"三八式"。结果，关押致死者二三十人，关押致疯者五六十人。许多老干部，在坐敌人监狱时，还能挺过来；但到坐自家人监狱时，就很难挺过来了。"渣滓洞"关共产党人，也不大采用单身监禁的方法，至少不采用这种长达七八年乃至上十年单身监禁的方法。所以，我于 1979 年在写给有关部门一封信中谈到：单监是一种很重的刑罚，尤其长期单监极易导致精神病。按西方刑罚等级标准，除杀头外，就数单身监禁最重。

笔者插话：恩格斯说过，一个人若被单身监禁半年，就会出现精神失常。你被单身监禁不是一个半年，而是十五个半年，按恩格斯说法，早就该出现精神问题了。

李锐老接着说：

我最终没有出精神问题，日子虽然难熬，但还是熬过来了。我之所以能如此，主要得力于自己在牢中能不断作诗填词。开始没有笔墨，随作随忘。后来因摔跤，得到一瓶龙胆紫药水，我就用棉花签蘸着药水将所作诗词写在《列宁选集》字里行间中，到出狱时已写了四五百首。1980 年，得以结集出版，取名《龙胆紫集》。我把做这事当成做"大脑体操"，时常操之，既可防止大脑退化，又可防止性情变异，作激扬文字可防精神麻痹，填沉缓思绪又可防精神狂躁，故能借此把持住自己，且有益于思维能力。（参见宋著第二章第五节）

笔者此前很少想到，老祖宗给我们留下的这个叫做"诗词"的东西，竟还有这一番效用，这一番能够活人性命的效用，尤其是能够活中国读书人性命的效用。笔者私下在想，李锐既因作诗填词而逢凶化吉，就应给那些诗祖词宗们好好烧上几炷香，感谢他们显灵尘世，庇佑了一个叫做"李锐"的人。

第四次，1977 年，他在"四人帮"已被打倒一年后，在流放地安徽磨子潭，在急切期待中，突然接到北京方面对他作出的最后结论："叛徒和阶级异己分子"。他如遭晴天霹雳，当日日记："宣判 Dead（死刑）"，次日日记："精神完全崩溃状态"。他之所以出现这种状态，就在于他此时遭遇了国家形势渐趋好转与个人命运再入谷底之间的巨大反差，遭遇了美好预期与残酷现实之间的巨大反差，从而造成了心理上的严重失衡。所幸他那屡经磨练的精神自己拯救了自己，在经历了数日折磨后，又振作起来，再奋而申诉。（参见宋著第三章第八节）

李南央是熟知父亲这些经历的，每想至此，自是百感交集，既会感到庆幸，庆幸父亲屡屡大难不死；也会猛打寒噤，生出种种后怕，种种沁入骨髓的后怕：如果 1944 年同志们不献血抢救，如果 1960 年田家英不暗中援手，如果秦城八年不吟诗填词，如果 1977 年父亲自己没有挺过来；那么，父亲就会或病死延安，或饿死北大荒，或磨死秦城，或愁死磨子潭。

李南央也正因有着这种种的后怕，而生出深深的怨气，深怨那些使她由此后怕的人——其中之一者，就是她的母亲。李南央也正因有着这一怨气，这一随着时间推移逾积逾深的怨气，而欲一吐为快，最终写出《我有这样一个母亲》，写出这篇让许多人感到很"另类"的文章。

　　笔者在此想指出一点，若要进一步理解李南央写的这篇文章，还应读一读宋晓梦女士在做了大量采访后所写的《李锐其人》。这会有助于读者了解，李南央除有"这样一个母亲"外，还有"那样一个父亲"，那样一个历尽苦难的父亲；进而较容易理解，李南央为何不愿原谅她的"另类母亲"，而不惜使自己给他人以"另类女儿"的观感。

九、

　　李南央在诉说母亲的不是的同时，也多多少少地在抚慰父亲的伤口，在轻轻地抚慰父亲身上的那些深深的伤口。她在强硬外表的下面，仍怀有的一个中国女儿通常怀有的一颗柔弱的心。她严辞厉语地回忆那些令她不堪回首的往事，不过是她自个儿大声嚷嚷地走过那片令她不时打颤的漆黑坟场。在由她的这篇回忆文章所构筑的舞台上，前台剧情是母女相恶，背景画面则是父女情深。

　　李南央深深地眷爱着她的父亲，她的白发苍苍的老父亲。李锐也深深地牵挂着他的女儿，他的因受父亲株连而戴了"狗崽子"帽子的女儿。在与女儿分别十一年后接到她的认亲信后，李锐的父爱之情犹如"火山爆发"（李锐当即吟诗语），将他击倒在椅子上，泪流不止，把信看了一遍又一遍。女儿的信，"使我这个历经沧桑、年逾花甲的人，仍不胜人伦深情。自学作旧诗以来，每遇感情激动之时，常以觅句吟诗做安眠药，使之平服。今天连这也失效了！"（引自宋著第三章第八节）

　　从这里可以看出，李南央最终仍没有摆脱掉孔夫子所强调的亲情关系。她虽留美多年，但身上仍流淌着中国人的血；虽在母亲那里失去亲情，但在父亲这里仍保有浓浓的亲情。后者多多少少能对前者作出一些补偿。

　　李南央女儿说：我虽有一个坏外婆，但有一个好妈妈。

　　李南央本人可以学着女儿的话说：我虽有"这样一个母亲"，但有一个好父亲，一个让我遍尝人生酸甜苦辣的好父亲。

　　李南央父亲也可以学着外孙女的话说：我虽曾有一个非常不幸的婚姻家庭，曾有一个绝情的妻子，但始终有一个非常温暖的血亲家庭：有两个一直疼爱我的老姐姐——无论我流放到哪里都会给我寄包裹的琬姐和灼姐；有一个一直在等我回家的老母亲——打我五岁起就守寡，就视我为命根子的老母亲。

老人家第一次等儿子回家，等了十二年——1937 至 1949 年；第二次等儿子回家，等了整整二十年——1959 至 1979 年。可是，当年过六旬的儿子在阔别母亲二十年后真的来到年近九旬的母亲面前时，母亲已认不出儿子了。

母亲问琬姐："这个老头是谁呀？"

儿子忙说："妈妈，我是明伢子啊！"

母亲不相信，沉默了一会儿又问："你这个老头是谁呀？"

……

第二年春，老人家不再等儿子了，自个儿先走了，要去寻找已离散五十八年的亡夫了。（参见宋著第四章第一节）

在此，母子情深似乎化为巨大的生命力：

母亲非要把儿子等回家不可，非要在亲眼看到儿子后才离开人世不可；儿子也非要见到一直在等自己的母亲不可，这也是一个因素，非要让自己顽强地活下去不可。

如果没有母亲一直在等待着自己，如果没有两个老姐姐一直在挂念着自己，李锐很难活得那么有韧劲，那么不容易垮下去。

从这里还可以看出，孔夫子所褒扬的中国亲情文化，因扎根中国人的心底，而拥有一种能够自我替代补偿的能力，一种能够自我平衡自我修复的能力。

十、

当然，历史事件是没有如果的，已发生的事实就是事实，事实不可更改，时间不可回逆。

但是，历史反思或历史研究是有如果的：

其一，历史反思或历史研究可作事实重组，即对事件发生的各种可能状态（如果……）作思想实验，以使历史事件的脉络更为清晰。

其二，历史反思或历史研究可作价值重构，即对人物面对的各种可能境况（如果……）作意义比较，以使历史人物的责任更为明确。

李南央可以作历史反思：

如果不是……，那么父亲就不能存活下来。

历史研究者也可以作历史反思，并可以接着李南央的推论再作推论：

如果李锐不能存活下来，那么，将会出现什么情况呢？

至少会出现这样几种情况：

其一，如果李锐不能活下来，那么，长江三峡工程，就很有可能提前上马，并且是很有可能在那个发疯的"大跃进"年代里上马，其后果不堪设想。

在 1958 年 1 月 18 日关于长江三峡工程应否迅速上马的"御前辩论"中，持反方观点的国家水力发电建设总局局长李锐击败了持正方观点的国家长江水利委员会主任林一山，从而打消了毛泽东当时关于迅速上马三峡工程的念头。

其二，如果李锐不能活下来，那么，庐山会议的实况，特别其间 7 月 31 日和 8 月 1 日两天常委会的实况，就很难被记述得像现在人们所看到的那样清晰。

在那两天常委会里，中共顶尖人物关起门来痛说本党私房话，说出了中共发展史上的许多真相，流露了他们内心深处的许多东西。李锐则是庐山会议的直接当事人和那两天常委会的唯一记录者，故对这段史实刻骨铭心且记忆犹新。

其三，如果李锐不能活下来，那么田家英长期近身观察毛泽东所形成的许多看法，就很可能不为世人知晓。

田曾任毛的心腹秘书，熟知毛的处世为人。田还是中共著名才子，聪慧过人。可以说，他对毛的看法既属知情者言，又属明察者语。李锐是田家英的密友，是田可以无话不谈的人。田对李说了许多关于他的"主公"的话，许多一旦泄露就会招致杀身之祸的话。李锐把这些话记下来了，当时记在心里，后来载入文字。

其四，如果李锐不能活下来，那么，胡耀邦临终前不久关于中共党内斗争那番肺腑之言，也就很可能不为世人知晓。

胡视李为有"独立人格的人，有正义感，犟脾气"，故而向李敞开心扉，既痛说自己心迹，也痛说那些权力人物如何过河拆桥、嫁祸于人，如何翻脸不认账、不认人。

　　笔者以为，胡耀邦之所以在被整下台后数度与李锐长谈党内斗争实情，除了视李为有"独立人格的人"而可向之倾诉胸中块垒外，还有一层心意，即视李为"史笔"，能把他胡耀邦心中的不平，记入史上，留待后人公论。李锐不负胡公厚望，将其最后心声记录下来，并告之世人，以使亡友"活在人心便永生"（李悼胡诗句）。

　　笔者先前读过李锐的《庐山会议实录》，现在又读了李南央的《我有这样一个母亲》，感触良多。两篇文字虽说是内容不同，风格迥异，但还是有一些共同点的，一些带有根本意义的共同点的。

　　两者都可以说是记史。父亲那本专著记述的，是这个国家的一段国史；女儿这篇文章记述的，是这个国家中的一个家庭的一段家史。

　　两者所记述的历史都是沉重的历史。父亲所记述的，是一段国家灾变史，昏天黑地；女儿所记述的，是一段家庭裂变史，锥心泣血。

　　两者在记述历史时都表现出惊人的坦诚。父亲作为中共老党员，自曝党史，曝出党中许多黑幕；女儿作为李家大女儿，自曝家史，曝出家中许多难堪事。

　　李锐老曾对笔者说，他在写《庐山会议实录》时，是有过内心冲突的。因为，他若要真正做到"实录"，就不仅会曝光那些他很想曝光的人，而且会曝光一些他很不愿意曝光的人。他最后决定还是抱着对历史负责的态度，实录他亲眼见到的那些历史场景，那些真人真事。

　　李南央在落笔《我有这样一个母亲》前，也会有内心冲突，也会在是这样写还是那样写之间犹豫。她写得毕竟是家母，免不了还有一丝亲情牵挂；曝的毕竟是家丑，免不了还有许多担忧，担忧家庭其他成员能否应对这篇文章所带来的巨大反响。

　　从这里，读者也多少可以看出李南央文章所述内容的真实程度。因为很显然，作为亲生女儿不大可能去硬造亲生母亲的谣，或作为李家成员不大可能去硬说李家门庭的丑。李南央在这篇文章中，回首了她不堪回首的许多往事，回首了她曾不愿想而又忍不住常去想的那些往事。从文内许多细节描写中，可以看出她刻骨铭心地记着她所经历的那些往事。

我们民族在那段苦难岁月里，已失去了许多东西，但不要再失去历史，不要再失去国史，不要再失去家史。

我们人文学界现今所面临的一个重要任务，就是如何解读那段历史，如何把我们所经历的深重灾难变成我们所拥有的深厚资源，深厚的人文资源。我们既然经历了苦难，就应对得起苦难。

李家父女的著述，无疑做了这方面的工作，无疑为历史学、政治学、文化学、哲学等学科提供了许多很有价值的个案研究材料——国史个案研究材料和家史个案研究材料。

我们的民族，曾经是一个记忆力很强的民族，曾以史为国本，但如今似乎成了一个记忆匮乏的民族，似乎患上了那种"老年性健忘症"：

能记得清早年的许多事，但说不清近年的许多事；能记得清汉代和唐代，但说不清现代和当代，说不清"文革"。

一个伟大的民族，应该是一个有血性的民族，故也是一个有记性的民族。有记性不等于有血性，有血性则一定有记性：血性是为了维护并光大已有的荣誉而表现出的一种坚韧力，血性是为了铭记并雪清以往的耻辱而表现出的一种坚韧力。

反之，一个民族一旦失去记性，就一定失去血性，就一定失去发自民族深心的荣誉感和耻辱感。长此以往，这个民族中的许多人士，尤其是一些权势人物，就会变得越发寡廉鲜耻起来。

最后，笔者还想就"如果"谈一点私意：

如果李锐不能活下来，不能写出《庐山会议实录》，那么，拙著《毛泽东执政春秋》第二篇（关于"大跃进"和"庐山会议"），就不知能不能写出来，即便能写出来也肯定不能写出今天这个样子。

笔者还要补充一点：

如果没有李锐的女儿写出的《我有这样一个母亲》，那么笔者也不会由此而想了许多问题，并写了眼前这篇拙作《解读李南央〈我有这样一个母亲〉》。

2001 年

李锐的女儿说母亲

—— 也是 "铁屋中的呐喊"

曹 河

《我有这样一个母亲》之难能可贵，不在于世有"这样一个母亲"，而在于写出"这样一个母亲"。正像世有孝子，也有逆子；世有慈母，也会有悍母一样，"有这样一个母亲"并不足怪。而出自女儿笔下，毫无文饰地写出"这样一个母亲"，堪称石破天惊，妙绝时人。

中国自古提倡"道"，有"二十四孝"奉为样板。鲁迅对此是很不以为然的（见《朝花夕拾·二十四孝图》）。而"二十四孝"里的"陆绩怀桔"是为了"欲归遗母"；"王祥卧冰"是因为"母常欲生鱼"；"孟宗泣笋"皆因"宗母嗜笋"……这些孝子故事的背后，都有一个残酷的母亲在，少有人说破罢了。"为臣尽忠，为子尽孝"，重要的一条就是要"为尊者讳"。"尊长"的缺憾、过失是说不得的，轻则是冒犯，重则是忤逆，算是败坏了"三纲五常"。君要臣死，臣还要颂"皇上圣明"；娘打儿子，打死活该。乃至后者还成了受到冤屈也不得有怨气的比喻。但就是这"三纲五常"，把一个封建帝国继系得千秋万岁。所以被鲁迅称之为"铁屋子"……

李锐，应该属于继承鲁迅精神，敢在铁屋里呐喊的一个。有他早先的革命生涯和晚年的直言著述在。他的铮铮铁骨，真知灼见，已口碑载道。但鲜为人知的是，他竟曾有过这样一位"革命伴侣"。这样一位为人妻为人母者。《我有这样一个母亲》便将"这样一个母亲"活现了出来。"她比江青还江青"，然而，江青也不是生下来就是"这一个"江青的。"这样一个母亲"怎会落得亲生女儿说她"这种狠，这种毒，让人胆战心惊"？可以在心理上或生理上找到多种解释，但症结恐怕在"妈妈是最革命的"这一句知母莫若女的鉴定上。且看"这样一个母亲"所有的乖戾言行，无一不是在"革命"的名义下，便知"她就像埋在地窖里的陈年老酒，年代越久，'革命'的味道越'醇厚'"，实是"革命""醇化"的结果。你可以说她了无人情，丧失人性，却不能说她缺乏党性，没有革命性，这是十分耐人寻味的。毫无疑问，她的党性完全彻底，革命性无比坚定。她讲"斗争哲学"，斗敌也斗亲人。她在社会上闹革命，也在家闹革命。但"她的大半生都不得志"（这与她"从来养尊处优"似有矛盾，可理解为她的"志"也太高，"养尊处优"尚不足以遂其"志"），怨谁呢？

以前文艺作品中出现的"马列主义老太太"以及把个芙蓉镇弄成暗无天日的"李国香"，善良的人们还以为多少有些夸张。殊不知生活中的此类角色大有人在，德行更其可怕。若让他们"得志"起来，一个"文革"绝不会拉倒，不"三、五年再来一次"才怪！幸亏女儿已经明白"最好先自己检查一下做家长的错"。待到子女们多不讳言家长的错之日，才会是"铁屋子"打破之时吧？因此，我把《我有这样一个母亲》也看作"铁屋中的呐喊"——这样的纪实，堪称信史。但也不妨作寓言看，适用于一切比喻意义上的"母亲"。

原载《南腔北调》1999 年 5 月期

革命队伍中女性的不幸

——为范元甄辩

崔卫平

这个题目所根据的文本主要是李南央《我有这样一个母亲》。作为女儿的李南央于其中描绘了自己的母亲范元甄，那是一个早年英姿飒爽的革命女青年，随着岁月的流逝，最终变成一个心气暴躁不近人情最终与周围的环境格格不入的老人。借用"巫婆"这个比喻是想表明最初的挣脱者、解放者经过一系列复杂的演变，重又变成了被禁锢的巫婆，"诅咒"这个世界和被他人所"诅咒"。这个文本最早在境外发表时，即引起很大的反响。其部分原因也是因为作者李南央是李锐的女儿，文中牵涉到中共上层的一些人和事，多少有些敏感。湖南《书屋》杂志于 1999 年 5 月号刊登了一个"国内版"，原文基本事实和基本观点都保留了下来了，依然锋芒毕露。继而在《书屋》2000 年11 月这一期上登了李南央的《答读者问》，作者回答了来自各方面读者的不同意见。而同样在《书屋》2001 年第六期，登载了一组对李南央文章所揭示现象的分析，包括王若水先生的《左倾幼稚病——社会性格机制的探索》、李冰封先生的《并非家务事》，以及朱正先生的《是家务事，是大历史》。互联网上也有不少关于该文的讨论，总之，这是一个引起广泛关注的文本。

目前讨论及其结论集中在两点上：一、身为女儿这样写母亲是不是合适？是否违反了母女之间的人伦道德？二、这位名叫范元甄的母亲是一个被称之为极"左"路线的牺牲品，足以引起世人的借鉴。在有关这方面的分析中，值得提出的是王若水先生对范元甄思想脉络的分析，他的基本结论也是"范元甄的性格提供了一个极好的例证，表明左的思想斗争的方法可以把人压抑和扭曲到什么程度"，但比其他持类似看法的人们更为深入的是，他用"异化"理论解释了为什么这个人"左"得如此离谱。我们的女主人公实际上也有过她的丈夫李锐那样怀疑和"不轨"的态度，但她同时"被自己的看法吓坏了"，于是拼命想把这个东西压抑下去；她对自身深深的内在恐惧导致她更加要争取别人的信任和承认。因此，在她的种种过度反应背后，是深深的自卑。王若水先生的这个视角，从心理学的根源上揭示了范元甄乖张行为的原因，但总体上来说，仍然是把问题归结为某个极左的"思想路线"、"思想斗争"的结果，把范元甄看作是同一个大环境、大背景的产物；而忽视了范元甄作为一个女性在革命队伍及政权内的不利处境实际上导致了她性格的压抑、畸形。至于许多读者与李南央所讨论的一个女儿可不可以这样写母亲，这个问题不在本文的作者关心之列。李南央的文章在个别地方提及到她母亲在革命队伍中的女性身份，比如说：造成母亲悲剧原因之一是"……干涉了她的婚姻自由"，但从总体上看，革命队伍中的女性可能遇到的问题并没有得到始终的关注。

鉴于此，本人将试图引起两个维度，来进一步分析造成范元甄悲剧的原因：

一、革命队伍中男女权力分配严重的不平等。

二、若干年所使用的这一套革命话语严重缺乏"后援"力量，使得处于这套话语中的女性倍感孤独。

先谈第一点。在很大程度上，这种革命是靠两套机制保证和完成的，一套是它宣传的、意识形态的话语，是动员"一切可以动员的力量"，打倒一切反动派及其一切走狗。而同时它还有另外一套机制——即革命队伍内部的权力运转、权力分配。这套分配机制，不仅外面人几乎看不出来，不是处于权力核心的人也不太能够看得很清晰，非常容易迷失在意识形态的浓雾之中。换句话说，当要动员革命人口的时候，更多使用的是平等、自由这一套话语；但在进入权力分配和其他革命成果分配时，所使用的是另外一套机制。现在想想看，这些我们小时候便耳熟能详的经典话语它们其实是互相矛盾的：一方面，"革命的一切目标都是为了夺取政权、巩固政权"，而另一方面，"革命不分地位高低、职务大小"；而既然是为了夺取政权，那么肯定就存在权力的分配，可是又说不分"大小"、"高低"，显然像是出于某种方便的一种说辞了。不难理解，是为了将一部分人处于权力分配的主动及有利的位置之外。同时，意识形态的、宣传的话语和那套实际的权力分配机制之间有时候统一，有时候并不统一，就像存在一个方向盘，有时往这边开，有时往那边开，从这个口子进去，未必从那个口子出来。最革命的言论，甚至包括对革命的最大贡献，也并非肯定导致最大的权力分配。尤其对于女性，这套务实的机制显然对这个性别不利。

最早揭示这个问题的是丁玲。她的《三八节有感》留下了难能可贵的一笔记载。虽然针对的是未夺取全国政权的延安时期，但这样的问题已经很严重了。" '妇女'这两个字，将在什么时代不被重视，不需要特别的被提出呢？"一上来丁玲就尖锐地发问道。而女同志的结婚何以成为一个永远的敏感话题，是和在延安存在着权力的等级制度联系在一起的。"一个科长也嫁了"？作出这样的漫画来讥讽女性，作者根本不知道自己站在什么立场上和维护什么。"首长"是延安的一道突出的风景，艺术家也是延安的一道突出的风景，很少有地方聚集着如此多的政治家（他们同时是军事家）和才华横溢的发梦的艺术家，然而在年轻漂亮的女人的分配方面，艺术家却处于明显的不利位置，"延安只有骑马的首长，没有艺术家的首长，艺术家在延安是找不到漂亮的情人的"。也就是说，"艺术家"处于权力的等级制度的下方，"骑马的首长"处于等级制度的上方。女性呢？要看她们所嫁的男人在等级制度中所处的地位，女性的权力分配是和她丈夫的权力分配联系在一起的。但这并不意味着丈夫的官职越大，其妻之官位也就越高，可以高过其他妻子的丈夫，而只是可能高过其他的妻子。更为确切地说，她们享受着处于等级制度阶梯的某个位置上丈夫所拥有的"待遇"，是一些生活方面可见的东西，仍然不是实际的权力。丁玲的这篇文章不是分析性的，但敏感地抓住了这样一些现象：同样是千里迢迢投奔革命的先锋青年，在嫁人生孩子以后，有人必须自己带孩子，却又面临着"回到家庭的娜拉"的"公开讥讽"，好像有了孩子是她们本人的过错，甚至有些还面临着离婚的危险——因为有了孩子而落后、拖丈夫的后腿；而另外一些母亲却不必亲手带孩子，她们有保姆，每周享受跳一次交谊舞，平日所到之处，都会受到人们的注目礼，成为某个热切注视的中心："只要她走到哪里，哪里就会热闹，不管骑马的，穿草鞋的，总务科长，艺术家们的眼睛都会望着她。"至于所生的孩子之区别，则更加不需要加以掩饰，这基本可以说明那个环境中的人们都把这样的做法看作是天经地义的："小孩也各有各的命运。有的被细羊毛线和花绒布包着，抱在保姆的怀里，有的被没有洗净的布片包着，扔在床头啼哭。"

这样的格局在我们的女主人公范元甄那里造成了什么样的情况？李锐对女儿坦言："你妈妈比我有才华。"当年她在武汉学生集会上发言，王明看到了说："这个人应当发展她入党。"很是赏识。到延安后她直接进了为"成熟的革命者"提供的"马列学院"，在一场有关宪政的讲演比赛中，代表马列学院"扮演国民党"（应该说是充当辩论中的"反方"），把抗大的共产党代表给驳倒了，"这笑话被人们传了很久"。可见这位女性在当时不简单、有能力，实际上比许多男性有水平。但她却没有得到相应的回报。李南央写母亲的第一次失落是"抗战胜利后，母亲随父亲北上热河，很感到失去了自我。……直至到派至北平，参加了党办的'解放报'的工作，心情才好一些"。她当然会感到失落！原因非常简单，为什么她不比丈夫缺少才华和能力，却没有获得相应的权力分配而要跟随丈夫升迁而迁徙？难道她要求和自己能力相当的工作是不合理的？这让我联想起约十年前读到的一篇文章中说，一些参加过长征和其他重要革命时期的女同志建国以后分配给她们的工作是当"夫人"，外交官夫人或什么夫人，她们齐声惊讶道："这叫什么革命工作？！"后来的故事是有人如何做了巧妙细致的思想工作，终于把这些"夫人们"的思想弄端正，意识到这也是重要的甚至是更重要的革命工作，于是愉快地"上任"。这几乎和哄小孩差不多。以哄小孩方式让妇女排斥在权力分配之外，这个做法不光彩。

在李南央一系列令人咋舌的描绘中，我觉得最触目最可耻的是这样一件事情：1959年李锐为彭德怀仗义执言倒霉之后，这个女人从保密工厂的总工程师位置跌落到车间的炉前工。也许这个事情在当时非常普遍、习以为常，连身为女儿的李南央也没有在这个地方多停留，只是讲她的母亲如何从此身体和精神状态一蹶不振；但没有细想这里到底有哪儿不对头。这不是"株连"吗？最封建的那种做法！它的野蛮之处在于根本不把妻子看作有独立人格的人，确认她的身份是要靠她所嫁的那个男人，靠他的男人赋予她所拥有的光环或脸上刺什么样的字！仍然是嫁狗随狗、嫁鸡随鸡的老一套。也许，从当年走过来的人们眼光来看，我今天发出这样的惊讶和愤怒是幼稚的，他们觉得事情就是这样啊。甚至连范元甄本人也不会有意识地考虑这个问题，她会怨恨她的丈夫，不该惹这样那样的麻烦上身，却从来也没有想到过反思不把女人看作有独立人格的制度本身。但这正是造成她压抑的根本和主要的原因。毕竟她来自开明家庭，受过"五四"洗礼，潜意识中有自我实现的要求；只是因为自己是个女人，就要比男人矮一截，或者受丈夫牵连而得到降职处分，肯定令她感到怨愤。当然，如果她有李锐那样的眼光、胸襟、才华，于逆境中能够坚持得住，能够通过写诗、独立思考得到排解，与李锐同气相求，这敢情更好；但任何人不能拿这个要求范元甄，她受她的时代的局限，这是大多数人难以避免的。在这种时候，拿那种古典美德要求她，一定要默默无闻死心塌地地跟着丈夫受罪，同样也是一种封建眼光。

在这点上，叙事者李南央多少有点令人遗憾。这个声称自己"生在红旗下，长在红旗下"的人，她的眼光并没有超出这种体制根深蒂固的"父权"和"男权"的立场，缺少从一个客观的角度来理解母亲，对母亲的作为一个新女性实际上的不利处境较少体谅。比如前面提到的"……很感到失去了自我。"其中的意识形态色彩，是通过封建"婆婆"的口吻来体现的，在这两者构成的混合语境中，"自我"可不是什么好词。再比如在谈及母亲当过某保密工厂的总工程师时，接着来了一句："她的一生在那时达到了顶点，以后再也没有超过这个职位"，其中不加掩饰地表露的讥讽仍然来自对于权高位重的某种仰慕。我们甚至会感到她在拿今天母亲的落魄和父亲的成就相比时，有某种幸灾乐祸的口吻："她自己'文革'后实际一直被挂起来，没有正式工作。可老头子已到退休年龄，又在陈云的提名下进了中组部，并升格至中央委员，这是一些人始料不及的。我妈更是切齿痛恨，这口气如何咽得下。"这样的结局本来就有某种不正常的东西，试想如果李锐出来以后这对夫妻再复婚了，范元甄的情况可就不是这样了，她肯定不会这样惨、这样无人问津。

第二点：若干年所使用的这一套革命话语缺乏"后援"力量，是指它作为一套解释世界和改造世界的严密体系，却严重缺乏有关日常生活所遇到问题的种种解答和规范，比如有关生育、养育、家庭、夫妻伦理、上下辈伦理（和老人的关系及同孩子的关系）等等，如何正当对待这些问题，处理其中出现的矛盾，革命话语并不负责提供所需要的解释。显然，担当生育责任的妇女在这方面又一次处于十分不利的位置。当革命工作和生养孩子发生冲突怎么办？年轻的、处于生育期的女革命者都会遇到类似的问题。同样，它们在丁玲的文章中都得到了反映，她称之为"这同一切的理论都无关，同一切主义无关，同一切开会演讲无关"，已经将某种匮乏空缺挑得很明确了。而一旦暴风骤雨的群众性革命运动结束之后，这些问题立即作为日常生活及其背景浮现出来，成为摆在面前绕不过去的难题。战争时期往往是家破人散，动乱结束之后，找回亲人来怎么相处？假如对方属于敌对阵营（即成分不好）呢？战争所需要的和养成的敌情观念的权威意识形态没有进行适时的转换，对一些头脑简单的人来说，一时难以适应重新开始的日常生活。当然，这也取决于个人素养和资质，有些人天生富有人情味，像李锐，而另外一些人未必，这其中没有必然性。拿李南央本人来说，"文革"期间也有好几年不和有"严重问题"的父亲李锐来往。说到底，个人主要是环境的产物。

就一般情况而言，男性革命者如何对待"后援资源"的缺乏呢？用老办法比较简单便当，即封建的办法。在对待家庭，对待夫妻人伦、婆媳关系等方面，如果革命的教科书上没有写到的，便沿用封建的老一套。指责女性革命者生孩子之后就"落后"了，就"拖后腿"了，是传统的把女性看作"次等"的看法的延伸。在承担家务事方面，家庭各种管理方面，大多是沿用"男主外、女主内"那一套。而女性革命者呢？她们就变得没有依托、没有归属了。她们尝到了解放的甜头于是不可能简单地回到过去，重新回到她们的母亲、婆婆所走过的道路，承担老式妇女在家庭中所承担的繁重而没有名目的角色，而适应新秩序的整个一套称之为"后援"的伦理观念并没有出现。事实上，她们仍然处于各种新和旧之间的冲突、夹缝之中，几千年的习惯势力不仅在周围环境中没有消除，而且还很强大；即使她们本人，也背负、因袭着许多旧的负担，内心有着许多阴影，常常处于自责和不知所措当中。不难想象，处于这种状况中的妇女真是孤独极了，压抑极了，没有人来帮助她们，没有人给她们以适时的指教，以及将她们的生活（生养、做家务）纳入一个可以解释的范围。在难以想象的孤独和压抑之中，她们只是凭借本能而在黑暗中摸索、挣扎。有了孩子不得不生下来，丈夫不管家务事自己不得不咬着牙全部承担起来，尽管这样，和老式的婆婆之间还是矛盾不断、战火不息。没有一本书告诉她们到底该怎么办。有一本刘少奇的《论共产党员的修养》，可是没有一本《论女共产党员的修养》。从这个角度看过去，范元甄种种不近人情的过分做法，也是孤独而造成的压抑的结果。"革命"将一些东西排除出去，将日常生活背景发配到不加言说的"黑暗"中去，从而也把这些女人推到了"黑暗"之中，过度的压抑和孤独造成了她们心理上的不正常，处事方面则体现为急躁、暴躁。

这里值得指出的是，在母亲所面临的新与旧的难言冲突中，一般来说，孩子容易倾向于一个保守的立场。这是他们幼小、弱小的位置所决定的。因为他们要长大成人，需要得到更多的照顾。生命嘛，始终在渴望也在争夺自己所需要的阳光和雨水。孩子并不是天使。就我本人而言，也曾经历了这样一个对于自己的母亲至少是不理解、漠不关心的过程。每当祖母指责从"解放区"走出来的母亲，说她"不顾家"、"不会做家务事"时，我毫无保留地站在祖母一边，从感情上和认识上全盘接受祖母的一套，觉得像祖母那样把整个心血和生命贡献给儿女的人才是好女人，觉得这样的看法是天经地义的。但是有谁替母亲想过？想想她们在几乎所有问题上感到的困惑：在如此激烈的历史转折时期，在中国发生翻天覆地的变化而这种变化又以如此的方式深刻触及到个人时，一个从新思潮走出来的妇女所承受的巨大压力！

她们如何继续保持自己作为一个新女性的形象？如何坚持早年将她们解放出来的社会理想？如何面对事实上处于依附地位的自己的身份与工作，而原来他们都是平等的革命队伍的同志！如何对待婆媳、姑嫂、妯娌等等复杂的关系？如何对待一个接着一个地生孩子？她们自身的成长和发展呢？婚姻不如意或者出现问题怎么办？而当她们从孤独、压抑中无力摆脱，会不会被自己的急躁、暴躁吓坏了，从而产生更大的急躁和暴躁，形成一种恶性循环？包括在那些黑白颠倒、是非莫辨的年代，当某种莫须有的罪名突然降临到这个家庭的时候，你能指望妻子们一个个都是女先知？她们一定要在谁也看不清的大风大浪中站稳脚跟？只能跟丈夫保持一致？听上去我想为范元甄辩护了，是的，如今我们也已经成熟，遇到了母亲那一辈曾经遇到的和不曾遇到的问题，于是对母亲们的孤独、压抑可以有一个比童年时期更宽容、更理解的看法。我想恐怕这一代妇女是历史上最孤独、最无后援的一代人了。她们所忍受的东西是难以想象的。

问题如果进一步引申开来——在革命话语及其做法中，所有这些可以称之为"后援"的东西没有它们的地位，革命仅仅是为了夺取政权，重新分配权力，那么这个革命本身的合法性何在呢？那就需要更复杂、更困难的论证了，不是这里所能解决的，就此打住。

一个特殊的母亲

——李南央《我有这样一个母亲》读后

网上人

我相信，这是一篇终将传世的文章。不止是因为李南央为我们写出了一个受极权思想"洗脑"过后，亲情全无的母亲。在这里，我们还可以看到，因恨而生发的怨毒之心，是如此深刻地扭曲一个人，一个曾经拥有美丽、怀抱理想的人。在这里，我们更可以看清楚作为一个"革命者"，他（她）的真实、细致的面目。革命的动机和行为永远不会如革命者们事后粉饰的那样激情、单纯和伟大。人类与生俱来的欲望，私欲也好，情欲也好、报复之欲等等，永远也不会在"狠斗私字一闪念"之类教条式的灌输下彻底泯灭。范元甄就是一个非常典型的个案。

我以前读过一些中共高干子女写父母的文章，比如那篇著名的陶斯亮写父亲陶铸的；邓小平女儿写邓小平的；刘少奇女儿写刘少奇的；罗点点写罗瑞卿的……却从没有如这一篇，读完之后，给我的震撼为大。我想，最关键的，除了李南央拥有一支冷峻的疏离之笔外，更在于她已不是单纯地纠缠于个人恩怨、党内派系纷争之类的浮面迹象，而是深入到探索人性的层面。读此文，如果光从猎奇的心态，只是为了知道中共党内的一些风花雪月，比如作为"延安四大美女"之一的范元甄，和党内理论家邓力群有一腿，等等，那将完全地背离作者的本意。此文实在是在中共党史和共和国这个"瓜"上剖了真切的一刀。通过范元甄，让人们更细致地看清它的纹路与机理。从某些方面来说，它将比韦君宜的《思痛录》、巴金的《随想录》等一大批反思作品更有力度和深度。因为它更细致、视界更高远。在这篇文章中，我隐隐约约已看到在《日瓦格医生》、《古拉格群岛》里才见到的那种触及人性本质的反思。

抗战时期那批跑去延安参加革命的中国知识青年，那些更多的李锐和范元甄们，他们繁杂的一生，永远处在心理斗争边缘人们的一生，是有太多的东西可写。这绝对是上帝赋予中国作家的一笔宝藏，却不见有几人来挖掘。其实，这正是李南央这辈人份内该做的事。因为这是他们父母辈发生的事，他们是最好最清醒的代言人。我们需要见到像黄仁宇写下国统区青年的真实焦虑那样，见到更多的解放区青年一生的真实面目。不能因为有王实味写《野百合花》悲惨的先例，阉住人们反思的步履。

一个才貌双全的女子，历经岁月沧桑之后，蜕变成一个人见人恨的怨妇，实为上帝向人类开的一大玩笑。李南央在文中数度叹息的，正是这种百思不解的结局。这不是小说，不是张爱玲笔下的曹七巧。虽然张爱玲说七巧的变态是自身性格的决定，当看到七巧硬性为长安裹小脚时，我还是觉得有些突兀，有些小说化。而现实生活中的范元甄，她的怨恨的形成，外部的教条思想深入腑骨的毒害，倒是主因。假设一下，如果当时上面要她帮女儿裹小脚，她也一定会去为李南央缠的。和七巧一样，她并不会思索一下，这样做合不合人性、反不反历史潮流。

当然，上述之言，皆是基于李南央的一面之说。对于一个行将走入历史的老人的臧否，我希望读到来自其它角度的叙说。比如范元甄自己的说法，其前夫李锐的、他们的其他子女及范、李的老朋友、老同事们的看法。如此，才能更立体、更清楚地看清范元甄这个人。毕竟，人是这个世界上最复杂的动物，况且范元甄在上个世纪的中国，也是一个具代表性的特殊女性。

我希望在不久的将来，这篇文章能被选入中学或大学的教材，因为它细致地写出了中国的一个特殊的时代，和这个时代中出现的一个特殊的母亲。

2001 年 7 月 9 日

情义恩怨

——从李南央"骂"娘谈起

奕豹

　　这几天，浩仑兄一直在与我讨论职业上的道德标准和人间情义恩怨。

　　谈情义、谈道德、谈良心，这不容易。

　　因为当某种天平的一侧仅仅搁着情、义之类的砝码时，天平是否会向"情深如海、义重如山"这样的理念倾斜？这是因人而异的。即使是非权益性的清谈，也很难有认同的结果。因为人们对情义的认识和理解，一旦有了差异，那会是千里万里。

　　最近在散文网上读了李南央写的《我有这样一个母亲》。我并不认为作者是无情无义之辈。相反在李南央的文章中，我读到了一种强烈的感情，一种对母女亲情的憧憬和失望。

　　一个人在人世间走过，应该像一尾流星，在无穷的上穹画出一笔瞬时的灿烂。这灿烂就是他（她）情感的真实表达，爱则爱，恨则恨，怨则怨，撼则撼。《忏悔录》描述了卢梭自己的真实心路；《红楼梦》是曹雪芹对生他养他的江宁织造府的无情鞭鞑。

　　巴金的《家》、《春》、《秋》描述了在他老家——成都正通顺街"藜阁"中发生的那些动人心弦催人泪下的悲欢离合。每当回忆起这些往事，用老人家的话："仿佛做了一场大梦，我居然回到了我十几岁时住过的小屋。我还记得深夜我在这里听见大厅上大哥摸索着进轿子打碎玻璃。我绝望地拿起笔写一些愤怒的字句，捏紧拳头在桌上擦来擦去，我发誓要向封建制度报仇。……对这个地方我不能没有留恋，对我来说，它是多么大的一座记忆的坟墓！我要好好地挖开它"。

　　我感谢李南央，她的文学水平不能和卢梭、巴金相比，但她打开了在她记忆中的一方常人难以言表的土地。为读者提供了一个视角，使人们对她的父母——李锐和范元甄（中国共产党人的两个典型样本）能有一个立体感的视野。以后的人们在看完威廉女士的电视片《中国革命》之类的文献，再读读李南央的文章，对那个时代的中国革命者会有更深的了解和认识。

我崇敬周恩来，也为他的窝囊感到遗憾。他是一个看重情义的人，但他带走了一肚子极想倾述的气短情长。他远不如李南央，因为他不敢正视人生，致死也不敢说出他的心里话。

对母亲，我总记得山东朋友赵景华的话："如果一个人连母亲都不能孝敬，这种人就没有什么可交的了"。母亲从小对我很严，棍棒伺候直到十六岁下乡的前一夜。今天，我和母亲还有不少分歧，常常会争起来。我有时的表现欠孝顺。但我和母亲心里都很清楚，连着我们的是亲情，不是什么道德。

靠道德维系的，是婚姻而不是爱情。

靠道德感维系的，是赡养，而不是亲情。

打是亲，骂是爱，当你真有了这种感觉时，那会是一种刻骨铭心。

1937 年 5 月，李锐在武汉不辞而别，投身革命。1949 年 10 月，李锐在长沙与母亲重逢。他得到的是母亲的一记耳光。李锐当着警卫员的面下跪。他一点也不脸红。因为他知道母亲手上的分量——十二年、四千四百个日夜的思念、祈祷和盼望。

七岁的弟弟跟我下乡，那年夏天修公路，体力消耗特大，收工后一点洗衣服的力气都没有。所有的能穿的都轮着穿了好几个星期，汗斑累着汗斑。一天，弟弟抱着一大堆衣服到涧边偷偷地学着洗，一个不当心就落水了。等我得到消息赶回来，弟弟已被捞了起来，湿漉漉的一身，脸吓的发白。我一个耳光掴过去，弟弟捂着脸哭了，我的眼泪也下来了。刚才打电话过去问弟弟是否还记得这件事，他说记不得了。对我，虽然过去了二十七年，那份刻骨铭心，一直絮绕在心头。

父子间、母女间、兄弟间的那份情义，不需提醒、不需定义、不需解释，也不需道歉。如果我们灌溉了爱，会有一天，那情会像一片绿荫，铺满你的心田，来的没商量。

这种灌溉，不是怜悯，不是恩赐，也不仅仅是一种责任。

当李南央在文革的冷酷环境中渴望着母爱，她从母亲那里得到的是："啊哈！你不是一向标榜自己不要母爱，自己最坚强吗？哭什么！跟我说什么？你在学校挨不挨斗，跟我没关系。不要往我身上扯，那是你自己在学校一定有问题。以后，不要再跟我说这些事。"这不是灌溉——涓涓清流滋润干裂的原野；这是洪水，淹没了少女绝望的心田。

我希望李南央是在造谣。因为我不相信会有这样受过高等教育、早年投身革命的母亲，骑在未成年的女儿身上，揪住女儿的头发往坚硬的水泥地板上死撞。因为这和李锐被母亲扇耳光没有丝毫共同之处。我领教过母亲那根"专打明知故犯"的竹尺何止百次千次，我知道那可意会而难以言述的巨大差别。竹尺在落到我身上之前，更多的是在课桌书包上呼啸。

李南央的母亲没有权利，一次也没有。这和十月怀胎的艰辛无关，与夫妻生活不和也无关。用浩仑兄的话，这是"Zero tolerance"（完全不能原谅）。如果为父、为母、为子为女的任何一方，没有投入最起码的爱，那剩下的充其量也就是孝顺了。这种含情量不足或根本不含情义的孝顺，苍白有如李南央母亲只有一句话的那封信：

> 李南央，25英寸彩电，直角平面，遥控，价钱你看着办。母。

我很佩服那些能忍辱负重、不计恩怨，能保持中庸、能对所有的人都是一张笑脸、满嘴好话的朋友。因为他们能为我所不能，他们能在身前身后享有很高的声誉和认同。但我总这样爱憎分明地看问题：一个人如没有恨，就不会有爱，没有厌恶，就不会有喜欢。如果一个人什么都爱，这意味着对什么都爱得很有限。

儒教提倡温良恭俭让，提倡把恨、把厌恶、甚至把爱都深深地埋在心中。这五千年的传统造就了圣贤，也造就了更多的人格障碍和扭曲。

现代人文心理学提倡打开心扉，抒发对父母、对子女、对夫妻、对朋友的情感以及怨恨。这营造人们健康的心理。

有网友认为，李南央的文章类似她母亲当年对李锐的"揭发"，也有评论说这是"有其母必有其女"。

我不这样认为。我到觉得李南央挺像他父亲。

四十年前，李锐逆风撑船，在南宁三峡论证会上，真实地表达了他对三峡工程的担忧。

三十九年前，在庐山会议上，李锐顶着"红太阳"的威势，真实地表达了他对彭德怀的支持。

我不知道今天李南央是否真正地走出了她母亲给她造成的黑暗，但她肯定走出了五千年来传统的阴影。她顶着巨大的道德舆论的压力，真实地表达了她对母亲的恩怨。她的文章和她父亲《庐山会议实录》，以及其他千千万万的历史文献一起，将成为我们这个年代的见证。

1998 年 10 月

这一代人

大年

　　1998 年 7 月，南央的女儿忙忙在北京音乐厅举办钢琴独奏音乐会，为她协奏的是中央歌剧芭蕾舞剧院交响乐团。忙忙，着一袭白色长裙，在台上全身心投入地奏出一曲曲中外乐章。我听不大懂。但厅内空气被美仑美奂的音符张弛着，我的心也随之感动。忙忙，她才十七岁……

　　我十八岁时（1966 年）曾站在一个台下，那是中山公园音乐堂，也是七月。台上穿着军装、戴着红袖箍的"革命后代"们打出了"老子英雄儿好汉，老子反动儿混蛋"的对联，高唱着谁都听得懂的"滚他妈的蛋"。其后不久，由于反对"血统论"，认识了南央。

　　1998 年春天，南央给了我一封黄色纸口袋。她告诉我，里面有三篇文章，是她最近写的，希望我看看，谈谈看法。我看了，一共是三篇文章的复印件。1、1997.11.8.寄给《开放》杂志金钟先生的《我有这样一个母亲》；2、1997.12.11.寄给金钟先生的一封信；3、发表在《华人》杂志上《青春的钢琴课——女儿和她的钢琴老师们》。作为三十多年的朋友，我了解南央一向是坦荡的、率真的、勇敢的。但我仍然被浸透纸背的坦荡与无畏震撼了。我将一些粗浅看法与南央谈了，她坚恳我写出来。我一向视文字如雷池，却鬼使神差答应了她。

　　南央的文章涉及她家三代人近七十年的生存状态与生存环境。当然这是以承上启下的第二代人的眼光来看的，是以这代人的亲身体验来写的。这是生在新中国，长在红旗下，被共产主义思想教育"灌"大的一代人。这是在文化大革命中开始反思，在工农兵中接受过"再教育"，在改革开放后大开眼界的一代人。他们亲身体验了不同的时代，不同的国度，在比较中鉴别真理。

　　这代人一生出来接受的就是一元化领导，一元化思维。被告之世界上只有唯一一种正确的思想——毛泽东思想；被告之世界人民正在垂死的帝国主义压迫下受苦受难，我们有责任跟随救星去解放他们；被告之国内、党内有暗藏的阶级敌人，他们人还在，心不死，随时准备充当帝国主义的走狗，一有机会就会颠覆党领导下的红色政权，因而就要以"阶级斗争为纲"，对阶级敌人实行专政，因而镇压几千万阶级敌人（不超过 5%）是很正当的；被告之为了防止新生的阶级敌人出现，使"红色江山永不变色"，每个人都要"狠斗私字一闪念"，"在上层建筑领域实行无产阶级专政"，因而在所有领域都要"突出政治"。总之，这一切都是为了将这一代人"培养成共产主义接班人"，使共产党领导的"红色江山永不变色"。1966 年以前，这一代人中的大多数除了毛主席、共产党、毛泽东思想的伟大、光荣、正确，对丰富多彩的真实世界几无所知。这在当时，被称为这代人所受的"社会影响"，这是通过强大的舆论、强大的组织，无时无刻施加的。

但是，这代人的父辈毕竟是从旧社会走过来的，他们对世界的了解，对历史的认识，对人生的感悟，不可能被"宣传"全面框定。一次次"运动"斗争，把少数坚守真理底线的人打成了右派、右倾、反革命；加上遍及社会各层面、各环节的"组织"的日常监督，大多数人"吓坏了"，有的"要重新做人"，舍真求荣，有的不得不"夹起尾巴"自保。他们在社会上必须戴着面具生活，说当时报纸上的套话，按单位党支部书记的话工作（听党的话）。尽管如此，回家总要把绷紧的弦放松一下吧？在妻子（丈夫）面前，在孩子面前，人类共同的本性的东西，内心深处的真、善、美，总要自然而然地通过有声的、无声的形式释放出来，使孩子在"爱"的怀抱中感受到人性的巨大力量；总要自然而然地说出一些课本上、报纸上看不到的世界，过去，人生的事来，使孩子眼睛一亮，心中一震；孩子也总能感受到大人日常为人处事的身教。这些在当时，被称为"家庭影响"。对待"家庭影响"，被告之首先要进行"阶级分析"。这代人就是在这种强大的统一的"社会影响"和弱小的各自不同的"家庭影响"中长大的。舆论工具不断推出英雄、模范和右派、反革命。"榜样的力量是无穷的"，它告诉人们只有不断追求"政治进步"，跟党走，才是这个社会的生存之道。才有可能改变社会地位和获得权力（入党、做官）。入队、入团、入党，当革命干部，就是"政治进步"的具体阶梯。在追求"政治进步"的过程中，要经常向"组织"汇报思想，汇报对"家庭影响"的认识。"家庭影响"不好的人，"政治进步"是很难很难的。出身"黑五类"或档案里有不良记载的后代，注定了极难"政治进步"，升学，就业都要受到致命的影响。当然也有"给出路政策"，用"重在表现"鼓励"家庭影响"不好的人，"与家庭划清界线"，以求"政治进步"。并宣传"亲不亲阶级分"，为饱受人性折磨的人提供道德安慰。在强大的"社会影响"下，追求"政治进步"的妻子（丈夫）、孩子，在家庭中"突出政治"，搞"阶级斗争"，使无产阶级专政在家庭领域得以实现。这种事在当时司空见惯，不足为奇。南央写出了她家的一例。一方凭借强大的"社会舆论"喊着"你说呀！你说呀！"，另一方痛苦地沉默着，什么也不说。这在当时是多么典型的情景呀！这代人亲身经历，亲眼看到了那样多告发亲友的惨剧，都是在要求"政治进步"的过程中，以"革命"的名义做出来的。这代人中无论"根红苗正"的，还是"狗崽子"，都曾为能否成为共产主义接班人而自豪或自卑；这代人在文革中无论打人的还是被打的，都是要"紧跟毛主席干革命"，要"巩固无产阶级专政"；这代人是被泡在"政治"中长大的，一切都是为了党，为了"红色江山永不变色"。

最"突出政治"的党的接班人林彪，在爆炸声中粉碎了。当时正在农村、工厂的这代人，正面临着自己的生存问题，前途问题，他们必须思考自己的事，再不能像过去那样只"紧跟领袖"的身子，把思考交给"领袖"了。当终日劳作勉强生存，连自己的命运都不能把握的时候，让他（她）去"突出政治"，为领袖的政权分忧，似乎不大可能了。在农村，在工厂，这代人的人的意识觉醒了。自然的风雨冲刷着满身的政治教条，思想回归到最基本的问题：作为人，我如何生活？他们再也不愿按照"革命"的需要被安排在自己不愿呆的地方。他们各自悄悄活动，走着各种路子（包括"走后门"）。他们终于按自己的意愿，用自己的方法，奔自己的前程了。这代人的幼年结束了，尽管晚了些。再以后，这代人的分化越来越大，被压抑的个性逐步张扬开来。这代人的转型开始了这个社会的转型。

现在，这一代人已是半百之人，"当共产主义接班人"已是遥远而可笑的记忆。其中许多人越来越珍视那来之不易的人的尊严，珍视与生俱来的人的权利。他们做自己的主人，同时尊重别人的权利。他们绝不让下一代经历南央母亲那样一生的不幸："她没有干成自己想干的事，她没有爱成自己想爱的人"。绝不让下一代经历南央那种对母爱的绝望。他们要用全身心的爱，要用对人的权利的尊重，对个性的呵护，培养思想独立，健康自信的人。南央这样做了。忙忙获得了父母给予的全部的爱。她热爱钢琴，得到了钢琴给她带来的快乐。她健康、自信、快乐，幸福。南央文章中真实记录了两代母亲、两代女儿，将三代人的生活浓缩在一起，里面蕴涵了多少南央这代人的体验与希冀呀！

……琴声在大厅中自由地轰鸣……我自知听不大懂，因为在我的青春年华，只听得到有限的几首"革命歌曲"。但我愿青春的钢琴曲奏得更美，让我们的下一代自由地奏出他们的追求吧！

1999 年

弓与琴

——给《我有这样一个母亲》作者的一封信

吴淞

南央：

读了你的文章感慨甚多。总觉得应该把感想写出来，可是几次提笔，又不知从何说起，就让我在信中随意谈些感触吧。

我非常谅讶你所描述的母亲竟会有这样大的变化，和我记忆中当年的小范简直判若二人！那是 1938 年夏我们在武汉"青救"相识。"青救"被迫解散，又一同（还有我后来的妻子）分配在一个演剧队。大家都很赞赏小范的才干，言谈演讲的才气，演艺的灵气，为人也很大气。后来她调去重庆新华日报，不久和李锐结了婚，同赴革命圣地延安，想必也是意气风发踌躇满志的。怎么会变成这样了呢？当然，你诚挚的为人不会歪曲地描写，你坦诚地以纪实手法写出了你的家庭在风云变幻中的往事与近事，从四十年代的延安直到九十年代的北京。如实写来觉得可信，读后又令人思索忧虑。忧虑的是文革早已结束，而左的幽灵还在徘徊。更可悲的是被左所伤害了的人，又以其左伤害自己的亲人骨肉。人竟被异化得这般，真是一种可怕的文化现象！我想这也许就是你写此文的初衷吧，要使人们从反思中警醒起来。确实，以古为鉴，可知兴替；以人为鉴，可明得失。

当年你母亲虽然还未脱稚气，却是一个有理性、有感情、有个性，有自我意识的青年人。后来她怎样被异化得变了心性，我不了解。是中了什么魔法，使一颗正直的心灵遭受重创被扭曲而变了形。理性的分析只能归结于多年的政治运动，使她丧失了自我！

可是李锐却没有变，为什么没有变？他自己作了解答，这里摘抄他八十自寿（六首）中的诗句："胸有黎元行坦坦，心无杂念志堂堂。""难充工具难驯服，却近人情却达观。长觉此身仍属我，厌随流俗只当官。"他不做驯服工具，保持着自我意识；他只当公仆，不当官僚。"精神独立自由难，"他独立思考，不畏艰难去探索自由王国。独立思考的精神和他的知识丰富有关。中外古今，涉猎广泛，知识结构合理，才具有辨别正误、真伪、左右的能力。他不怕挨整，不怕坐牢，不怕罢官，……长期在逆境中、劫难中，却达到了万千共产党员难以达到的"堪慰平生未左偏"的高境界。我有个书友赞赏李锐的著作写道："这是一位刚正不阿、个体人格未异化的人说真话的书，为历史作见证的书。"

　　中外许多先哲都曾追求人生的高尚精神境界。我们却凝滞于"与人斗其乐无穷"中。斗争哲学影响深广，却误导多年。宋代

我为徐炜、吴淞夫妇在他们寓所拍摄的合影

哲人张载的论述写道：两体相对"有反斯有仇，仇必和而解。"他把对立面的斗争归结到矛盾的消除。其理引发人们胸怀宽阔，发扬人们慈悲博爱精神。比起多年来传播的二元对立，非此即彼，你死我活，斗争至上的斗争哲学有着天壤之别。古希腊先哲赫拉克利特有一句名言："不和"是万物之父。此语被后人引用发挥，以至当做武器。可是这位先哲还有一个与此相对照的原则：和谐、协调、和平是万物之母。没有这个原则，一切都不可能诞生，不可能在世上永存。这位先哲还谈到弓和琴的象征，它们都是木制的，是相同的；但又是对立的，弓会带给人类死亡的悲痛，琴会带给人类生命的喜悦。这位先辈像是在告诫后人，你们要善自选择，好自为之啊！

　　人必须忏悔，但无权要求别人忏悔。我只能殷切期盼你母亲能走上一条回归之路，回归自然，回归天伦，回归亲情。从失去自我实现回归自我，返朴归真，释放出自己固有的性灵和良知。抛弃弓矢，拨响琴弦，怡然慈颜得享天伦之乐有多好。

吴淞
庚辰仲秋九月于沪上

我陪你落泪

银英

南央：

　　那封信寄出去后，郭莹带来你在香港发表的文章。没看两页，泪已成行。一气读完，禁不住掩卷伏案恸哭。真不知道一个女孩子从孩童至中年竟会受到自己亲生母亲的如此重伤。我也绝没有想到，在你爽朗坦诚的躯体内竟深深埋藏着一颗常人无法体会的痛苦的心。一直以为你聪颖、好学，求上进，才能如此完美，其实真是逆境中磨出了你的性格和气质。你认识巴悌忠后，明显地感觉你温柔得像变了一个人。今天才知，那颗孤寂、受重创的心有了个温暖的归宿。恐怕那时你才有个能倾述心中苦水的、疼你、爱你的人！"好女终有人疼"，你妈一辈子没有得到别人的疼爱，是她一生最大的遗憾！从字里行间，我除了陪你落泪，恨那样的母亲，我也真为你妈惋惜。好好一个才貌俱佳的女子，为什么会走到这一步？全是她的错吗？

　　纸短，不足以盛下我想对你说的一切，待见面视机再谈！不过这个话题太让人伤心了！不写了，拥抱你！

银英
1997 年 12 月 27 日

送"烂橘子"的朋友的信

丹丹

亲爱的南央：

你好。来信收到了。真为忙忙高兴，她的第六次钢琴独奏音乐会能在北京音乐厅以国家级别的规格演出，真是大喜事。要是说你这辈子有许多成功之举的话，忙忙的出色成长才是你和悌忠的最大的成功。大家都为你高兴，祝福你们！我当全力以赴帮你多请一些朋友出席孩子的盛典。已经联系了车身（车间）三十几人，当然更有咱们常跳舞的十几个，还能有不少。我前几天和张文玲通过话，银英和郭红武也在帮你张罗。我今天（24 日）还和刘贵师傅通了话，他也在联系。现在北京高雅音乐非常有市场，音乐厅的节目更是全年排得满满的，每场都基本上座无虚席，你就放心吧。

说真的，得知中央歌剧芭蕾舞剧院交响乐团为忙忙伴奏，高兴之余，我还是想到了你妈妈。这位奇特而又偏执的老人，她的一生算什么呢？她的丈夫成功了，尽管生死沉浮；她的女儿成功了，尽管无数艰辛；如今，她的外孙女小小十七岁的年纪也是成果累累。而她孤独地，固执地远离你们，没有因家中亲人事业有成而欢欣（？），没有因无从享受天伦之乐而悲哀（？）。却只有对亲人们的嫉妒、仇恨，甚至伺机报复，连自己外孙女专程从美国赶回北京举行的钢琴独奏音乐会都没有资格参加，多么可怕的晚年啊！

过去我从你那里听说过许多范阿姨的事，可读了你的文章，我才真正知道你有这样一位暴虐的母亲。这世上是有极端自私的人，不择手段地为自己捞好处、唯利是图，那也能算是一种常态。而你妈妈，她的种种作为，都是一而再、再而三地丧失自己。她的恶毒是超常的！我觉得她是一种病。记得邢文春给我讲过，他文革在电影学院支左时，当面听周总理说的，江青三十年代在上海挨左翼文联的整，得过精神病，光着身子在大街上跑。咱们亲眼见文革期间江青的各种表现，确实明显地神经得厉害。她的极端自私，她的聪明卓越，她的风流俊逸，她的勃勃野心，再加上政治上的狂热追求和严重失意，造成她必然患上这种"政治偏执狂"（这是我给起的病名）。这种病的主要表现就是，作为一个女人，不能正常的思维和行动，而是自我封闭，偏执狠毒。个性与环境是这种病的基础和诱因。

这么一比，你妈妈果然太像江青了。不过她还多了一条，从小妄自尊大，目空一切。她们这种人，亲身实践了创造一个国家新时代的拼搏过程，以从政、参政为天职。作用特殊，地位显赫，坏事做尽，遭人憎恨，又是极少数，所以没有谁在意她们的病。当然中国的医生们更没有研究这种病的机会。因变幻莫测的政治因素的残酷压抑而导致的疾病，岂是大夫们涉及得了的。不知道有多少人得过这种"政治偏执狂症"。我不懂医学，但是我直觉上断定你妈有病。否则怎么可能因为政治原因而恨丈夫、恨女儿到要他们死的地步？怎么着她也是个女人啊！

我还想到了九四年春节给她送的那篮水果。我是花了 120 元钱买的。里面装的是新鲜的菠萝、苹果、香蕉，外面用一层保鲜膜包着，赤橙黄绿，非常好看，像一件工艺品。看不见橘子，大概在最底下。这是当时市场上最贵的包装了。因为篮子已满，如果放了橘子，也只能是在底层装二、三个。坏了的话，顶多有一两个坏了一点，不可能是烂的，更不会是"一篮子烂橘子"。她为什么要如此夸张呢？

那天我的呼机是响得勤了一点，我当着她的面回电话都是工作上的事。她是一个工作至上的人，她真的因此嫌烦，嫌"俗"？

我刚进门的时候，你妈妈还是挺热情的。想是因为她当年在延安认识的郭靖不俗，郭靖的女儿当也不俗吧。再加上多年没有人与她说话，而我又极善于倾听和启发人谈心事（我说我妈妈问她好，并从我父母的离异谈起），所以我们谈了近两小时。详细确实记不清了，只记得她说你父亲如何侵占儿女的生活费，不通情理，不管家；说你从小就任性，不听话，自私。现在李锐平反当官了，就不顾妈妈去找爸爸。说她一直有病，带大三个孩子多么不容易，等等。说到动情处，泪流满面，很是伤感。我也感动地哭了。心想老太太怪惨的，不像你说的不懂人情，这不是挺懂的吗？我一面劝她，事情都过去了，别太伤心，一面赶紧就我知道的向她解释：李锐多年来生活非常艰难，南央是找父亲在先，想将父亲接到沟儿里养老，并四处托人促成此事。而得知父亲平反升官是在其后。因此南央从来没有投靠高官父亲因而嫌弃母亲的意思。南央一直惦记着您，今天就是南央让我来替她看望妈妈的。她听了，也没有反驳。总之，那天谈得挺融洽。她显得很喜欢我的来访。对了，好像还谈了苏联解体，和国家改革的必要性什么的。这不是国事、家事都谈了，没觉着我俗呀！你不是还奇怪我使了什么法子，居然能和自命不凡的范元甄谈心两个小时？冲这一条还能说明她觉着我雅而不俗呢，怎么一扭脸就俗了？这不是病态是什么？

她病到了不能容忍自己在人前流露真情的程度！当两代人面对面倾心交谈的时候（她恐怕从没有这个机会），平等友好的气氛使她暂时忘记了苛求所有人的习惯。她表现的通情达理，她在我面前流泪了。可是我一走，她一个人细细品味，偏执的毛病又来了。她觉得当着我这个晚辈哭，是暴露了她自己的虚弱，她在延安老战友郭靖的、当了好几个公司经理的、因工作繁忙而 BP 机乱叫的，还替李锐、李南央说好话的女儿面前暴露了自己的虚弱。如此暴露提醒了她人生失败的自我感觉：和不如自己的人比，别人都成功地活着，而出类拔萃的范元甄却活得如此没身份，没面子。这团从未熄灭过的嫉妒之火深藏在她心底，烧了她四十多年，烧得她不能自己。这是她的病根，而我又一次触动了她。谁动了这病根，她就和谁玩命。她当然无法对着我干，于是便借口水果篮内有坏橘子，于一年之后向你发难。病入膏肓的她，盛怒之下更无从控制自己，歇斯底里大发作，打了忙忙，打了你，打得让自己的亲人下决心永远地不再见她，打得你终于提笔写下了这位太不寻常的母亲。这次挨打，虽然你父亲说你是在替他受过，但诱因之一毕竟是我。

文字常常比语言更有感染力。读着你的文章，我真后悔没能客观地了解她。我深深为李伯伯难过，为你难过，更为范阿姨难过。你和父亲在万难之后都有幸福的现在，而她却仍然活在憎恨别人的自我煎熬里，为自己关闭一道又一道与人相通的门，甚至是最后的一道。她过得不是人过的日子，可她毕竟还是人……

范阿姨病得太久、太深了、太疼了。她的这种自己毁灭自己的极端偏执症永远也好不了了。她太老、太弱，不可能治，也来不及治了。

母亲是给人生命的人。凭这一点，她再丑、再恶，做儿女的，总得忍耐，更何况她还是个偏执狂病人，惹不起就躲得起吧。到了她最后的日子，你还不是得去尽做女儿的义务。我懂你是忍到了极限，忍无可忍，换了我，没准早就掰了。不过你妈妈和邓力群的事，早有别人写了，我觉得不该用你的笔再写一遍，那是自己母亲的隐私。这个世界，不是什么事情都需要是非分明的。

你在文章中还说希望妈妈能看到你刊登在香港《开放》杂志上的文章。谢天谢地，千万别让她看见！她要是见了立马就得死。她这种人不怕别人否定自己，就怕自己否定自己。不会忏悔，这也是中国人的通病，连正常人做一回自我否定都是很痛苦的事，更何况她一个快八十岁的病弱老人。若是眼见自己一生的丑恶，都被亲生女儿用白纸黑字写得清清楚楚，明明白白，还公布于世，她再偏执狂，也懂事实就是事实，丑绝不是美。那还不难受得一命呜呼！

听说《开放》是民运的刊物，你怎么找这种杂志刊登？那位金钟先生改得处处败笔，他弄的题目、小标题、结尾都不是你的本意，而是他的得意，给你的文章凭空添了许多蛇足。我是先看的你的原文，非常感动；再看《开放》的，丢了太多味道，实为憾事。金钟先生是搞文字出版的，为了轰动效益，不经作者同意，肆意改动，太不负责。你后来写给他的补充说明写得好，他给你登了吗？

说实在的，读了你的《我有这样一个母亲》，心里难受了好几天（我立即把信给银英看，后来又给了郭红武）。我早想就此好好写封长信叙叙，可一直没有大块儿时间，公司的事情太多了，心静不下来。最近总算消停下来，坐下来断断续续写了三天五千字，也省得你说我懒。我真佩服过去有那么多大难的你现在能有这么多的大福。苦难磨练了你倔强的性格，倔强令你坚毅勇敢，百折不回。一般人真受不了。性格即命运，该你得好报。

　　不写就是不写，一写还真搂不住，看来我也有病了。赶紧打住吧。

　　拥抱你，北京音乐厅见。预祝忙忙成功，问悌忠好。

丹丹
1998 年 4 月 26 日

李南央自传

李南央——1950 年出生于湖南长沙。自幼被忙于革命的父母寄于住宿幼儿园和小学，两周回家一次，难见为革命奔忙的父母，鲜有父母同在家中。即逢此幸时，也十有八、九被母亲闹得天翻地覆。九岁时，父亲因庐山会议问题下台，流放北大荒。后父母离异，更是难谋父面。虽无缘舐犊之情，却早尝世态炎凉。文革初期，一日内被水电部将全家逐出。十辆平板车将原五居室用物拉入与别人合住单元的一室，全家席地而眠。二年后再次搬家，全部家当两辆平板车尚未装满。

二十九岁因父亲平反复出，"狗崽子"帽子一夜脱去，一时蒙头转向，不知所措。三十岁上，又被人指为"你们这些靠着老子的干部子弟"。其实自己做人准则永远是自强自立。曾当了十一年大型冲压工，因家庭背景与一切"好事"无缘。一盏马灯，夜夜伴我床前苦读数理、英文。凭借自己力量，一步一个脚印，从工人、技术员，以"七·二一"学历，破格提为工程师。在北京正负电子对撞机国家重点工程中有些许贡献。后在欧洲核能中心、美国超级超导对撞机国家实验室、伯克利国家实验室工作，现于美国斯坦佛大学直线加速器中心从事加速器磁铁设计制造。

回首五十年人生，事业无大成就。虽然自认尚属努力奋斗，勉力有所作为，但老父仍认为"此女无大理想"。获父亲最高评价："可以当一个好秘书"，意在表扬做事踏实、有条理。一生最大幸事，有个好父亲，为我做人榜样；有个好先生，对我体贴入微；有个好女儿，开朗活泼、朝气向上，时时把我这个老妈放在心中。也曾周游瑞士、英国、法国、意大利、德国、俄国、加拿大、日本诸国。如遇意外，突然身亡，全无憾事。此生足已！

2002 年 1 月

《湘滨往事》（摘录）

李力康

李力康：李锐二姐李英华的长子，小名大胖。被李锐母亲（文中的"公公"，因年轻守寡，自诩为男人，公公即爷爷的意思）过继给李锐当儿子以继承李家香火。

琬舅：李锐大姐李琬华。作为家中长女，公公以长子要求，让晚辈呼其"琬舅"。

三十一 李锐探母 娘崽之情娘崽账

回到长沙，一路上到处是秧歌队、腰鼓队，到处是红红绿绿的标语："庆祝湖南和平解放！""共产党万岁！""打倒蒋介石！""活捉白崇禧！"时不时有中小学生游行、唱：

解放区的天，是明朗的天。

解放区的人民好喜欢。

民主政府爱人民哪，共产党的恩情说不完哪，

呀呼嗨嗨依呼呀嗨！……

还碰到了小规模的过兵。湖南人少见的高骡大马拉着大炮，士兵扛着机关枪、步枪，步伐整齐，威风凛凛，齐声高唱：

向前！向前！向前！

我们的队伍向太阳……

沿途老百姓自发围拢来夹道欢迎，招手、鼓掌，有人领喊口号：

欢迎解放军进城！

欢迎解放！

全城到处是喜洋洋热腾腾的局面和气氛。

桂舅舅带我回到通泰街家中，发现公公特别高兴，神采飞扬。我问的第一件事就是乡下大哥哥告诉我的："我爸爸、妈妈回来了吗？"

公公回过神来，说："他们没回来，你明爷爷回来了！……哦，大胖，你过来。"

公公把我领到另一间屋，对我说："你爸爸、妈妈他们都好，将来你还是他们的崽。你明爷爷这边，他也结了婚有了崽。记住，从今以后，你就不喊明爷爷了，喊舅舅，喊明舅。姑爹那边也改过来，喊姨爹。记住了没有？"

我点头说："记住了。"

对公公来讲，喊"明爷爷"和喊"明舅"是有原则区别的，是十分郑重的，有关李家香火之事。对我来说，一个顽童，喊"明爷爷"也好，喊"明舅"也好，只是个称呼的区别。公公让我喊什么，就喊什么好了。对于爸爸、妈妈没有来，虽有些遗憾，但也未十分在意。实际上无论是感情上和形象的记忆上，在当时他们对我已非常非常之遥远和淡漠。我全部感情之所系，就是琬舅和公公，尤其是琬舅。多年来，她们就是我的依归。

明舅李锐是随大军进城的，琬舅一家特意到中山路参加夹道欢迎，在千军万马中，没找到他。后来得知他是在北京从我妈妈那里得到了公公的地址，所以进城后就派他的警卫员宋新田到通泰街仪庄打听，问到了"老人家健在，就住在这里"的确信。第二天他就抽空回家看望老娘。

由于宋新田的打听，李锐要回家探母的消息，邻居柏家也知道了，租屋住在柏家的杨仁阿姨是琬舅的同学和好友，她也是认得李锐的。所以第二天李锐回来之时，杨阿姨特意在巷子口放了一挂鞭表示祝贺。

多少年来，公公盼儿子！盼儿子！如今终于盼到了这一天。而且儿子是以胜利者的身份，又当了官（当时李锐是湖南省委宣传部长兼新湖南报社长），衣锦荣归，公公在内心该是何等的高兴！可是回味自己这几十年来的艰辛，年轻守寡，扶孤成长，上了大学，一声不吭就把当娘的甩了，自己远走高飞，"父母在不远行"，你明伢子孝心安在？如今革命胜利了，当了官，你也莫太得意，没有娘老子含辛茹苦的培养教育，你明伢子能有今天？你莫忘了本！当官再大也是我的崽！这笔账是要算的。

以我对公公的了解，这就是公公当时的心态。简言之，再光荣、再体面，你也是我的崽，你未尽孝，要算这笔"娘崽账"，要服我的威！

明舅见公公的一幕，很可惜我在乡下"躲飞机"，未能亲见。事后的说法细节上不十分一致。据公公对我说，明舅进门，喊了一声："妈妈，我回来了。"

公公是有心理准备的，马上移步上前，举手作势要打，说"你回来了？我打你这不要娘的畜生！"

明舅就跪下了，称："儿子不孝，姆妈多年受苦了。"

真见到儿子跪下，公公又心中不忍，这一巴掌就打不下去了，连忙将他扶起，一边哭着，一边细细端详高大英俊的儿子，终于破涕为笑。

儿子有出息，自己又抖了威风，有了体面，公公是十分得意的。此后多年以来，逢人便说："李锐回来，是跟我下了跪，认了错的！"以此夸耀自己。殊不知此举就给明舅种下了祸根。

后来在说起这段往事时，琬舅对我说："你明舅一到长沙，连跟我打个招呼都来不及就直接去看公公，这是娘崽之情咧！公公的脾气你是知道的，她老人家那本娘崽账，那是非算不可。她老人家发了狠就硬是要打人，她要出气嘛！这也莫怪公公，理归理——你是去干革命，你没错；但是情归情——你还要不要娘？你对得起娘吗？她老人家守寡几十年也不容易，你当崽的在守寡的娘面前就不该赔个情认个错？这就是公公当时立论的落脚点。其实在当时你明舅如果先跟我见了面，商量一下，我先跟公公通个气，做做思想工作，忠孝不能两全嘛，公公还是顾大局的，也就不一定要下跪了。

三十二 妻宫不淑 情长气短患无穷

我当时的舅妈叫范元甄，是在大军之后随后续部队进城的，比明舅晚了几天，所以她没见到"李锐探母"的一幕。

提起范元甄，她有很高的知名度，是个"三八式"老干部。高高的个子，白皙的脸上架一副精致的眼镜，很有风度，据说在延安时也是有名的几大美人之一，待人接物总透着几分矜持，写得一手好字，总体来说是个知识分子形象。她大约比舅舅要小两三岁，抗日救亡时曾是武汉中学生的领袖人物，是个爱国的热血青年，能演讲、会宣传，很有活动能力，因而也曾受到周总理的赏识和器重。1995 年纪念抗战胜利五十周年的文献影片中，就有她当年在武汉各界救亡集会上激昂慷慨发表演讲、高呼口号的历史镜头。在范元甄的内心世界里，也一向是以彻底的革命者自诩。

论及他们的婚姻时，琬舅曾告诉我，在桥头河，公公就见到过范元甄的照片，还知道她范家在汉口开洋行。

公公说："有什么好的？一个塌鼻子！"公公并没有看中。

可是"将在外，君命有所不受"。明舅偏偏痴情地看中了她的激情、才能与风度，引为革命伴侣，与她结了婚。结果就应了八字先生"早年妻宫不淑"的预言。明舅一生历经坎坷磨难，几乎都与之有关。

1962 年至 1963 年间有一段时间，明舅从九死一生的北大荒边陲虎林劳改基地返回北京，以"彭黄反党集团追随者"的戴罪之身等待分配工作，住在北京六铺炕水电部招待所（后终被发配到安徽磨子潭水库当文化教员）。其时我正在北京工业学院（现名北京理工大学）读书，每逢周末便去看他。他告诉了我如下一段往事。

延安整风时，1943 年，李锐被怀疑为国民党特务，打入了大牢一年多。范元甄不仅毫无同情救助之意，反而立即"爱"上了李锐专案组负责"审查"和"抢救"她的领导，以至发展到沉湎于与其发生并维持不正当的男女关系。李锐案后因周总理过问，李锐得以平反恢复工作，而范与这位专案领导竟然还继续维持这种关系，终于事发。当事二人，一个是身为高干的专案领导，趁人之危，用职务之便；一个是丈夫蒙冤落难之时，忍心坐观其毙，立即与专案领导苟且偷情。当时在延安引起了公愤。为整肃党纪，中央对这位专案领导开了大型批判会，二人都受了处分，一时间此二人都臭不可闻。

当时我曾问明舅："范元甄做出这种事来，是不是真的认为你是国民党特务，而对你绝了望，才这样的呢？"

明舅说："那不可能。我们两人在武汉，从当学生参加救亡运动开始，到参加革命，都在一起，朝夕相处。我的一切范元甄都是清清楚楚的嘛！我是特务吗？我像个特务吗？"明舅说着就有点带气了，"你这个分析不对！"

"那你为什么不跟她离婚？"

"本来是离婚了，后来是范元甄要求复婚，才复了婚。当时我想，我离了她，我好办，找个什么样的都有条件。可是她怎么办？臭成那样，谁还要她？"

明舅终因秉性忠厚善良和情长气短，以这样一个糊涂的理由原谅了范元甄，自己却大病一场，同时也为自己留下了无穷后患。

所说"后患"，或说公公给明舅种下了"祸根"，据我妈妈讲，就是由于公公到处讲李锐给她"下跪认错"的事终于被范元甄知道了。于是范在政治上就抓住了李锐的小辫子："你是个共产党的高级干部，革命胜利了，回头给地主母亲下跪、认错。你的阶级立场站到哪里去了？你说！你说呀！"

1959 年庐山会议，李锐陷入"彭黄张周"反党集团案，在当时，这个"反党集团"所有的人都没有开除党籍，唯独"追随者"李锐被开出了党籍。原因是什么呢？

就此事我问过我妈妈，她是在党内高干会上听过关于庐山会议"彭黄张周反党集团"的传达报告的（好像是录音报告）。她对我说：毛主席在会上讲，反党集团成员的名字就定彭、黄、张、周四个；然后又特意地挑出李锐来点了名。

她用湖南话学着毛主席的腔调说："李锐，我不是藐视你，你还不够资格！"

我妈妈说："听得我毛骨悚然！毛主席对你明舅已经恨到要用藐视来表达的程度！真是可怕，犯了天颜呀！我真是不寒而栗……"说着说着就流泪了。

她继续说："加上在下山之后，范元甄又检举你明舅在革命胜利之后时'对地主母亲下跪认错'，更是火上浇油，就这样把你明舅打成了'阶级异己分子'，定敌我矛盾，开除了党籍，流放到北大荒劳改。"

当时正是"三年困难时期"，大饥荒，明舅几乎丧命。

关于范元甄检举的作用，在写此书时，我妈妈已经去世，我又问过舅舅。舅舅说的与我妈妈说的有所不同。他说：范元甄为了与他划清界限，确实向中央写了一份很厉害的检举材料，经多人看过，其上留有不少烟痕茶渍，舅舅的顶头上司刘澜波也看到过，据说最后是传到了邓小平手中。邓看后说："太恶劣了。烧掉！"只是谁也没搞清楚"太恶劣"的具体所指。

但是舅舅肯定，对他的处分、定性仅以他对母亲下跪之事决不够份量，根子还是在庐山。

我想舅舅是当事人，所说当比我妈妈准确。但我妈妈是听过正规传达报告的，又言之笃实，也未可轻易废言，姑录以存疑吧。

1962 年这回是范元甄主动提出要与李锐离婚。因为她是个彻底的革命者，没有情长气短的毛病。

对于范元甄提出离婚，明舅似乎是始料未及的。对此事他在寂寞之中写过许多诗，当时（即 1962 年至 1963 年在北京六铺炕时）他随意哼给我听过，记得其中两句。

其一："窗外白杨叶正凋。"

明舅说："白杨凋谢这个典只有我和范元甄知道，旁人无从解，也不足与旁人道。"[7]

其二："一台压轴要离婚。"

这些诗句流露出诗人的无奈、凄凉与伤感。

在这段时间，明舅有时还翻翻他的旧作。许多是在报章杂志上发表的短文，用了多种笔名，我全忘却了，只有"甄元范"这个神魂颠倒的笔名我记住了。

到这时为止，不管明舅与范元甄有多少恩怨情仇，明舅在评价她时仍然对我说："范元甄还是要革命的。"我前面所说"情长气短"，上述这些也可算作根据吧。因此，明舅当时对范元甄不仅是不念旧恶，而且还是一往情深的。当然，这只是明舅当时

---

[7] 李锐第一个恋人是武汉大学高他一级的万国瑞，后改名杨纯。"白杨凋谢"应该是指因为杨纯去山东参加抗日，与李锐失去了联系，李锐才同意以半年为期限，若杨纯还无音信，再与范元甄改为"恋人"关系。——李南央注

感情的一部分，另一部分就是"解脱"。

明舅回忆起与范元甄婚姻之不幸，常常比喻为"无期徒刑"。现在范元甄坚持要离婚，明舅凄然地说："这个徒刑就可以结束了。至少在单位受到批判、挨整之后，已不必回家，也无家可回了。不至于回到家中再受批判，再挨整；更不至于再被范元甄把衣服被褥从三楼的窗户扔到街上去了……"我觉得明舅在这种辛酸的自嘲之中，也算是一种无奈的自慰吧。

除了对范元甄的复杂感情以外，当时明舅还有三个难以割舍的儿女，大儿子李范苗[8]、大女儿李南央、小女儿范茂（小名么么），尤其是么么。每到周末他就盼么么来，么么知道爸爸疼她，来了之后就撒娇、撒欢，在床上打滚，说："我就要这样！我在幼儿园乖累了！"明舅非常欣赏"乖累了"三个字，他说："她居然会这样遣词造句！"言语神情中流露出无限的怜爱。明舅后来又在秦城监狱中关了八年，写了著名的诗集《龙胆紫集》，其中有许多首是写给么么的。其中 1970 年有一首为：

> 一念么娃就动情，
>
> 几回含泪伴行吟；
>
> 凌风蓓蕾当开放，
>
> 应许童心解"鬼神"。

可叹的是，么么至今，不知是受她妈妈的教育，还是因其他缘故，仍将她饱经苦难的慈父视同"牛鬼蛇神"，拒不相认。

无论是政治也好、事业也好、家庭也好、感情也好，明舅所遭受的创伤，所经历的痛苦，世间能有几人真能感同身受地体验到呢？

"子不语怪力乱神"，我也是不信鬼神命相的。但当年那位八字先生所测李锐"秦晋宜迟"，"早年妻宫不淑，确有关碍"，却真是一点也不错。

---

[8] 我问过父亲，我哥哥是否曾经叫过李范苗，后来才去掉了"李"字。父亲说："苗苗从生下来就跟你妈妈姓。'李'是公公和你大姑姑加上去的，以此作为李家有续香火之人。"——李南央注

三十三 精忠洁白 一腔孤愤赴流刑

在 1962 年至 1963 年这段时间与舅舅的接触中，除了谈家庭、谈范元甄的事情以外，自然不可避免地要谈到庐山，谈到他在北大荒的流放。因为目前我下一步的写书计划尚未确定，就在此占点篇幅把情况说一说。

由于舅舅受到"不准谈庐山"的严厉的纪律约束，又是"戴罪"之身，更兼在 1962 年七千人大会前后还怀有甄别、减"罪"、复出的希冀，所以他总是出言谨慎，不肯深谈。往往是顾左右而言他，或以教我下围棋或谈文艺（他喜欢谈巴尔扎克）把话题岔开。但相聚之日既久，我还是能了解到一些情况。因为我妈妈总是对我说："你就看你舅舅那双大眼睛，一瞪起来都觉得他好厉害。其实，我最了解他，全是天真幼稚，一片真诚，完全不是厉害。他已经受到了毛主席的赏识，可以说是宠爱，表扬他是秀才，是高级干部又红又专的一面旗帜，这是多么好的场合。怎么还可以去犯天颜呢？连起码的保本都不懂，还能搞政治？人总是要保本的嘛！"

我就断断续续地问过明舅一些问题，归纳起来大体如下：

"在庐山上你可不可以不说话？对现在的后果当时有没有预料？"

他说："一个人对国家、对社会总要有点责任感嘛！在这样重大的历史关头，人人都不讲真话，谁对国家民族负责呢？"他的大眼睛直瞪着我，接着说：

"至于后果……在 1958 年南宁会议上毛决定要我当他的秘书时，周小舟恭喜我，说我是'廷试中了状元'，我当时就说，'不然，我将来会碰鬼的（湖南土话，即会惹祸遇大麻烦）'。因为我不会说假话。所以说个人的后果不好，我是早有思想准备的。"

"你的动机当然是好的，"我说，"可是全局的后果怎么会变成这样呢？"

"这次会议本来是要反'左'纠偏的，如果能把这个初衷贯彻下去就好了。"他说，"可是没料到，结果适得其反，反过来批右……"舅舅陷入了沉思。

又接着说："我现在是深为自责。这倒不是为我自己的罢官、开除党籍、流放，形同罪犯而后悔。我自责的是在国家的全局上由本来的反'左'逆转为反右，形势越搞越坏，而引起这种逆转的因由有我一份。所以对这个后果，我有一种负罪感，我是深为自责的。"

"既然原来就要反'左'，你们的意见也是反'左'，不是对了吗？毛主席就听不出来你们是好意吗？提对了怎么还错了，又变成了反右？"我是学理工的，真是搞不懂这是一种什么逻辑。

"这里有很深的政治原因，很复杂……"舅舅又陷入了沉思。而后又接着说："一切以时间、地点、条件为转移（我知道这是斯大林的话），同样一句话，就看是谁来讲了……你也不必多问了。"

我似乎听懂了一些他讲话的含义，追问他："既然这样复杂，你不知深浅，怎么可以不计后果呢？"

"毛在上海曾经唸过我的名，他说：'李锐，你就是不敢讲话。你怕什么？一怕犯错、二怕开除党籍、三怕老婆离婚、四怕坐牢、五怕枪毙。明朝有个海瑞抬着棺材给嘉靖皇帝上书的。'是他让我们讲话的；当初我对三峡问题的不同看法他也能采纳；况且庐山会议之初是'神仙会'，气氛轻松，'白天出气、晚上看戏'，要求畅所欲言。这些都是当时误以为可以讲话的条件。但是更重要的是全国饥荒那么严重，生产力完全被破坏，经济面临崩溃，即使没有上边那些可以讲话的条件，我在当时也是一定会讲话的。总是希望毛、希望中央能把情况搞清楚，把问题搞清楚，下决心把反'左'搞得更彻底。我不赞成凡事保全自己的思想，做人总要有责任感，要对历史负责。"

"好心不得好报，好意见得了坏结果，那你有什么感想呢？"

"我觉得悲哀、失望。在这样的历史关头，整个中央委员会，除了几个挨批的当事人，竟然没有一个人敢站出来讲一句公道话！真是大寂寞、大悲哀……"

"那在我们党内还要不要实事求是，还讲不讲真理？"我这个 1960 年入党的新党员，对党中央的议事决策机制大惑不解。

"坚持实事求是、坚持真理，不但要有见识，不能人云亦云，还需要勇气，要付出牺牲。对真理的认识需要时间，需要付出代价，往往是惨痛的代价。"他没有完全从正面回答我的问题。

"犯错误、开除党籍、老婆离婚，现在又苦苦等待甄别，你觉得最痛苦的是什么？"

"最痛苦的一是人生有限而报国无门。不让你做事，就让你闲在那里，生命变得毫无价值。二是要你不停地写汇报、作检讨，逼着你讲假话，这种人格的扭曲是太痛苦了！"

"你的问题分明是个冤案，你看在什么条件下才能解决呢？"

他信手写了一首七言绝句，记得最后一句是：

解铃还须系铃人。

"那你是寄希望于毛主席？"

"只有他讲话，没有第二个人。"

"他……"我想说"他那么恨你"，又觉不妥，改口为："他，他还能想起你吗？"

"很难讲啊，看机会吧……"他说完又长叹一声。

至于在大饥荒的年代流放到北大荒劳改就像噩梦一样不堪回首，舅舅不愿多谈。恶劣的生活条件、疾病、浮肿，还形同囚犯被迫做超强度连轴转的体力劳动，这些都在其次，他说："人世间最可怕的事莫过于饥饿了。在地里劳动，目光就搜索一切可以吃的东西，偶尔翻出一个土豆，当时就生吃了，发现了漏掰的玉米，也马上生吃了，就像畜生一样！"

他所在的村子里饿死了二三十人。要不是北京有人（后来我才知道是田家英通过李富春）相救，先是调出这个村子转到劳改农场总部，后来在 1961 年底又调回北京等待分配，否则李锐很可能就葬身在白雪茫茫的荒原上了。

1963 年底，舅舅申诉后苦苦等待的处理结论下来了，他很颓丧地告诉我：开除党籍的问题不甄别，下放到安徽磨子潭当文化教员。水电部领导对他说：他的问题是中央定的，问题当然是在庐山，但是范元甄后来又向上面写了揭发他的性质好像很严重的材料。不言而喻，事情也就更加难以逆转了。

听到这个消息，我的心中充满了感慨和悲凉。当时正在读《革命烈士诗抄》，就想起了革命先烈林基路的诗：

> 啊！民族，
>
> 苦难的亲娘！
>
> 为你五千年的高寿
>
> 已经屈死了多少英烈？
>
> 为你亿万年的伟业
>
> 还要捐弃多少忠良！

舅舅在准备离京去磨子潭时，他告诉我他准备写谭嗣同。

"谁是慈禧太后？"我脱口而出地问他，"你不怕人家说你自比为谭嗣同，攻击毛主席是慈禧吗？"

"我不怕。"他说，"有谁问我，我就说我是为了赚稿费。赚稿费总不犯法。"

"到那时候，恐怕就容不得你解释了。"我说。

"毛讲的'五不怕'就差枪毙了。还能枪毙我？"他的犟劲又上来了。

我人微言轻，看他油盐不进，就马上给妈妈写信。幸好，由于舅舅行前秘密见了田家英，听了田的劝阻，后来又收到了我妈妈的信，他才放弃了这个在当时又要惹祸的念头，噙泪告别了三个儿女，怀着一腔孤愤，孑然一身去了皖西山区的磨子潭。

与舅舅的这一段接触我得到的最大教益，就是认识到：做人做事必须对国家、对社会、对历史负责，这是第一位的，它高于个人的安危得失，并且从此自觉以此自律。1986 年我在福州工作时，正是按照这个做人做事的原则，经过周密的调查研究，否定了一个由国家行业主管部门推荐、被省市领导定为"全力争取"、"性命攸关"、"一定要上"，并最终获得三位政治局委员、国家副总理批准定点于福州的大型中美合资项目。保护了国家利益，避免了巨大经济损失，得到了方毅副总理的肯定，后来又受到了省政府的表扬。当时的福州市委常委孙海山同志事后对我讲："老李啊，你初来乍到，就把这么大的一个项目否了，胆量可真不小，我们还真替你捏把汗，怕你把乌纱帽也一起丢了。"

此后，市委第二书记洪海同志则常在人前指着我说："这是个敢讲真话的干部。"

但是这件事情还是得罪了当权领导，形成了最终迫使我不得不离开福州的原因。我是因为讲了真话而站不住脚。

惜诵以致愍兮，

发愤以抒情。

此为屈原诗《惜诵》头两句，郭沫若译为："我因为爱说话而招致不幸，我要振作起来抒写我的心情。"所谓爱说话就是说真话、说直话。我不为说真话而后悔，但我将就这一段经历写回忆录，"以俟夫观人风者得焉。"

三十四 深明大义 公公确有岳母风

回到明舅给公公下跪的问题上来。我以为这只是纯粹的母子之情。用公公的话来说就是"娘崽账"。李锐自小受封建教育，以母亲守寡把自己抚养教育成人的特殊的家庭经历而言，他作为儿子，觉得对不起母亲，实在情理之中，是赤子之心的流露。并不关乎革命大节，并不是对革命事业的否定。质言之正是为革命作出的一种莫大的牺牲。我的判断是有根据的。

解放之后，很快就进行了土改，政治宣传轰轰烈烈。有一天，我在场，明舅十分郑重严肃地对公公说："姆妈，土改已经开始了，屋里的田和房产统统都要交出去，由乡里农会作主分掉。"

"我晓得，是要分的，要共产的。分掉了好。"公公说。

"还有，除了分田分房产，对土豪劣绅、恶霸地主还要斗争。如果……"说到这明舅略略斟酌了一下，"如果乡里农会来人要带你老人家回去，我是无权、也不可以、不能干涉的。你老人家就只能跟着他们回去。"

"这我晓得，"公公说，"这是你们党里、政府帽里的公事，你绝不可以出头。你不可以因私废公，不可以坏了你们党里的规矩。我绝不会怪你。但是，我不相信乡里农会会来抓我。我一生做人从不为恶。是地主不假，绝不是恶霸劣绅。你放心，我心中有数。”

事后回想起来，不仅明舅的立场是正确、鲜明的；公公也是深明大义的。那时候社会上，居民小组到处宣传土改，公公作为市民一分子积极参加学习。将近六十岁的年纪，认真学唱：

> 谁养活谁呀，大家来想一想，
>
> 没有咱劳动，粮食不会往外长，
>
> 耕种锄割全是咱们下力干，
>
> 五更起、半夜眠，一粒粮食一滴汗，
>
> 地主不劳动，粮食堆成山。

居民小组的学习会，都是在柏家的堂屋里举行，我时常随公公参加。人人都要谈对土改的认识。公公的发言，总是坦诚和推心置腹的。她说："田产是祖上留下来的，为人总不好当败家子，把家产都败掉；孤儿寡母没有生计，也只能守着这点田产活命。这样也就是实实在在吃了一辈子的剥削饭。现在解放了，不劳动者不得食，把田产分给农民，实行真正的'耕者有其田'，不允许再有人吃剥削饭，这是时代的进步，社会的进步，我是真心拥护。这样好，一则我们对先人有了交待；再则我们不再当剥削者，心里也安了。所以我是拥护土改的，是真心拥护，不是假的。"

我觉得她说的是她的心声。她在思想上不但没有抵触，而且完全跟上了时代的潮流，并以坦荡的胸怀和勇气迎接新时代的到来和风雨的洗礼。

应当说她老人家能有这样的见识和境界，是得益于早年外祖父对她的教育。特别是关于"社会进步"和"将来是要共产的"一类时代发展的教育，使她认识到历史的必然，并将共产党看作是领导历史潮流的代表。所以从解放以来一直到她老人家去世，"相信共产党"，"拥护共产党"一直是她老人家政治态度的主弦。包括自 1959 年庐山会议之后，李锐蒙冤二十年，公公对此事的态度也很坦然，无论是谁向她问起李锐的情况，她总是两句话："一他犯了错误；二他不是为自己。"

她内心深处完全知道她的儿子是为民请命而蒙冤的，她很是挂念和难过，但她从来不肯伤及共产党。她老人家总结的这两句话有大局观，是相当高明和值得玩味的。

明舅被发配到安徽磨子潭水库当文化教员时，公公曾给他写过信，信中云：

希尔心情开朗。自己不可太省。我已过古稀多了，没有什么了不起。希尔好好保重身体，往后再为国尽力，不使为娘的担心着急，即是尔的好意。唯我心里时刻不能忘的，母子团聚，其他一切都不在乎。

当儿子为国事蒙冤落难，九死一生之时，"为娘的"还是谆谆教导于他："希尔好好保重身体，往后再为国尽力"。在对待儿子和对待国家的态度上，在公公这里母爱得到了升华：要求儿子精忠报国，锲而不舍。公公身上不正是有岳母之风吗！公公对待儿子在大局上确实继承了中华民族伟大母爱的传统！

在文化大革命中，她被批斗，被抄家，被红卫兵以麻袋蒙头，扫地出门，被迫搬到通泰街泰安里一个街边的棚屋里。但她仍保持着坦荡和乐观的态度。1998 年秋，我和柏振华通电话时，他告诉我："文化大革命的时候，我去看过你公公。当时老人家处境很惨啊！住的那间棚子是树皮搭的，透风透雨露着天。她老人家真是了不起，七十多岁的人，屋子里还收拾得干干净净，身上也穿得干干净净，待人接物不失常态，言谈话语还是坦坦荡荡，落落大方，一点也没有霉相，根本看不出是个挨整被斗的人。"柏振华讲到这里，我又想起了公公时常自诩的一句话："我是虎死不倒威的。"

1976 年秋，公公已是八十六岁高龄，因精力不济，时常瞌睡，也不大与人交谈。但是听到毛主席去世的消息，她把眼睛一睁，第一个向在场的人发问："毛主席把权交给谁了？"

满屋的人无不惊讶这个老太太竟如此之精明。接着她在桌上重重地拍了一掌，说："嗨！伟人都死了，我们还有什么死不得！"这也是她老人家热爱和相信共产党的心声。

公公在乡里有德声的，所以没有被农会揪斗，据说是评的开明地主。

三十五 钉子碰铁 明舅家政两头难

范元甄虽然揪住了明舅"给地主母亲下跪"的小辫子，但当时家庭的矛盾尚未激化与公开。有些事她还需要家里帮助，所以她与通泰街家里的往来当时还是正常的。

范元甄把他们三岁大的儿子苗苗（即李范苗，现名范苗）放在了通泰街，带来一个东北本溪籍的保姆杜子荣专职照看。苗苗长得十分胖大，据说是范元甄给他吃鹿茸，吃坏了。他很容易无端哭闹，双手在胸前抽搐，每晚必由杜子荣抱在怀里，边走边悠边哼催眠曲才能入睡。杜很尽职，每每累得精疲力竭。

有公公和杜子荣的双重看护，范元甄当然很放心，只有周末才回来吃饭。有时与明舅同来，有时是她自己来。如果还有别的客人，琬舅就开留声机，大家跳跳舞，尽兴之后，范元甄就与明舅同返他们荷花池的宿舍。明舅当时有专车，是辆木壳的吉普，来去甚是方便。范元甄当时是长沙市自来水公司经理。多年后明舅告诉我，心高气傲的她，觉得自己生活在李锐的阴影里，当时她的心理是不平衡的。

大约是 1950 年初，有一次周末公公病了，发高烧，起不了床。范元甄早早来了，与杜子荣两人逗苗苗玩，没理公公，也没有张罗做饭。后来桂舅舅来了，见此情况就连忙下厨淘米、洗菜。待到琬舅下班回来，看见老娘病卧在床，是客人在操持，弟媳妇范元甄悠哉游哉逗孩子，等吃饭，心里就有气。桂舅舅再三劝："算了，莫讲话。我也不算客，做了就做了。"后来明舅也回来了，见状跑到厨房，他就准备插手帮忙。琬舅说："你莫插手，你去把杜子荣叫来帮忙。"可明舅怕范元甄不愿意，没敢去叫。

待到热饭热菜上了桌，大家坐定，琬舅从厨房把最后一道菜端上来时发现范元甄还没有上桌，心里的火就上来了，高声问："怎么着？这吃饭还要请吗？"

全屋一片不祥的寂静。范元甄仍没有过来。琬舅又高声说："老娘病在床上没人管，饭也没人做。如果不是运娟这个客人帮忙，今天就没有饭吃！现如今靠儿媳妇就靠不住了。"

这时范元甄很矜持地踱了出来，身子倚在门框上说："现在革命胜利了，你那一套旧思想过时了！"

"娘都不要，那你干革命就是为了你的崽？"

"对了。干革命就是为了下一代！"

"讲得好听！大胖子也是下一代。你包那么多饺子给苗苗吃，就连一个都不给他尝一尝。共产党讲大公无私，我看你这个共产党员也太自私了不是？"

范元甄再也保持不住矜持的神态，冲到饭桌前，用力拉起明舅，尖声大嚷："走！李锐，我们走！"

"往哪里走？"琬舅站了起来。

"我们往哪里走，你管得着吗？我又不认得你！"范元甄凶神般地斜插进来逼住琬舅。

"你不认得我跑到我屋里来？你不到我屋里来，我更不认得你！"琬舅把个范元甄逼得出不了声。

范元甄终于歇斯底里大发作："李锐！你走不走？"

"娘老子有病，谁要走谁走，明弟不能走！"琬舅寸步不让。

处在两难之间的明舅对范元甄说："你先回去吧。"

"好哇，李锐，你不跟我走，就永远别回来！"

范元甄怒冲冲披上衣服，摔门走了。

这顿饭谁也没有胃口吃了。明舅走到床前安慰公公。公公说："我没有什么，不要紧的，唯愿你们夫妻好生过。"

琬舅插话："姆妈把你带大不容易，这么多年担惊受怕，盼你回来，你不能一边倒。"说罢已经哽咽了。

"我知道，我知道。"明舅说。

后来，大家都说让明舅早些回去，明舅就匆匆走了。

明舅走了之后，大家还在议论。平日受尽了范元甄的气，一直冷眼旁观的杜子荣忽然冒了一句："范同志今天就是钉子碰了铁。"

第二天是星期日，范元甄派人来，把苗苗、杜子荣一齐接走了。自此之后，范元甄再有没有来过通泰街，连明舅也有很长时间没有来看公公，可能是怕河东狮吼。

公公内心的不满在增加，但她一直隐忍着。按实情论，当时冲突的双方是琬舅与范，公公并没说话，所以范自己不来，同时还不让明舅来看公公是不对的。

公公喜欢看戏，看电影。明舅知其所好，就派人大量地送票给公公，也是对自己不能来看公公的一种苦心的弥补吧。当时长沙正举办"新片展览月"在银宫电影院天天演新片子，什么《新儿女英雄传》、《大地重光》等等。公公每天都带我去，对我来讲真是乐不可支。有一次看戏，我没有去，据说散场时，公公忽然看见了明舅和范元甄。对于明舅不来看她而使她颜面无光的不满，刹时爆发了，于稠人广众之中冲上去要揪打明舅，搞得明舅十分狼狈。

此事之后，不知明舅与范元甄是怎样斗争和妥协的，明舅虽不经常但总算能够回来看公公了。公公虽然数落明舅，但她还是不愿意破坏儿子的幸福，只要她颜面上过得去，也不苛求。

于是矛盾有了一定的缓和。后来有人送票来便明言是"范同志送给老人家的"，公公也乐而受之。这样公公与范，虽无往来，但也相安无事地过了好久。其间，范元甄因为怀孕，想吃公公做过的一种鱼，公公知道了，还特意替她做了，托送票之人给她带去。

在这段时间里，间或也有些波澜。特别是有一次来了客人，客人说范元甄嫌我们家里是地主。琬舅反应快，立即说："她屋里好？开洋行、当买办、做洋奴，只怕更差一等！"

公公就对客人笑一笑说："地主是不假，祖上留下的产业怎么办？有剥削也不假，我们没做过恶不是？我们是开明士绅，这是有公论的。"

这些不愉快虽然没有立即导致大的冲突，但是久而久之，隔阂却加深了。随着种种的不悦积累起来，终于导致了一场更大的冲突。

三十六　出言不逊　大胖遮拦被逼供

大概是 1951 年春，范元甄又派人送来了戏票。与往常不同的是随票范元甄写了个便条，大意是：

公公：

今晚黄金大戏院有 XX 班子的京剧，送票两张，请查收。

元甄 即日

当时桂舅舅在场。公公见条之后，面露不悦之色。她把条子往桌子上一拍，说："叫我公公？我还没有这么大的孙女哩！"

随即吩咐我："马上把票退给你舅妈，告诉她：散戏太晚，深更半夜麻烦邻居（就是家中房客）开门不好，从今以后不要再送票了。记住了没有？"

我答应记住了，又把她的话重复了一遍。当时雨后不久街道泥泞，在我换雨鞋的时候，公公到别的屋里去了。我悄声问桂舅舅："平常都是去的，今天为什么要退票？"

桂舅舅笑了，她说："你没听她说，她没有这么大的孙女？"

"那又怎么啦？"我实在是笨得可以。

"你舅妈应该喊她老人家妈妈才对嘛！"

我终于恍然大悟。拿着票去了荷花池。

见到范元甄，我毫不走样地按公公的说法把票退给了她。

范元甄很奇怪："以往给了那么多票，从来也没说邻居开门的事，今天这么好的京戏，反倒不去了，到底为什么？"

我迟疑着没有说。

"讲给我听，没有关系的。"

我说："你给她写信，应该喊妈妈，不应该喊公公不是？"

"什么？让我喊她妈妈？也不怕肉麻？！算了。不识抬举，就别看了。"

说罢，对我一挥手，说："你回去吧！"

荷花池离通泰街不远，我很快就回到了家中。

公公问我："把票退给你舅妈了？"

"是的。"

"你把话都讲清楚了？"

"讲清楚了。"

"她讲了些什么？"

"没讲什么。"我的直觉告诉我，少说为佳。

　　"没讲什么？你把票退给她，她什么都没讲？"公公对我的回答很表怀疑。

　　"我跟她说，散戏太晚，难得麻烦邻居开门。以后也不看了，不要送票了。"

　　"她说什么？"

　　"她说：晓得了。就把票收下了，我就回来了。"

　　我一语带过，淡而化之。公公似乎还想追问什么，但没有开口，事情也就过去了。当夜无事。

　　第二天快吃晚饭时，又有人送戏票来，还说："是范同志送给老人家的。"

　　待公公收下票，送走了来人，一转过身来，就目露凶光逼住了我："你说你都讲清楚了，你舅妈为什么还送票了？我看你昨天躲躲闪闪就没讲老实话！"

　　"我是按你讲的话，对她讲的，把票退给她了。"我理直气壮，讲的是真话。

　　"后来呢？"

　　"后来我就回来了。"讲的也是真话。

　　"不对。她讲了什么话你没说。你胆敢瞒着我？！"公公要打我，看来还是真的动了气。

　　"那我讲出来你不要发脾气。"我顶不住了，于是提出条件。

　　"好，好。我不发脾气。"公公见我要说实话了，立即和蔼下来，态度很亲切。

　　我毕竟还是年纪小，在公公又逼又哄之下，终于把头天晚上范元甄的讲话全部供了出来。我在讲述过程中始终注视着公公的表情，她一点也没现出愤怒，好像是津津有味地听我讲别人的事。所以我也就逐渐失去了应有的警惕。关键地方，她又让我重复了一遍。

　　最后，她笑着平淡地对我说："哦，她说我不识抬举，还不怕肉麻。"

　　这两句话一重复，我觉得有点不妙，以为她该发脾气了，但她仍保持着笑意，对我说："今天晚上的戏很好，你跟柏振华去看吧。"

"那你不看了？"我几乎不相信自己的耳朵。

"不是说麻烦邻居不好吗？我留下来给你开门。你赶快吃饭吧。"

于是我三口扒做两口，匆匆把饭吃完，就兴高采烈地与柏振华看戏去了。

三十七 兴师问罪 公公大闹荷花池

待到散戏，回到家中已经是夜里十一点多钟了，是邻居开的门。公公竟不在家！

邻居说："你公公交待了，她老人家今天要回得晚些，要你等门，莫睡觉。"

"我公公到哪里去了？"我问。

"不晓得，她老人家没讲。"

我好生奇怪，公公到哪里去了呢？一种不祥的感觉油然而生。总觉得公公深夜外出太反常了。我睡意全无，惴惴不安地在孤灯下苦候着。

天色大亮时，公公回来了。我看到她满脸通红，精神亢奋，好像很得意的样子。

我小心翼翼地问她："你老人家这是到哪里去了？"

"我到荷花池去了！"她一说出"荷花池"三个字，我就像听见了一个炸雷一样，吓了一跳。猛然醒悟到是我闯下大祸了！

果然，她得意洋洋地向我，此后又向所有来访的亲友，描述了她老人家大闹荷花池的经过。

她哄着我和柏振华去看戏。我们前脚一出门，她后脚也出了门，直奔荷花池而去。

此前她并未去过荷花池明舅的宿舍，但她识文断字又是何等精明之人，"李部长的娘老子"很快就找到了李部长的宿舍。

这时明舅的第二个孩子大女儿李南央已经出世，家中有两个保姆。一个带南央的，一个是做家务的。明舅和范元甄一起去看戏去了。

两个保姆自然是端茶倒水，接待老太太。公公不动声色，先是询问杜子荣，得知杜子荣已经回老家了，就感叹最早的保姆杜子荣工作的不容易，向两位保姆讲杜子荣私下里向她吐露过的辛酸，核心是"范同志难待候"。所说的都是实情，与两个保姆的体验完全吻合，于是大家产生了共鸣。

当晚的戏演了三个多小时，公公就与他们交谈了三个多小时，从她们那里又得知了范元甄薄待保姆的许多情况，也使得公公对范元甄的为人有了更彻底的了解。

最后公公说："你们知道我今天来要干什么吗？"

"不知道。"她们说。

"我今天就是来教训这个范元甄，替你们出气的！"公公说。

此话一出，又把两个保姆吓住了。"祸从口出"，饭碗怕是保不住了。两人面面相觑。公公看出了她们的心事，让她们"一百个放心"，她说，她只讲杜子荣的事，不攀扯她们。并说："只要听见范元甄回来，你们就进屋睡觉，不管外边怎么闹翻了天，也别出来，就不会有你们的事。"

十一点多钟明舅和范元甄回来了。声音传进来，公公使了个眼色，两个保姆匆匆躲进了自己的房间。

待到明舅和范元甄一露头，赫然发现端坐在那里盛气凌人的公公时，不由吓了一跳。还没来得及说话，只听"啪"的一声，公公就把茶杯摔烂了，同时起了高腔：

"范元甄！你是个什么东西？我要你来抬举？你有什么资格跟我讲硬话？"

范元甄一看这气势，料知不能正面冲突。明舅忙问出了什么事？范元甄避重就轻地说："昨天送的戏票被她退回来了，今天不该再送的。"

于是明舅连忙把范元甄送到别的房间里去了，以免冲突升级。

公公是憋足了气，铆足了劲，下决心要教训范元甄的。见范元甄躲了，就开始砸东西，高声叫阵：

"范元甄！你出来！你那么有本事，躲起来算什么？"

"你出来呀！你当面讲给我听，你是如何抬举了我，我又如何不识抬举？”

"你出来！你这个混账东西！居然还讲我不怕肉麻。你今天必须当面跟我讲清楚，我有什么事叫你肉麻？"

范元甄不出来，也不回嘴。公公越说越气。明舅摸不着头脑，劝也劝不在点子上。公公就开始砸东西，逼着明舅把范元甄叫出来。但是"混账东西"始终不肯出来。公公转了话题："范元甄！你也算个共产党？你不要失了共产党的格！"于是历数杜子荣受气之事。

"范元甄！你出来呀！我讲的是不是事实？你敢跟我对证吗？"

夜深人静，公公这一闹，自然引起单位里周围邻居的注意。据公公说，"聚拢了好多人"。人越多，公公的精神就越振奋，于是一直闹到天亮。直到公公觉得已经把范元甄的威风体面彻底打垮，"范元甄究竟是个什么东西"也已当众彻底揭穿了，她的心理得到了平衡与满足，这才班师回朝。好像是明舅派车把她送回来的。

应当说在这次"大闹荷花池"以前，公公对范元甄一直还是比较忍让的，她责骂的只是明舅，并不曾与范发生公开的冲突。而范送戏票，也是"惠而不费"之举，想与公公搞好关系。不料"不识抬举"、"不怕肉麻"两句脱口而出的要命的话，把她自以为是"人上人"，没把公公放在眼里，完全没有尊长的心态暴露出来，终于彻底惹恼了公公。

从此之后，范元甄继与琬舅断交之后，也与公公断绝了来往。

1952 年秋，明舅调离湖南到北京水电系统工作。几年之后，有过约两三年的时间我爸妈把公公接到沈阳同住。公公在沈阳的消息不知怎地被当时也在沈阳的当年桥头河的"二少奶奶"知道了，她来看公公，对公公未能与当官的儿子住在一起大抱不平。在她的怂恿下，背着我爸妈，帮公公买了火车票，公公就只身到了北京，找到了水电部。声言这回一定要住进儿子家。结果遭到了范元甄的坚决拒绝。于是又打了一场"钉子碰铁"的硬仗，闹得很凶，使明舅左右为难。水电部领导和机关只好"为李部长共赴家难"。在招待所安排老人临时住下，部领导来看望，由一些有身份的老朋友、老熟人如曹瑛等出面陪同老人在北京游览观光了天坛等名胜，连哄带劝，最终以儿媳妇范元甄胜利，母亲未能踏入儿子家门被迫回乡结束了这一场风波。1959 年后明舅又陷入二十年冤案，母子更无法团聚。1979 年明舅平反复出，后来与我现在的舅妈老干部张玉珍结婚，把家安顿好后准备接公公到北京团聚时，公公在长沙去世了，时在 1980 年 3 月，享年九十。公公守寡一辈子，最终也未能与儿子过上一天真正团聚的日子。琬舅则是服侍了公公一辈子，直到养老、送终。

《湘滨往事》由海南出版社出版

周恩来同志的教诲

徐炜

我是一个音乐工作者，曾经在抗敌演剧九队担任过独唱演员及上海广播乐团担任领导工作。回顾我能在这条战线上做点工作并得到锻炼，都是党的教育、培养，是敬爱的周恩来同志对我亲切关怀的结果。

记得那是 1938 年夏末，周恩来同志根据毛主席关于大后方抗日宣传工作要加强、要改善的指示，在武汉成立了十个抗敌演剧队、四个抗敌宣传队和一个孩子剧团。这些演出团体都是周恩来同志与国民党顽固派展开斗争，使国民党顽固派被迫答应给郭沫若同志主持的三厅拨了一笔少得可怜的经费组建起来的。八月，党组织分配我参加军事委员会政治部第三厅抗敌演出队第九队。那年我才十七岁，队里的同志也大多是十八九岁的青年人。开始，我很不安心，那时多么向往革命圣地延安啊！每当送别一些抗日救亡工作的同志们去延安或是去新四军时，心中又是惜别又是羡慕。送妹妹去延安时，我说："你先去，我很快也会来的。"但是我终于听党的话，留在国统区工作了。

十月中旬，我们队从武汉外围金口、阳逻一带宣传慰问演出后，回到武汉，举办为前方战士募寒衣的演出。为了能多筹集一些资金决定卖一部分高价票。于是，我们全队分组到街头宣传售票，我和范元甄同志一组。那时武汉已开始撤退，一时"繁荣"的市面已呈萧条，在这种局面下，票子很难销售。晚上，我们跑到江汉关，那是汉口的交通要道，许多条马路都通向这里，许多汽车都穿梭经过这里。我们说服了执勤的交通警，帮助我们拦住过往汽车，汽车停下来，我们就跑过去宣传售票。

夜深了，过往的车辆渐渐少了，江风吹来，感到阵阵寒意。这时又来了一部车，我们马上跑了过去，透过车窗望去，竟是我们敬爱的周恩来同志！一股暖流涌上心头。他也认出了我们，亲切地和我们招呼，我们把募寒衣出售票的事向他汇报。他说，为前方抗日将士募捐寒衣的工作很重要，你们做得对，我也应当买票。他立刻让坐在前面的警卫员小吴付了钱，并要我们回去转告同志们，一定要把这次演出的准备和排演工作做好！和我们握别时，还祝我们工作顺利、演出成功。我们望着逐渐远去的车影，十分激动：周恩来同志这样地关心和支持我们的工作！同时我们也感到很不安。我们知道，周恩来同志把他担任副部长的薪金全部用来交党费和帮助八路军办事处外出工作的同志，他个人的生活非常简朴。我们真后悔不该让他买票。

回到队里，我们把巧遇周恩来同志的事告诉了大家。同志们非常激动兴奋，都积极努力地做好演出的各项准备工作。我们演出的节目有：合唱、男女声独唱、还有独幕剧《打鬼子去》、《三江好》、《八百壮士》等。

演出那天，我正在后台化妆。范元甄跑来悄悄地告诉我："邓大姐来了！就坐在观众席中。"演出结束，我们赶快卸妆走出来，邓大姐还在剧场走廊等着我们呢。她对我们说："今天恩来同志因参加一个重要的会议不能来，他要我来看看你们。"我们为自己幼稚的演出感到不安。邓大姐热情地鼓励我们，还指出演出中不足的地方。她说，你们的演出不仅内容要符合当前抗日宣传，而且要注意提高艺术质量。要我们不断地学习、改进和提高。

那天晚上，回到队里睡在地铺上，周恩来同志、邓颖超大姐他们亲切的面容反复映现在我面前，他们说的话反复回响在我耳际，想到他们在工作繁忙的情况下，对我们的演出仍这样关心和支持，激动的心情久久不能平静。以后又听到周恩来同志给各队地下党员的指示：到国民党军队中去随军行动，深入前线，到群众中去，向占地军民宣传党的主张，占领文化宣传阵地，坚持原则立场，开展统战工作；利用合法身份，争取自主条件，进行坚持抗战到底，反对妥协投降的宣传等。使我进一步懂得了在国统区工作的重要性，这对当时不安心在这条战线上工作的我，是极其深刻有力的教育。

长沙大火前夕，周恩来同志和郭沫若同志决定要我们几个演剧队步行去衡阳。那天中午，我们几个同志走在水风井长沙师范学校（三厅和演剧队的驻地）的小径上和周恩来同志迎面相遇，他问我们去衡阳的准备做得怎样了，并对我们说，这次是步行，你们过去没有走过这么远的路程，要做好思想准备。他还摸了摸我的衣服，说我穿得单薄了些，问我冷不冷。我说不冷，走起路来还会热呢！

那天下午，出发前，我们几个队集合在大草坪上，周恩来同志对我们进行了动员，他先讲了时局形势，讲持久战，指示我们在行军途中多做宣传工作，要我们学习红军宣传员的榜样，在和军队一起上前线的行军途中，随时注意做宣传鼓动工作。战斗打响了，宣传员又是救护员、卫生员，替伤员包扎伤口，抬担架。战斗结束，宣传员还要照顾伤员，为伤员换药喂饭。我记得接着他还讲了一位红军宣传员的动人事迹。那位宣传员给一位伤员喂饭时，伤员伤痛得不能嚼，宣传员就把饭嚼烂后一口一口地喂，就像母亲喂孩子一样，使伤员非常感动，决心伤好后马上回到前线去。他还要我们学会打草鞋，说学会了打草鞋，就不愁没鞋穿了。

长沙大火后，我们按照周恩来同志的指示，回长沙做救灾工作。救灾工作结束，我们被分配到战区军队去工作。重温周恩来同志要求我们学习红军宣传员的讲话，我们以红军宣传员为榜样，在行军路上，为国民党的士兵们唱歌、宣讲。在宿营时，教他们唱《军民合作》、《救国军歌》；遇到北方战士，东北军，就教唱《打回老家去》，演唱《九一八小调》和《松花江上》；有条件就在野外搭台演舞台剧，没条件就在场地上演活报剧、街头剧《打倒汪精卫》、《放下你的鞭子》等，宣传党的抗日主张，反对汪精卫的投降卖国活动，鼓舞了士气，对国民党中下级军官及广大士兵进行了抗战教育。今天，每当听到或我们老年人聚会时演唱到"大刀，向鬼子们的头上砍去……"、"赶不走那鬼子心不甘……"或"向前走别退后，牺牲已到最后关头……"等歌曲时，就不免回想起五十八年前教前线士兵唱这些歌曲时的情景，也更加认识到当时工作的重大意义。

全国解放后，我有多次机会见到敬爱的周恩来同志，他老人家仍

范元甄从重庆寄给徐炜的照片

像当年在武汉、长沙一样，亲切地关怀着我。记得 1956 年我和范元甄（范于 1939 年被调到重庆《新华日报》工作后，又转去延安，解放后在北京工作）重逢，一起在北京中央戏剧学院观看演出，那次正好坐在周恩来同志身后不远的地方，演出休息时，他回头一眼看到我们，忙握着我们的手笑着说：你们俩又在一起啦，十八年了，还是好朋友。接着详细地询问我们工作和生活情况，我们都一一做了回答，他鼓励我们要好好为党、为人民工作。

敬爱的周恩来同志离开我们已二十年了，我永远不会忘记他对我的亲切教诲，虽然我现在已离开了工作岗位，但我仍要尽自己所能，为祖国的四化建设，为关心下一代的成长，贡献自己的微薄力量。

1996 年

搪瓷茶缸

万全（范元甄笔名）

　　每走进百货公司，看到那些洁白的、米黄色的和花色诱人的搪瓷茶缸，总感到一种愉快。

　　上中学的时候，由于少女的洁癖，喜欢使用白色的搪瓷器皿。记得那时候要买一只瑞典货的纯白大茶缸，要花五块多光洋，得进"惠罗公司"之类外国铺子。1939 年在重庆，某商店从滇缅路运进来一批搪瓷茶缸，价钱当然比战前更贵。我凑足了钱，托朋友进城捎了一只；我的朋友也许过于紧张，一出商店门就将茶缸掉在地上，摔脱了一块瓷。

　　以后，我带着这只有疤痕的茶缸进了抗日根据地。它的用途倒意外地多了起来——喝水、盛饭、热菜、给生病的同志煮粥，必要时还可以代行"面盆"、"浴缸"的职责。从此，茶缸和我有了进一步的"战斗友情"。

　　1946 年来到北平。很想买一只新的茶缸，代替那只为我鞠躬尽瘁的旧茶缸。可是当时的北平还不易买到这玩意。有一次，在东单小市上（亲爱的读者，现在的东单街心花园和王府井大街路旁，当年曾布满卖旧货的小摊，那是为衣食所迫的人们替那些购买力低微的人们所准备的市场），在一个只有几件售品的地摊上，我发现了一只纯白的瑞典茶缸。这正是我所需要的。可是地摊女主人的索价超过我的购买力。我希望她降低售价，她竟眼泪盈眶；这时我才发觉她是一个知识分子模样的青年妇女。她解释说家里有病人等钱吃药，所卖的是自己家用的东西。我马上尽我所有付了价款。她劝说我再买一件什么，我虽然心情沉重，很想帮她的忙，但也实在没有钱了。以后，离开了北平，这只茶缸又陪伴我经历了解放战争中的几年，而且，它常常使我清晰地回忆起那位青年妇女的含泪的眼神——在穷困与内战中经受着痛苦的北平人民的眼神。

　　1949 年又进入城市。我的丈夫以他的全部零用钱买了一只米黄色茶缸赠我，作为胜利的纪念。这一只是美国货，当时百货店说："这种米色搪瓷只有美国货。"可惜，它对于我并不重要了。一来因为年岁增加，已经失去了对于某些生活小节的执着；二来和平的城市生活中，茶缸的用途已经回复正常。可是，至今我碰到各种搪瓷茶缸，仍不免要看它们一眼。因为像瑞典货一样纯白的也好，"只有美国货"的米黄色的也好，都已经是我们中国的出品了；而且品种花色常在增加，价钱也便宜得多了。

当年东单地摊上那位出卖了自用茶缸的主妇，想必早已添置了我国自制的新的茶缸吧。

本文刊于
《1949-1959 建国十年文学创作选——散文特写专辑》
中国青年出版社出版
1959 年 12 月北京第一版

齐人论物（再版代后记）

——李南央《我有这样一个母亲》

庄周

　　也许她一辈子只有这一篇文章留世，就像她一辈子只能有这样一位母亲。但这也够了，李南央的"母亲"让人大长见识，大开眼界，也大感沉痛。妙的是作者的笔墨具有可贵的"良史"特质，据实道来，裁剪工细，那是厚积薄发、一气呵成的文字信物。以大爱写真情，开创了中国散文写母亲的新纪元。